高职体育教学与健康研究

张明明　姜良玲◎著

吉林科学技术出版社

图书在版编目（CIP）数据

高职体育教学与健康研究 / 张明明，姜良玲著. --
长春：吉林科学技术出版社，2022.11
ISBN 978-7-5744-0005-4

Ⅰ．①高… Ⅱ．①张… ②姜… Ⅲ．①体育教学－教
学研究－高等职业教育②健康教育－教学研究－高等职业
教育 Ⅳ．①G807.4②G717.9

中国版本图书馆 CIP 数据核字(2022)第 230376 号

高职体育教学与健康研究
GAOZHI TIYU JIAOXUE YU JIANKANG YANJIU

作　　者	张明明　姜良玲
出 版 人	宛　霞
责任编辑	李　超
幅面尺寸	185 mm×260mm
开　　本	16
字　　数	354 千字
印　　张	15.5
版　　次	2023 年 6 月第 1 版
印　　次	2023 年 6 月第 1 次印刷

出　　版	吉林科学技术出版社
发　　行	吉林科学技术出版社
地　　址	长春市净月区福祉大路 5788 号
邮　　编	130118
发行部电话/传真	0431-81629529　81629530　81629531
	81629532　81629533　81629534

储运部电话　0431-86059116

编辑部电话　0431-81629518

印　　刷	三河市华晨印务有限公司

书　　号	ISBN 978-7-5744-0005-4
定　　价	70.00 元

前　言

体育是高等教育的重要组成部分，纵观体育教学改革发展历程，无论什么时代，即使体育教学改革方法不同，其改革的方向与落脚点都是培养学生健康的身体和强健的体质。因此高校体育教学的目的是增强体质、全面提升心理和生理素质、提高社会适应能力。体育锻炼不仅能锻炼身体，还能愉悦身心，是缓解自身压力的好方法。21世纪的竞争是人才的竞争，大学生作为未来社会主义的接班人和建设国家的主力军，树立健康体育理念和终身体育理念尤为重要。高等院校不仅肩负着教书育人、将知识传授给学生的责任，而且还担负着培养学生的健康人格、强大学生的心理素质，以及强健学生体魄的重要责任。因此，在新的时代背景下，高校应该改变对体育教学的传统认知观念，积极开展关于体育教学的改革，顺应时代发展的潮流，探索体育教学的改革和发展，对学生的知识能力、身体素质等方面进行全面培养，为社会培养出更多的高素质人才。

随着我国经济飞速发展，社会急需技术型人才，作为高等教育重要组成部分的高职院校的发展和建设也受到高度重视。高职院校的体育教学与健康研究也开始充分借鉴与应用资源优势，促进课程建设与教学手段的创新，在体育教学与健康研究的管理过程中提高了管理效率。本书从体育教学基本理论入手，针对高职体育教学方法的应用、高职体育与健康基础进行了分析研究；另外对高职体育与健康课程标准、高职体育与健康模式及高职体育与健康课程改革做了一定的介绍；还对高职体育卫生与保健及高职体育教师培养提出了一些建议；旨在摸索出一条适合高职体育教学与健康工作创新的科学道路，帮助其工作者在应用中少走弯路，运用科学方法，提高效率。

作者在撰写本书时参考了许多国内外同行的著作和文献，在此一并向相关作者表示衷心的感谢。由于水平有限，书中难免存在不足之处，敬请广大读者批评指正。

目 录

第一章　体育教学基本理论

第一节　体育教学的概念与特点

一、体育教学的概念

（一）体育教学的定义

体育教学是由"体育"和"教学"这两个词语组成的，把教学的概念与体育的理论体系相结合，形成了全新的教学内容与教学方法。在实际的体育教学过程中，体育教学和其他学科一样，具有完整、成熟的体系，需要进行组织活动和管理活动。体育教学与其他学科的教学也有不同点，比如，体育教学对教学环境有独特要求，对场地和器材也有不同的需求。由此可见，体育教学并不是思路固定、例行公事的教学活动，绝对不能把其视为一种休闲娱乐的放松活动，它需要众多因素的共同作用才可以正常、合理、科学地开展。

体育教学的实践过程就是学生在教师的管理指导下，通过理论的学习和了解、运动技术和技能的尝试与掌握，从而提高身体素质，保持身心健康，提高运动水平，形成对自然和社会环境的适应能力，培养良好的思想品德，养成终身体育的习惯，塑造自我个性的教育过程。

体育教学的概念目前尚无统一定义，不同学者都有各自的独特看法。

①学校体育的重要组成部分，是实现学校体育目标的基本组成形式，体育教学是教师的教与学生的学的统一活动。

②体育教学论研究的对象是体育教学。体育教学与其他各科教学一样具有共同性，都是一种有目的、有计划、有组织地对学生传授知识和技能，发展智力和体力，培养品德与形成个性的教育过程。

③体育教学是一种以体育教材为中介，学生在体育教师的指导下掌握体育知识、技术和技能，养成良好的体育锻炼习惯，促进学生身体、心理和社会适应能力健康发展的教育

活动。

人们对于一项崭新事物的概念界定一般都是通过长期实践中的认识和总结，只有把概念弄明确了，人们才可以进行客观和准确的思考与判断，才能更好地展开深刻的研究，进而得出更加深刻的结论。任何事物的概念都应具有简洁、科学的特性，而如果把事物的目的、功能、价值等问题融于概念之中，则会使其不够简洁。因此，上述定义既有正确的方面，也有较为啰唆的一面。

基于相关学者的研究和定义，可将体育教学的概念进行归纳总结。体育教学是以体育实践性知识，即运动技术为主要学习内容的教学活动。需要注意的是，这种定义从一定程度上忽视了体育教学理论的学习，在体育教学中，学习技术、技能和战术的同时也要学习理论知识。体育学习中，理论性知识的学习不是单纯地通过看教材、上网、看视频或室内理论教学课来获得的，而是要把身体技能练习与理论性知识的学习充分结合，或者说把体育理论知识的学习穿插于体育课堂教学的动作练习之中。也就是说，在体育教学中，既要重视技术技能的传授，也应该重视传授理论知识。而仅仅依靠阅读教材、论文、期刊、媒体资料或室内理论课等与其他学科相似的形式来进行体育理论知识学习，从某种程度上来说是不太可靠的。当然，在体育教学中，室内理论课肯定也是教学体系中不可或缺的一环，但它与一般意义上的理论知识学习仍有一定差异。一是在体育教学中，理论课的比例很小，每学期只有 2 课时左右；二是作为运动技术学习的补充课程，待学生对技术动作具有了一定经验后，再去学习相关的理论知识，这样能够对已经学习过的实践性知识有更深入的理解。

体育教学的上位概念是教学，它指的是以课程内容为中介的师生双方教与学的共同活动，其特点是通过各学科系统知识、技能的传授与掌握，发展学生的身体和心理。教学的上位概念是课程，课程概念的覆盖范围比较大，教学是指各科学、各领域内（如语文、数学、物理、英语、体育等）的师生双边活动，在范围上不如课程那么大，更加具体化。

因此，体育教学具有明显的学科教学特征，是教与学的互动，是体育课程的下位概念，与它同一层次的概念有物理教学、数学教学、语文教学等。体育教学是各学科教学的一部分，体育教学首先应属于教学，教学活动是体育教学的下属概念，是体育教学的第一本位。

（二）体育教学的内涵

体育教学活动并不是一成不变的，而是一个动态过程，这一过程包括知识和技能的传授过程。在体育教学的不同阶段，体育教学的概念、角色等也因为多方面的作用和影响而不断发生着变化。经过多年发展，现阶段体育教学的内涵包括以下三方面：

1. 体育教学是一门学科

在体育教学体系中有着诸多构成要素，其中主要有教学目标、教学内容、教学方法、教学模式、教学评价等内容。体育教学的目标主要是锻炼学生体能、提高学生身体素质、增进学生身心健康，它是一门相对特殊的课程，配合德、智、美、劳的发展，促进学生身心的全面发展。体育教学中主要的教学组织形式是课程教学，体育课程教学是指为了实现教学目标，配合德、智、美全面发展，并以发展学生体能、促进学生身心健康为主的特殊课程教学。通过上述界定，明确了学习体育运动的知识与技能，但对学生的活动与对体育运动的体验、情感的反映与社会适应的关注还比较有限。

2. 体育教学是教育的组成部分

体育教学是在体育教师的指导下，学生从运动科学、生物学、教育学、运动心理学、运动保健学、社会学等学科中吸收知识的精华，在体育与健康方面有规划、有组织、有目标地以身体练习为主要形式的活动，它与德、智、美、劳方面的培养相配合，共同促进学生身心的全面发展。除了在运动能力上没有比较详尽的要求外，在体育运动与体育活动、训练方面的教育都能让学生身心的发展得到锻炼和培养，这也是素质教育的主要内容及方法。

3. 体育教学是活动

体育教学主要是相关有组织、有计划、有目标的体育活动的组合。现代体育教学是为了使学生在身体、运动认识、运动技能、情感及社会方面和谐发展的有计划、有组织的活动。因此，在教学实践中，学生仅仅掌握了课本上的理论是远远不够的，它是在亲身参与学习运动技能的基础上进行动作技能的体育活动，要达到一定的标准，它是体育感受体验的积累，通过这种身体的感觉和感触才会学习并掌握技术动作。

二、体育教学的特点

体育教学与其他学科教学有一定的共同点，但也有很多不同点。从体育教学的性质来分析，体育教学与其他学科教学的共性主要体现在以下几方面：

第一，体育教学是教师与学生的交流及互动。在体育教学过程中，教师与学生的双边活动和其他学科的教学活动一样具有互动性强的特征，教师与学生存在着双向交流。学生在课上的一举一动是公开的，教师的指导对全体学生会带来或大或小的影响，教师的"教"与学生的"学"是课堂教学对立而统一的充分体现。

第二，班级授课制是体育教学和其他学科教学都具有的上课方式。与其他课程教学一样，体育课的班级组成一般是自然班，但也有打破自然班组合的情况，如在高职体育课的选修课程中，每个教学班的人员组成并不是自然班，有同一个学院、同一个专业各个平行班的学生，也有同一个学院、不同专业的学生，甚至有不同学院、不同专业的学生在同一时刻一起上体育课的情况。出现这样的情况是由高职体育教学的特点所决定的，虽然打破了自然班的建制，但实际教学中依然体现出了班级授课的特征。班级授课制的特点是一个学期内体育课堂教学的班级学生相对固定，且班级内学生的年龄、生理基础、技能水平基本处在同一水平线上。

第三，体育教学的主要目的是传授相应的知识和技能，这与整个教育事业的"传道受业"有着同样道理。但是，由于应试教育长期占据着我国教育方式的主导地位，这就使得体育教学在所有学科的教学中处于比较不利的境地。一方面，相较于其他文化学科，大部分学生确实喜欢并愿意上体育课；另一方面，学校普遍还是更加注重文化学科的教学，相对而言体育课则受到一定冷落，体育课成了"要求中很重要，做起来没那么重要，在实质上其实不重要"的学科。

大家都知道参加体育活动对身心发展具有很好的促进作用，特别是对智力开发具有特殊的意义，只是相关教育者在整体上不重视体育教育的发展，使得这些功能与价值没有得到深入开发及应用。因此，体育教学是对"知识与技能"进行传承的独特方式。所不同的是，体育教学传承的是体育文化。

结合体育教学的性质，并对其他学科教学进行对比分析，可以总结出体育教学的基本特点。下面就来阐述一下体育教学具有的特点。

（一）师生身体活动的频繁性

在体育教学过程中，由于"身体知识"源自人体不断地思考、操作与实践，因此，在体育教学中，需要体育教师反复进行技术动作的示范、反馈与指导，学生要做的则是端正态度，集中注意力观看，之后再进行身体动作的尝试与体验。不通过亲身实践与身体练习，是无法习得相关技术与技能的。所以，在体育课的实际教学过程中，教师与学生进行身体活动是很常见的事情，但在其他学科的教学中很难看到。其他学科的教学一般情况下都在室内进行，要求安静融洽的课堂氛围，这样才能对激发学生的思维、产生学习效果起到良好作用；但体育教学则恰恰相反，在活动过程中既有学生强烈的身体活动，也有适当的感情与情绪表达，这些都是外显的行为表现，它们渲染了体育文化，直观地体现出了体育运动中积极与阳光的一面。

（二）传承运动知识的操作性

与其他学科明显不同的是，体育运动的知识是"身体"的知识，身体知识对学生认知自我具有重大作用，其重要性必须得到足够重视。身体知识是一种正回归人类自身感觉的知识，这种知识的重要性目前还未得到足够的重视与挖掘。这方面的理论是人类发展过程中的一种特殊知识，是人们对外部自然知识的追求转向对人体内部知识的追求的结果，是人类面向自我、面向自身的一种挑战。

当今，各级别的学校都十分重视学生的主体性，关注到学生的个性养成，这种追求人类自我知识的回归不仅显示出体育教学的特殊性，还体现了体育教学知识传承的特殊目标与根本意义。可以满怀信心地认为，在未来，这类知识必将被大部分教育者所接受与认可，并将广泛地应用于人类身心健康的具体研究之中。

（三）学生身心合一的统一性

体育对人自身自然的改造，不仅是外在结构与生理机能的统一，也是身体和心理的统一。体育教学要在传承体育文化的同时改变学生的身体形态，并强化学生的心理与社会适应能力的发展。

体育教学与其他学科的智育教学所处的情境是不同的，它营造了一种能够直观感触到的教学环境，这些直观明显的、生动形象的、富含情感的教学情境对学生的心理与社会适应能力的健康发展培养起到了促进作用。因此，体育教学中的身心发展是一元的，符合辩证唯物论的哲学观点。身体发展是体育教学的基础，心理发展是依靠身体的发展而发展的，心理的发展同时促进着身体的发展。

体育教学中身心合一的统一性主要体现在以下三方面：

第一，体育教师在教学中选择教学方法时必须考虑学生的个人情况，符合学生的身心变化规律，使学生在一定运动负荷的要求下，在身体锻炼与整理休息的过程中实现发展身心的目的。在人体开始运动后，机体的生理机能状态出现变化，各器官进行工作，长期坚持后运动水平就会进一步提升；发展到一定水平时，会固定在一段时间；当体内堆积大量代谢物质，糖原等物质消耗过多后，机体的运动水平就会下降。在体育课程教学中，教师对于运动负荷和调整休息有着科学的分配，所以学生的生理机能变化不是直线，而是具有波峰和波谷的曲线。

第二，体育教学的内容在选取上不仅要注重对学生身体各器官与系统、各种运动能力和各种身体素质的正面促进，而且要注重对学生心理健康及社会适应力的培养，要符合心理学、体育美学和社会学等方面的要求。

第三，体育教学要符合学生的年龄特点和心理特点。因为学生尚处于成长发育阶段，心理上很容易出现变化及波动，思维、情绪、意志等方面的变化会对动作技术和体育技能的学习产生影响。这种生理、心理负荷波浪式的曲线变化规律，体现了体育教学具有鲜明的节奏和与身心的和谐统一。因此，体育教师应根据学生的心理特征对教学进行全面设计和组织，在促进学生身心发展的同时，培养学生对体育的积极性、形成对体育项目的兴趣，让体育教学更有效地发挥自身的功能。

（四）教学内容的审美情感性

体育具有艺术感和美感，而体育教学中的美感首先体现在师生运动过程中的形体美与运动美上。学生通过身体锻炼让自己的身形变得更具有美感，形成身体各部分线条的美、身体比例对称的美，在运动的过程中体现出人体结构的美，这些都是体育运动的外在美。其次，体育教学还体现了人类挑战自我的精神之美，也就是内在美。在运动中克服身体和精神的障碍，达到运动学习的目标；运动实践中体现谦虚、谦让、尊重等良好的道德风范，这些也都是美的表达。

除了体育运动的外在美和内在美外，体育教学活动还体现出了教学内容的审美性。每一个运动项目都彰显出不同的审美特征与美学符号，如球类项目，除了表现出人的运动能力和运动天赋外，还需要展现团队合作、相互协调、互帮互助等人际交往的素质；田径项目更多的是表现人类的力量与速度，同时也显现出没有永远的赢家，永不放弃、奋勇拼搏的豪迈气概；健美操项目展示的是柔韧、灵巧、艺术表现、婉约、柔和的美等。

人们在长期的发展实践过程中，各种体育方面的知识和技能通过反复积累得到了运用及发展。首先，体育教师通过长期的总结和提炼，将其准确地传授给学生，让学生去感触与体验，从中感受到美，得到美的启迪，陶冶情操，净化心灵，促使身心的和谐发展。其次，教学是一种思维创造的社会活动，师生共同创造的和谐课堂教学情境给人以意境的感悟与精神上的感化，令人感受到体育教学的美好。同时，在体育教学中教师与学生之间还有一种看不见、摸不着的联系，构成了教与学的统一。在教师传授知识的过程中，也伴随着师生之间丰富的情感交流。

（五）教学过程的直观形象性

体育教学的过程中体现出了鲜明的直观形象性。具体来讲，首先是教师讲解动作的直观形象，教师在教学讲解中的声音要洪亮、清楚，还要生动形象、通俗易懂地描述动作技术，把要传授的知识进行艺术加工，把复杂的技术动作诠释得形象、通俗，这样能让学生加深对动作的感知与记忆。同时，体育教师采用特殊的方式进行动作演示，需要通过直观的动作形象进行示范，具体方式有教师亲自示范、优秀学生示范、学生正误对比示范、教学模具示例、人体模型实例和动作图解等，使学生通过感官形成对动作的基础意识，建立正确的、清晰的运动表象。学生通过各种渠道与媒介观看正确的动作示范，获得生动的表象，活跃思维，从而达到掌握体育知识、技术和技能的目的，同时，还能发展自身的观察能力和形象思维能力。

另外，体育教学的组织与管理也体现了直观形象性的特征。在体育教学中，每个学生的动作和形态都是直接显露出来的，教师能看得一清二楚；而反过来，教师在课上的一举一动，所有学生也能亲眼目睹。因此，体育教师对自己的言行也要自我约束，因为教师要起到表率和带头作用，对学生的行为具有潜移默化的教育意义；学生的课堂表现则是直接的、真切的反映，特别是在学生学习动作的过程中，所表现出来的言谈举止都是真实的情感流露，这一信息正是教师所需要注意与收集的，通过观察、反馈及指导，帮助学生不断进步。直观形象性是体育教学的重要原则，只有坚持直观性和形象性才能够使学生更好地理解、更快地学习。

（六）客观外界条件的制约性

体育教学还有一个与众不同的特征，那就是体育课的教学效果更容易受到外界各方面的影响，更容易遭到客观实际情况的制约，如学生的体育基础素质、体质水平，学生的性别、年龄、生理和心理特点，外界气候条件、运动场地、器材设备等，这些因素都从不同层面对体育教学的质量有着不同程度的影响。

从体育教学的角度来说，体育教学的实施要体现出教育的全面性，不仅要根据学生的运动基础进行区别对待，还必须对学生的年龄、性别、生理和心理特点等进行全面考虑。因为男生和女生在身体形态、运动素质、机能水平、运动功能等方面差异巨大，所以教师在教学设计、教学要求、教学组织等方面根据学生的性别不同要有所区分。而如果忽略了学生的差异，在组织、方法和内容上盲目地选择，不仅达不到增强体质、培养身心的目标，而且还有可能增加学生的运动负担，发生运动疲劳情况。

从体育教学的环境角度来看，体育课大多数情况下都在室外进行，而在室外就会有各种客观影响因素，如天气、气温、气候、噪声等。同时，学生在外面更加有新奇感，心理上更不受拘束，这种环境会使学生的注意力不集中。还有一些不可控的因素，如学校的各种活动、节假日放假等，都会对体育教学产生大大小小的影响。同时，体育教学对场地、器材设备条件的要求也是体育课比较独特的一方面。因此，在教学计划中，从教材内容选择到教学组织方法实施，从一学期的教学计划到每一课时的具体计划，每一位教师都必须考虑到这些客观实际与影响因素，排除各个因素的干扰，提高体育教学质量与效果，同时还要克服严寒酷暑、风雾雨雪等不利条件，培养学生坚持不懈、战胜自我的精神。

第二节 体育教学的性质与功能

一、体育教学的性质

（一）体育教学的基本性质

事物具有的性质决定了事物与其他事物最直接、最根本的区别，具有独特性质的事物无论是在表象上还是在内涵中均有一定的特性。体育教学和其他学科教学的最根本区别就在于它本身所具有的体育教学本质。体育教学与其他教学相比具有以下性质：

第一，体育教学的场所一般是在室外，随着学校的条件越来越好，各高校开始有能力建造体育室内馆进行现代体育教学，如篮球、羽毛球教学基本上就在室内，所以体育教学在室内进行也是不奇怪的，但田径、足球等项目还是必须在室外进行的。

第二，在体育教学过程中，教师和学生都要承受一定的运动负荷与心理负荷，每次下课后，学生都会感到身体有一定程度的劳累，这是其他学科下课后并不常见的情况。

第三，体育教学的过程是身体活动与思维活动的结合，包括广泛的人际交往过程，尤其在一些集体项目中表现得尤为明显。

第四，体育教学中更加关注学生的自我感受与情感体验等。

第五，体育教学侧重于发展学生身体时空感觉以及运动智力。

（二）体育教学的根本性质

体育教学最重要的教学形式是运动技能的教学，它是体育育人功能的实现方式。而对于运动技能的传授也是体育教学与其他学科教学的主要区别之一。在体育教学中，学生从完全不会到全面掌握动作技能需要经过几个教学阶段，分别是认知阶段、练习阶段与完善阶段。只有历经了不同阶段后，才能实现教学目标。具体来说，在体育运动技能的认知阶段中，学生与体育运动技能之间有着比较密切的联系，该阶段教学的主要目的就是让学生应对所学技能的结构、关系、力量、速度等要素进行表象认识。从这个角度来看，体育运动技能仅仅是学生提高身体素质、完成技术动作的一种方法，因此可以认为运动技术是一种"操作性知识"。

综上所述可以得出，体育教学的根本性质就是一种针对运动技术和知识的教学，学生通过体育教学实践，掌握了运动知识并将之转化为运动技能，也就体现出了体育教学的性质。

二、体育教学的功能

（一）影响学生身体的功能

由于在体育课教学活动中，学生必须进行身体的活动，通过身体体验动作和技能，这样必然会有一定的运动负荷，这种运动负荷会对学生的机体产生不同程度的刺激与影响，其影响的程度要视运动项目的内容、运动持续时间、运动间歇时间、学生身体素质、营养补充等情况而定。运动项目的内容不同，对人体的作用程度也不同，例如田径中的短跑主要锻炼学生的肌肉和速度能力，1500 米跑能锻炼学生的心肺功能等，但如果运动持续时间过长、运动量过大、运动负荷过重，那么不仅不会促进身心的发展，反而会影响到身体的发展，甚至会产生运动损伤。学生的体质与体育教学也有一定关联，如身体素质非常好的学生，运动强度可以往上提，进一步发展和提高运动水平；而那些身体素质不太好的学生，若与身体好的学生采取同样的运动量和运动强度恐怕会吃不消，对身体素质不但没有提高反而会有不良影响。因此，从体育教学影响身体功能的角度而言，想要有效发挥出体育运动的健身作用就必须遵循体育教学的规律，运用科学的教法与组织形式达到效果、实现目标。

（二）影响学生心理的功能

在人体发展规律中，身与心是合一的。体育教学在对学生身体产生影响的同时，也会对学生的心理、思想、意识与观念产生不同程度的影响，这方面的影响与其他学科有共性也有差异。体育教学与其他学科的教学都有育人的功能，教学是教育的一个主要组成部分，同样也能育人，这种功能主要通过教师的言传身教来实现，因为教师的举止无时无刻不影响着学生的思想，因此教师必须为人师表，为学生做出表率。教学更重要的是传授各种人类社会的道德、规范与理念，这是学生在走向社会前必须接触的内容。除了上述共性外，体育教学还有着与其他学科不同的特性。体育教学是在特殊的场合传授体育运动过程中人类外显的行为规范和准则，而这些规范和准则与社会的道德规范是一致的，正因为它们之间具有高度的一致性，体育教学对学生心理的培养才具有重要的意义及价值。

体育教学对学生心理的影响主要包括两方面，分别是个人心理与团体心理。从个人心理角度看，体育教学和体育课能让学生的压力得到缓解；另外，体育的成功及失败是相对的，没有永恒的胜者，而失败是大多数人都要去面对的。作为胜利者，必须保持清醒头脑，不骄傲自满；作为失败者，不沮丧气馁，要不甘落后，奋起直追。只有具备了这样的素质，才有机会成为出类拔萃的强者，这就是体育活动对每一个学生在道德和心理上的意义。对于团体心理而言，道理和个人是共通的，作为团队的一个成员，需要处理好个人利益与集体利益的关系，以大局为重，抛开私心杂念，发扬集体主义精神，成就团队荣誉。

（三）影响学生社会交往的功能

体育教学中影响团体心理的功能也可以说是体育教学影响学生社会交往的功能。在体育教学中，同学之间的沟通、交流与合作是必不可少的，学生之间的交往具有特殊性、外显性与频繁性的特点，这与其他任何一种教学活动或社会活动都有明显差别。在体育活动中，学生的身体交流、动作交流和语言交流非常多，交流的同时也会对体育竞赛规则加以传播与体现。可以说，体育教学具有社会的属性，这个社会的属性赋予了学生之间需要遵循的各种规则与准则。若不遵循，就会受到惩罚和制裁；若表现优异，则会得到表扬和奖励。规则及准则的执行者自然是体育教师，要求教师必须做到公平公正、不偏不倚，这样才能对学生产生良好的影响，培养学生形成良好的体育道德规范，进而培养学生适应未来社会的各种道德规范与理念。

（四）传授运动技术的功能

从体育教学的微观结构分析，体育教学的最小单位是每一节体育课程，而体育课的主要性质是以教学内容为中介的教师与学生的双边活动，因此，体育教学主要是实现运动技术的传授与学习，即体育教师把运动形成以来不断发展的技术和技能传授给学生，这体现了传承的精神。在传授运动技术的过程中体现出了体育学科的独特性，学生必须亲自进行身体活动和体验，才能学会并掌握各种运动技能。没有这个实践环节，而仅有理论知识的教学是远远不够的。

在体育课中，教师的教学内容通常是具体的技术和技能，它可以小到某项运动的一个单元，甚至可以小到某单元教学中的单个动作环节，如教学内容可以是球类项目中的足球，也可以是足球中的足弓传球练习，还可以是绕杆带球练习等，其他运动项目以此类推。也就是说，从小的、简单的技术动作学起，才能积少成多，掌握整个运动项目的技术。

（五）传承体育文化的功能

从体育教学的系统结构来看，把体育课的内容累加起来就构成了单元教学计划；把各个项目的单元教学累加起来就构成了学期教学计划；而把上、下两个学期的教学内容累加起来就构成了学年教学计划；通过这种方式往更高层次进行累加，就构成了各学段的教学计划。从体育教学微观内容分析，把体育教学过程中各种小的运动技术累加起来就能学到某项完整的运动技术，继续往大了累加就会学到各种运动技能。结合以上两个视角，通过各阶段的体育教学，学生可以接触、学习并掌握较为完整的运动知识、运动文化，习得各种运动技能，从而实现体育教学传承体育文化的功能。

第三节 体育教学的基本规律与原则

一、体育教学的基本规律

（一）人体机能适应性规律

1. 体育教学中学生人体生理机能活动变化规律

人的机体进行身体练习时有一个过程，在这个过程中其机能呈现出了不同特点。在开始练习时，机体要从静止状态克服生理机能的惰性，体内各器官系统的机能从相对较低的水平逐渐上升。随着运动的持续，机体的机能活动能力稳定在较高的波浪式范围，且波动不大；在运动持续一段时间后，人体会感到疲劳，机体机能活动能力开始下降，随后恢复到安静时的机能状态。在运动的整个过程中，人体的机能活动能力从上升阶段到稳定阶段再到恢复阶段。体育教学中安排的运动量和负荷强度要符合人体生理机能活动能力变化规律，因此，体育教学中应根据人体生理的变化规律合理安排教学内容、教学方法及运动负荷等。

2. 体育教学与学生身体发展非线性关系的规律

学生处于生长发育阶段，身体发展具有一定规律，这是由学生的先天遗传因素所导致的。因此，可以做个假设，即使学生不参加体育活动，不进行运动锻炼，按照人体生理规律身体也会成长发育，运动锻炼的因素只是影响学生身体发展的外界因素之一。积极参加锻炼，身体的发育和发展就会得到促进；不经常参加体育活动，不爱锻炼，则容易对身体产生不好的影响。运动对学生的身体会产生影响，这是千真万确的事实，但是从相关检测结果来看，身体形态的发展到底是由运动锻炼造成的还是由学生个人生长发育所形成的还没有具体的结论。因此，可以认为运动过程中对学生施加的运动负荷与学生身体的变化不是相对应的关系，即非线性关系，而只有指向性关系，即给予学生适当的运动负荷，对学生的身体发展有一定的促进作用，但并不是运动负荷越大学生的身体变化就越大，其不是对应的关系。

3. 体育教学内容对不同学生具有不同的身体刺激规律

体育教学内容与运动负荷有内在的本质联系。运动负荷是指人在运动锻炼时所承受的生理负荷，包括运动量和运动强度两方面。在教学过程中，只有给学生一定量的运动负荷，学生的身体才会有积极的反应，教学才会收到好的效果。教学内容不同，其运动负荷也不同，不同的运动负荷对学生的影响也不一样。比如，教学内容是打太极拳，那么运动时心率达不到 180 次/分钟；如果教学内容是 100 米快速跑，学生跑完后即刻心率可达到 160 次/分钟以上；准备活动慢跑 400 米，心率一般会在 130 次/分钟左右。很显然，教学内容与运动负荷是直接相关的，教学内容与运动负荷的相关性规律是体育教学所特有的规律。

在体育教学过程中，运动负荷较大的教学内容有跑步、跳远等，掷实心球、体操等运动的负荷则相对较小。所以，在体育教学过程中要高度重视教学内容与运动负荷的联系，在教学内容的安排上，可以交替安排大负荷和小负荷练习，这样可以使运动锻炼更有效果，而不至于产生疲劳。通常，学生取得最佳健身效果的心率区间是 120～140 次/分钟，而在体育课中，可将此心率保持的时间控制在 10 分钟以上，并以中等强度和中等量结合的运动负荷为主，在运动之后也要照顾到学生的机体恢复情况。因此，应根据不同教学内容的特点科学地安排教学内容，以更好地促进学生身体素质的发展。

（二）动作技能形成规律

1. 粗略学习运动技术阶段

首先，从生理学、心理学两个视角分别概括地去研究学习运动技术阶段的基本特征。从生理学视角来看，此阶段学习新的技术动作所引起的内外刺激对学生的机体来说都是新异刺激的，并通过各种感受器传到大脑，引起大脑皮层的中枢神经细胞强烈兴奋，但因大脑皮层内抑制过程还没有建立与形成，大脑皮层的兴奋与抑制过程都依照大脑皮层本身的运动规律趋于扩散，导致形成的反射还很不稳定，出现泛化的现象。表现在外在动作上，就是僵硬、不协调、不到位，时常发生错误动作和多余动作，动作时机把握得不准确、不到位，节奏散乱。从心理学角度而言，在这一阶段中，学生的视觉起到了主导作用，学生主要通过观察教师、优秀学生、教学媒体的各种运动技术演示，在头脑中逐渐形成相对准确的运动表象。但由于学生在这个阶段缺少直观的体验和感性认识，因此，虽然注意力高度集中，但人的内心实际上是非常紧张的，心理能量消耗大，在大脑中建立的运动表象时隐时现，直接表现为动作呆板、不协调，有待于进一步提高。

因此，该阶段教学的主要任务是使学生建立动作的正确表象和概念，排除杂念，避免误导，防止并排除多余、错误的动作。学生要多加练习，以建立大脑皮层与肌肉系统的联系，形成更加稳定的条件反射。根据这一阶段的特点和教学任务，教师要充分了解学生的性格和运动水平，运用更加直观的教学手段进行简短而又生动的讲解，做出正确示范，保证学生形成准确的动作表象，引导学生把思维集中在如何更好地完成动作上来，准确把握动作的意义、技术结构、要领和完成的方法；同时，要给学生充分的练习时间，帮助学生建立神经系统与肌肉系统的暂时联系。

2. 掌握分解动作，改进与提高完整运动技术阶段

从生理学角度来看，随着学生学习的深入，学生大脑皮层运动区的兴奋与抑制过程在时空上的分化开始发展，大脑皮层运动中枢的兴奋及抑制过程逐渐集中，抑制过程明显增强，尤其是分化抑制得到发展，由泛化进入分化。第一、第二信号系统的相互作用开始得到加强，具体表现为慢慢掌握各个分解动作，出现多余动作的情况越来越少，动作的时机与节奏更加靠近动作要求。从心理学的观点来看，学生的注意力的分配能力开始加强，整体感知开始分化，视觉、听觉、动觉共同发挥作用。但此时条件反射依旧不稳定，容易受到外界强烈刺激的干扰和影响，精神还是有些紧张，注意力范围还是较小，动作虽然有改观但显得慌乱，动作衔接还不连贯，容易出错等。因此，这一阶段的教学任务是在粗略学习运动技术的基础上，进一步缓解学生的紧张情绪，深化对各个分解动作的理解和掌握，并让学生加深理解各个动作结构的内在联系，在掌握各个分解动作的同时，于脑海中建立起完整衔接动作的概念及意识。根据该阶段的特征与要求，教师应运用多种教法，重复长时间的练习；在不切割完整动作的基础上，把所有相近的分解动作进行对比，帮助学生纠正各种错误动作，把握技术动作的重点和难点；根据完整动作的要求，对各个分解动作进行有节奏的组合练习，从分解动作逐渐过渡到完整动作。

3. 掌握完整运动技能阶段

从生理学角度来看，通过对整个运动技术的反复练习后，逐渐形成稳定的运动技能记忆和表象，逐渐形成稳定的动力定型，使大脑皮层运动区内兴奋与抑制过程在时空上更加集中，有时在脱离意识控制下也能完整地完成动作。在不利的环境和条件下进行运动，运动形式牢固，不会遭到破坏，植物性神经功能与躯体性神经功能开始协调配合。从心理学角度来看，学生在这个阶段的精神紧张程度逐渐降低，语言的作用开始加强，注意力范围不断扩大，其具体表现为：完整动作完成情况较好，动作协调、灵巧，不出现明显的动作失误，动作的矛盾与干扰越来越少，完整动作更加连贯，节奏性较好。

这一过程运动动力定型虽已基本巩固，但也要持续进行练习，否则来之不易的动力定型还会消退。对于步骤多、难度大的运动技术，如果不坚持练习，动作定型不仅不会得到进一步巩固，而且已形成的动作表象还会逐渐消退。因此，此阶段的任务是要求学生在各

种条件、环境下继续坚持练习；关注运动技术的每一处细节，加深对动作技术的理论及原理的理解与消化；结合运动实践，促进完整运动技能达到自动化的程度。

4. 运动技能自动化阶段

从生理学角度来看，运动技能不断巩固与发展之后，学生掌握的运动技能最终会出现自动化现象。所谓自动化，就是指在练习某套动作时可以在下意识的情况下自动完成。所谓下意识完成动作不是真正意义上的不采取任何意识去完成动作，只是指在大脑皮层兴奋性很低的情况下依旧可以把动作完成。例如，在骑车过程中，人完全不需要意识控制，如车把的稳定、重心的移动、踏车的动作等都能下意识去调整，注意力可以转移到观看周围的情况上去。从心理学角度来看，这一阶段学生完全没有精神情绪的紧张，注意力范围扩散到最大限度，运动的感知对动作的控制调节占据主导地位等。其具体表现为：毫不费力地完成完整的技术动作，动作熟练、准确、飘逸、灵巧，并能体现运动技能的特征。而继续往前发展，则可以表现为运动技巧和运动能力，并能灵活自如、随机应变地加以运用。但运动技能的自动化是在下意识情况下完成的，如果出现微小的动作误差往往不会被轻易察觉和发现，如果重复多次而被巩固下来，就有可能使动力定型变质。

因此，这一阶段的教学任务主要是巩固发展已形成的动力定型，让学生轻松、熟练、灵活地完成动作，并能够在各种变化的条件下把动作运用自如。根据这一阶段的特点和任务，教师应继续要求学生进行强化练习，并注意整个技术动作的细节内容，使学生参与各种条件、环境下的练习，特别是运动比赛，不断地巩固已形成的动力定型。

（三）体验运动乐趣规律

在体育教学中有很多教学目的，其中之一就是要注重培养学生的兴趣爱好与专项能力。教师在教学中要想方设法使学生在体育运动中体验到乐趣，这样才会让学生形成兴趣。体育运动乐趣的体验能够使学生对运动技能进行积极的学习与掌握，从而提高自己的体育技能。因此，体育教学过程要遵循体验乐趣的相关规律。

学生学习与掌握运动技能的过程中体验乐趣的规律一般是如下几个过程：

第一，学生以自身固有的技能水平为基础进行新技能的学习，在学习新技能中体验新的乐趣。

第二，学生为掌握新的运动技能需要付出努力和汗水，需要不断挑战自我，在挑战自我中能够体验到乐趣与成就感。

第三，学生掌握新的运动技能后，需要充分发挥自身的聪明才智与主观能动性来对新技能进行创新，在创新中体验探索与新鲜的乐趣。

二、体育教学的原则

（一）身心发展原则

身心发展的教学原则指的是在体育教学中不光要让学生的身体素质得到发展，而且使学生的心理品质和社会适应能力也得到相应培养。体育教学活动对学生的心理往往会产生深刻影响，具体包括两方面：一方面是对学生的个体心理产生影响，包括兴趣、爱好、创造等；另一方面是对学生的团体心理产生影响，包括集体意识、团结协作、合作沟通等。

人是一个完整的有机体，其不仅具有生物属性，本身还具有社会属性。只有身心协调发展，人才能体现出自身的价值。身心发展教学原则的基本要求包括以下几方面：

第一，在学段、水平、全年、学期等方面的体育教学计划的制订中，要根据青少年的发育特点，注意各类教材的选择与合理搭配，做到在不同学段与水平上有所侧重。因此，在体育教学实践过程中要注重教材对学生身心发展的作用。如果运动负荷过大，那么就可以针对各年龄层的学生进行适量安排；但如果运动负荷过小，那么可以在体育课教学中搭配一些其他身体素质的练习，锻炼学生的体能。

第二，体育教师在教学实践过程中要加强对学生有关身体健康知识、科学锻炼身体知识的灌输教育，引导学生正确认识身体健康知识，意识到身体健康的重要性，形成主动参加体育锻炼的好习惯，并促使学生在学习广泛的运动技术基础上不断形成某些运动特长，进而形成终身体育的意识。

第三，体育教师在选择和设计教学任务或者方法时，要体现出教学的育人作用，不放过每一个运动技术、竞赛过程的教育机会，从而发挥这些活动蕴藏着的体育道德规范与精神内涵。体育教学要把培养身体健壮与培养心理健康相结合，把体育教学的教育功能发挥到极限，才能使体育教学产生出最大的功效。

第四，在体育教学过程中，教师要注意并关注学生的心理，促使学生形成主动锻炼的意愿，在教学方法上体现出灵活多变的风格，使学生在体育课中产生足够的精神和兴趣。因此，对于体育教师来说，不仅要仔细研究教材内容，还要关注学生的身心发展。在体育课上，教师只有充分了解学生的身心特征，做好充足准备，教学方法和内容才对路子，教学才会有效果，以促进学生身心的和谐发展。

第五，在体育教学评价过程中，要注意学生身心发展的全面性，不仅要研究学生身体健康和运动技能方面的评价指标，还要注意研究学习态度、人格素质等方面的评价指标。片面地看学生的课堂表现和运动成绩，最终给出的评价结论也是片面的；只有把教学预设与结果评价合理相结合，才能确保体育教学真正能够促进学生的身心和谐、全面发展。

（二）直观启发原则

教师通过具有启发价值、多样化的直观手段，使学生产生清晰的运动表象，从而提高学生分析、概括等方面的综合思维能力水平，这就是直观启发原则。体育教学中有很多直观的教学手段和方法，如教师及优秀生的动作示范、人体模型、教具、幻灯片、视频等，这些手段能够促进学生形成视觉、听觉等多器官共同感觉的作用。虽然在其他学科中也体现出了各种直观的教学手段，但在体育教学中的直观教学手段有着格外的意义。体育教师除了要把体育运动的知识教给学生外，还要身体力行、亲自实践进行身体操作与练习后学生才会掌握运动技能。直观启发教学原则的基本要求包括以下几方面：

第一，体育教师自己对动作要掌握得炉火纯青，同时还要知道如何进行动作技术的示范，不能会做但不会教。运动技术的示范技能不同于运动技能，它是在运动技能基础上发展起来的一种较为成熟的教学行为方式。

第二，优秀学生对全班整体运动技能的掌握具有示范带头作用，因此要大力培养优秀生。在体育教学过程中，由于很多行为与动作是在观察、模仿的过程中逐渐感触、理解和掌握的，同学之间相互交流、观察及学习的现象非常普遍，相比之下教师只有一人，不能在课堂上对每个人都进行完全细致的一对一教导。因此，只有发挥优秀生的示范带头作用，才能提高直观教学的效果。

第三，直观启发的教学手段要多样化。直观教学手段包括各类器械、标志线、标志物、保护与帮助等，这些直观教学手段需要广大体育教师根据教学目标和学生的学习情况不断实践、探索，在不同的动作、不同教学阶段灵活运用，并尝试开发新的直观教学手段。需要注意的是，直观教学的目的在于通过这些直观手段更好地完成教学目标，并不是为了直观而直观。

第四，直观教学要注重启发性。直观教学的最终目标是让学生掌握运动技能，但掌握运动技能的过程不是一蹴而就的，需要激发学生的主观能动性，引导他们反复努力练习。因此，体育教师在直观教学时要联系生活经验，引导学生正确理解所学的运动技能，有的放矢地进行指导，使学生知其所以然。

第五，要处理好直观、思维与练习的关系。直观、思维与练习是紧密联系的，直观是动作练习的基础，也是教学的前提。没有直观教学，学生就无法快速理解运动操作知识或技术；思维是学会动作技术的核心要素，也是学习效果的关键，只有教学的直观而没有启发性，那么直观教学就毫无意义，因此思维是把教师有效指导与学生积极参与连接起来的桥梁；练习是必须进行的过程，因为仅有直观的教学、敏锐的思维与理解而不去活动身体，只停留在理论思维的层面上，也不能够实现直观教学的目的。

（三）循序渐进原则

循序渐进原则是指在体育教学过程中有关教学目标、教学内容、教学方法、教学手段等的安排应系统、整体、连贯，符合学生年龄、基础能力等方面的特征，显示出学生的差异，使教学目标更好地实现。在体育教学中，必须遵循从简单到复杂、从容易到困难、从浅显到深入的原则，这样才能使学生的知识、技术、技能等方面得到稳步发展。循序渐进教学原则的基本要求包括以下几方面：

1. 深入了解学生身心发展的规律和特点

学生是教学的实施对象，学生的个人特点是开展教学的基础。因此，对于体育教师来说，需要分析学生各个阶段的身心发展特点，这些特点为教师采取循序渐进原则进行体育教学各环节的设计提供了依据和条件。

2. 认真钻研教材，了解教材的内外部系统性

教材相当于教师与学生间的中介，作为体育教师来说要认真钻研教材。教师要把书本上的内容和实际教学情况进行联系与对比，分析它们的相通与不同之处，进而在安排教学计划时关注教材之间的搭配。教师还要善于分析教材内部的特点，包括教材单元的课次、重难点等问题。

3. 教学设计中要有层次性和连贯性

教师在教学预设过程中要根据学生的特点与教材内外部特点去设计教学。教学设计不仅包括教学方案的设计，也指包含教案在内的单元教学计划、学期教学计划、学年教学计划等。因此，体育教师要关注各类教学计划之间的关联性，关注某项教学计划的层次性，保证各类教学文件的连贯性与层次性，使运动项目的教学安排遵循循序渐进的原则，符合教学的客观规律及要求，使教学设计做到首尾衔接、层层递进。

4. 安排运动负荷与运动量时要控制节奏

学生的体能发展和身心发展并不呈直线形，而是呈波浪形发展态势，因此体育教师在安排各课的运动负荷与运动量时一定要控制好节奏。节奏的合理安排，一方面使学生的机体得到足够的刺激量，而另一方面又防止过度疲劳对学生的身体造成伤害。

（四）精讲多练原则

精讲多练是体育教学的基本原则之一，也是相对特殊的一个原则。所谓"精讲"，就是体育教师在了解学生、摸透教材的基础上，用精练的语言和较短的时间把体育教学的主要内容、特点、动作技术要领和技能向学生清晰完整地诠释出来。"多练"是指学生在体

育教师的指导下，充分利用时间，争取更多机会参与身体运动。

精讲多练要求重视讲的作用，也要保证充足的练习，讲练结合要使师生都应有积极性。"精讲"是教学的基础和前提，只有"精讲"才能使学生在最短的时间内理解所学的内容与方法，才能有更多的时间去"多练"，从理论联系到实践。精讲多练教学原则的基本要求包括以下几方面：

1. "精讲"要求教学内容精要

在体育教学中需要教师的讲解，但在讲解过程中要注意把握好语言，语言必须紧扣教学目的及要求，突出教学的重点与难点，做到少而精，不能与教学目标背道而驰。一些年轻体育教师往往在"精讲"的把握上不够到位。

2. "精讲"的方法要恰当

教师的讲解要做到既能体现教学要求，又符合学生的实际水平。首先，教师要根据教材内容进行讲解，根据教学内容的难易程度进行把控。其次，教师要针对学生的特点选择不同的教学方法，在形象化教学的基础上进行抽象的描述。

3. "精讲"的语言要精练

教师的讲解语言要生动、易于理解，激发学生的思维与想象力。对于体育教学来说，体育教师往往比其他学科的教师更难以控制语言的精妙性。因此，体育教师要特别注意运用各种语言技巧实现教学的目标。体育教师在做到语言精练的同时，还要注意其他语言技巧，如在语调、语气、语速等因素上也要合理把握，这些内容对课堂气氛有着重要作用，能够决定学生的上课态度和情绪，对教学效果有着很大影响。

4. "多练"方式的多样化

"多样化"的关键是体育教师要通过在教学过程中多样化的练习方式，让学生有更多机会去掌握运动技能，实现运动目标。多样化的练习方式包括重复练习法、间隙练习法、变换练习法、游戏练习法、改变条件练习法、循环练习法、帮助练习法等。但是这些练习方法并不一定适合所有学生，因此要做到区别对待。

5. "多练"与动脑相结合

在练习过程中，学生每一次练习中的条件、时机、方式等都有可能发生变化，所以需要学生提高适应能力，分析每次练习的情况，及时思考与总结，通过这种方式来提高每一次练习的效果。

6. 在教师指导下进行"多练"

学生要养成主动思考的好习惯，另外还需要教师的点拨与指导。在体育教学中，教师的点拨可以帮助学生更快找到方法和方向，进而更快地掌握技术动作，达到很好的效果。因此，学生要在"多练"环节积极动脑进行反思性思维，提高每一次锻炼效果；作为教师，要发挥指导点拨的作用，不断对学生适当地反馈信息。通过教师与学生之间的互动，让学生的"多练"产生更好的效果。

（五）区别对待原则

区别对待教学原则是指体育教学要根据学生的不同特征去实施不同的教学，从而使每个学生都能找到合适的发展道路，得到相应的进步与提高。由于学生在性别、年龄、生理特点、心理素质、运动能力等方面都存在差异，因此在体育教学中要遵循区别对待的原则。区别对待教学原则的基本要求包括以下几方面：

1. 了解每个学生的身心特点

学生的身心特点主要是指相同年龄学生的身心特点，同一年龄学生的身体状态和心理特点是完全不同的。此外，男生和女生的身体特点也完全不同，不同学生的身体基础和运动技术基础需要教师进行区别对待。

2. 深入了解班级课堂教学氛围

班级的课堂氛围对教学效果有着很大影响。如果是刚刚开学，教师才接手新的教学班级时，要多与班主任沟通交流，了解班内学生的个人情况，在教学之初仔细观察学生的语言与行为等反应，这些对于形成班级良好的集体气氛具有很大作用。而对于进行了一段时间体育教学的班级来说，班级的氛围已相对固定，这时教师就要收集学生对教师、对教学的各种反馈意见，及时改进自己的教学计划，为人处世应光明磊落，让学生信服。只有这样，才能改善原有的课堂气氛，让体育教学产生更好的教学效果。

3. 根据学生的个性特点进行差异性教学

学生都有差异，虽然事实上做不到针对每一个学生进行单独教学，但是对于体育教师来说，则要善于分析学生的共性，并在此基础上分别对待处于"两个极端"的学生，做到使优秀的学生继续拔高、中等学生保持进步、较差的学生迎头赶上，所有学生都能体验到运动的快乐。

4. 对特殊学生给予特殊指导

教师在教学过程中对于基础条件比较差的学生要安排特殊的教学内容，对这类学生进行个别指导，做出有限度的要求，使他们尽可能地提升自我。由于教学对象是面向全体学生的，没有高低贵贱之分，所以做到对特殊学生的特殊指导才真正符合教学的科学理念。

5. 根据教材的性质、具体教学条件、季节气候等特点安排适合的教学内容

对于相同的教学内容来说，教师可根据不同的教授对象运用不同的方法与教学要求，如在跳箱、跳高教学中采用不同的高度等。由于场地、器材、器械等教学条件不同，教学目标、方法与手段也应各有不同。除此以外，体育教师还要考虑地区、季节气候的不同特点，如高温酷暑不要安排太大的运动负荷，以防止学生中暑。

（六）负荷适量原则

负荷适量教学原则是指在体育教学过程中，根据学生的自身特点合理安排生理和心理负荷，并合理把握练习与休息的交替尺度，从而达到增进身心健康的目的。运动负荷是把握运动效果的常见指标，由于学生在生长发育的每个阶段自身的生理机能都有一定极限，因此学生在练习中如果其生理负荷和心理负荷超越了极限，就会造成肌体的伤害。如果练习时负荷刺激量不足，身体机能不会出现反应和变化，则不能达到发展体能的效果。学生在负荷的过程中，还要适当有所间歇。间歇也是体育教学的必要因素，它对于调节课的节奏、消除疲劳、提高学习效率等具有重要作用。因此，负荷与休息是体育教学的两个基本方面。两者安排得越合理就越有利于提高教学的效果。负荷适宜教学原则的基本要求包括以下几方面：

1. 研究并掌握运动负荷与身心发展的原理

体育教师首先应在接受职前教育过程中认真学习有关体育生理学、心理学的基本理论知识与原理，并在进行教学实践时深刻体会及运用，从而更好地促进学生身心的健康发展。

2. 合理地安排各类教学计划中的运动负荷

教师在制订各种学习计划时，要对运动负荷与量的安排进行通盘考虑。教师在教学过程中要考虑到不同年龄学生的身体特点，对教材与运动负荷进行合理安排；同时要注意教学的季节性特点，合理安排教材与运动负荷；教师在制订学期的教学计划时，应根据教材单元教学的特点，对各单元教材的运动负荷进行合理安排；教师在安排教案时，要合理搭配多种教材，使运动负荷与休息进行合理交替，同时也应考虑季节、场地、器材、教材等因素。

3. 依照适应性规律调整运动负荷

运动负荷不能持续停留于某个水平上，就体能发展的规律而言，运动负荷的需求应该是不断提高的。因此，体育教师在进行各类教学计划安排时既要注意合理的运动负荷，同时也要关注运动负荷在各个时期的节奏，只有对学生的肌体产生足够的刺激，才能实现逐渐发展体能的目标。

4. 合理安排积极性休息的方式

学生体能的发展取决于运动负荷的量和强度以及合理的间歇时间、休息方式等。合理休息的时间、方式与次数要根据学生肌体的状况而定，同时还要考虑学生的心理和生理因素。

5. 根据课型、教材、学生的不同合理安排运动负荷

由于学生的身体机能各不相同，面对同样的负荷不同的学生可能会产生不同的效果。因此，在体育教学中不能只根据某些表面数据来衡量运动负荷的大小，教师应根据学生肌体内部的变化情况对运动负荷进行相应调整。

（七）安全卫生原则

安全卫生的教学原则，要求教学工作者在体育教学设计与实践过程中时刻关注学生的运动安全与卫生问题。体育教学过程中有很多安全及卫生隐患，要做好各种预防措施，减少不必要的身体伤害，保证学生在安全卫生的条件下进行各种体育活动。安全卫生教学原则的基本要求包括以下几方面：

1. 学生要有"健康第一""安全第一"的理念

体育课的安全始终都是让学校、教师、家长注意和担心的一个大问题，安全问题虽然近年来受到政府、学校领导、教师、家长的高度重视，但在体育教学中依然有事故发生，做不到百分之百杜绝。因此，教师在进行体育教学时一定要做好各种安全预防工作，贯彻"安全第一"的教学理念，把学生的安全问题、健康问题充分重视起来。

2. 体育教学做好各种安全防范措施

首先，体育教师在课前要提前10~15分钟来到教学场地，把课堂需要用到的器材提前放置好，体现负责的态度。同时，体育教师要根据上课内容认真检查体育器材，特别是双杠、单杠等容易对学生造成伤害的器材。再次，体育课前学生应做好准备活动，体育教师要教会学生养成在课前认真充分做好准备活动的好习惯。在做好准备活动的基础上，强调能够结合主教材内容的专项准备活动，使学生身体各关节、肌肉等充分伸展，为之后的教学活动做好准备。最后，体育教师要在体育课中安排并教会学生各种体育运动技术的保护、自我保护与帮助方法，指导学生根据自己的水平与能力参加适合的体育运动。学生要量力而行，千万不要因为争高低而逞能好强，超越身体极限，把自己的身体弄伤。体育教学的安全，关键在于教师有责任心、为学生着想，这样才能做好各种预防举措，减少体育教学中伤害事故的发生。

3. 不违背体育教学的规律

在体育教学中，由于学校的导向、学生家长的要求等各种压力导致体育教师只能降低教学内容的难度，从而导致一些强度合适、富有挑战性的运动项目不受重视。体育教学中动作难度较小或较大都是很正常的情况，如果只选择难度很小的教材进行体育教学，那么体育文化在传承中就会遭遇很大障碍，学生就体验不到挑战性运动项目所带来的快乐。因此，体育教师要摆脱"安全第一"观念的负面影响，在体育教学中选择运动项目时避免弃难求易。

4. 关注体育教学过程中的运动卫生

由于社会的进步与发展、人民生活水平的提高，除了在少数偏远的贫困山区学校还存在着运动场地简陋、资源短缺的情况外，现在大多数学校的运动场所设施已经非常齐全。但在这种环境下参与体育活动，如果不注意运动的时间、强度，衣服的增减等问题，同样也会对学生的肌体造成伤害。其次，在运动建筑设备等方面也有相关的卫生问题。如运动环境的通风、采暖、降温、采光、照明等设施，以及游泳池池水的卫生问题，这些都会直接影响到学生的健康。此外，学生在运动过程中也要注意运动卫生，如上体育课之前要补充营养但不能吃得太饱，吃完饭半小时内不能进行剧烈活动，运动后不要喝太多水等，这些问题都是关乎青少年的卫生健康问题，应当在体育教学过程中格外注意。

第二章　高职体育教学方法的应用

第一节　高职体育教学中多媒体技术的应用

一、多媒体教学技术的特征

（一）多媒体教学技术的多维性特征

所谓多媒体教学技术的多维性特征，主要指的是多媒体教学技术所拥有的对信息范围进行处理的扩展与扩大空间的能力，而此种多维性职能能够变换、加工、创作输入的信息，使其输出信息的表现能力得到增加，其显示效果得到丰富。例如，在高职体育教学开展的过程中，利用多媒体系统进行辅助，不仅能够保证学生对文本知识的学习，使其对静止图片进行观察，并且在多媒体技术的支持下，学生能够清楚地观察、了解体育教师的动作演示，使高职体育教学效果得到加强。

（二）多媒体教学技术的集成性特征

所谓多媒体教学技术的集成性特征，主要指的是多媒体教学技术能够将不同类别的多种媒体信息有机地进行同步组合，例如声音、文字、图像等等，进而促进多媒体完整信息的文件。此外，集成性还存在另外一层含义，指的是对这些多媒体信息进行处理的工具或者设备的集成，包含视频设备、储存系统、音响设备、计算机系统等的集成。总而言之，指的是在提供的各种设备上将各种媒体紧密地进行关联，使文字、声音、图片与音像的处理实现一体化。

（三）多媒体教学技术的交互性特征

所谓多媒体教学技术的交互性特征，主要指的是人和人之间、人和机器之间、机器和机器之间的交互活动，也就是人和机器进行对话的能力，也就是使用者同机器之间进行沟通的能力。这也是多媒体计算机系统不同于传统音响、电视机等家电设备的地方。根据实际的需要，人们能够选择、控制、检索多媒体系统，同时，还能够参与到播放多媒体信息与组织多媒体节目的行列中。传统的只能对编排好的节目被动接收的电视机形式已经被打破。

（四）多媒体教学技术的数字化特征

所谓多媒体教学技术的数字化特征，主要是指在多媒体计算机系统中，各种各样的媒体信息都是以数字的形式在计算机中存放，并得到处理。多媒体技术是在数字化处理的前提下被建立的，例如，以矢量方式储存与处理的图形、以点阵方式储存与处理的图像、以数字编码方式储存与处理的音频和视频。在数字化技术发展的背景下，多媒体教学技术得到了广泛的传播与发展。

除了上述四种主要特征，多媒体教学技术还有其他的一些特征。通常来讲，还拥有分布性、综合性与实时性等特征。所谓的实时性特征，主要指的是对于同时间相关的信息，如声音与视频信号等的处理，还有人机的交互显示、操作与检索等操作都存在实施完成的要求。所谓的分布性特征，主要指的是基于多媒体数据多样性的存在，在不同的时间与空间都会存在它的素材，并且在不同的领域中，它也得到了广泛应用。所以，对于多媒体产品的开发，在离不开计算机专业人才参与的同时，更加需要的是听、视专业的人才。而多媒体计算机系统存在比较明显的综合性，它不仅能够综合集成各种媒体设备，同时还能够综合集成各种信息，使它们成为整体，促进综合效应的产生，不再是单兵作战，而是文字、图片、声音与音像的有机组合。

二、多媒体在高职体育教学中的应用优势

多媒体教学技术通过文字和图形的形式，同动画、音频与视频相结合，将体育课程的教学内容进行立体显示，具有表现形式和表现手段丰富多样、灵活多变的特征，使其独特的优势得到充分体现。

（一）多媒体技术使高职体育教学观念得到了更新

高职体育教学的传统教学模式是以教师的教作为重心，在高职体育教学应用多媒体技术，能够使此种传统高职体育教学模式发生改变。体育教师在进行授课的过程中，对现代化的多媒体教学手段进行了应用，同时还需要人机交互活动与学生间交流活动的开展，使学生的体育参与意识得到激发，将体育多媒体教学的教学思想进行了展现，即以学生的"学"作为中心。这都能够极大地促进高职体育教学方法的实践性与多样性变革，改变学生体育知识与体育技能的学习思路与方式。

（二）多媒体技术使高职体育教学的质量得到提高

在体育课程的传统教学活动中，教师应用的教学方式是以讲授为主、挂图等展示方式为辅。在实践课中则需要体育教师进行讲解与示范，在主观条件与客观条件的约束下，很难做到完全规范、标准的技术动作示范，在较短的时间内，学生正确的动作概念也很难形成，只有体育教师才能够反馈出学生的体育学习状况，而这样的高职体育教学效果也是可想而知的。

多媒体高职体育教学的实施使得上述的状况得到改变，在文字与图片的辅助下，体育课程的抽象概念得以具体化、形象化，通过计算机就能够对难度较高的体育技术动作进行模拟演示。而在对速度较快、结构复杂的技术动作进行讲解与示范的过程中，取得的效果将会更加明显。在多媒体技术的支持下，通过慢动作使学生对这一系列动作进行清晰的感知，促进相关体育概念的形成与动作要领的掌握，方便进行模仿与掌握，使高职体育教学的效率与效果得到极大提高。

（三）多媒体技术使学生的体育学习效果得到提高

多媒体技术能够使人的视觉、听觉等多种感官系统得到刺激，促进大脑不同功能区域交替活动的开展，促进体育学习内容生动化、形象化地发展，增强高职体育教学活动的趣味性与直观性，方便学生对体育技术动作的理解。多媒体技术对字体、色彩、图表、音乐、动画和闪烁等多种表现手段进行了综合利用，保证"声图并茂""有声有色"，使高职体育教学内容的艺术表现力与感染力得到增强，使高职体育教学的课堂氛围得到活跃，特别是多媒体高职体育教学资料中对肢体和谐美、力量美与技艺美的体现，使高校学生对体育的功效与个性的社会价值取得真正的认识，使他们的求知欲与体育学习的热情得到激发，进而使学生的体育学习兴趣与体育课堂教学的质量得到有效提高。

三、基于 Web 的体育多媒体网络课件的教学设计

（一）体育多媒体网络课件设计特点

基于 Web 的体育多媒体网络课件的设计，主要对高职体育教学过程中学生的中心地位进行了强调。在主动获取知识的环境下，教师和学生的地位、作用和传统教学方式已发生了很大的变化，相应的教学设计理论与传统教学相比也出现了差异之处。因此，就需要围绕以学生为中心、强调教师与学生充分交互这一原则对体育多媒体网络课件进行设计，保证能够将对网络教学特点进行体现的软件设计出来。

1. 对于"以学生为中心"的思想进行强调

在体育多媒体网络学习的过程中，应该使学生自身的主体性作用得到有效的发展，将高职体育教学课内与课外相结合，使体育锻炼活动自觉参与的精神得到展示；应该保证学生能够在自身联系反馈信息的支持下，形成高职体育教学理论与方法的独到见解。

2. 对于情境在获取知识中的重要性进行强调，对于高职体育教学信息的接受与传递不等同于知识建构的问题进行强调

在体育课程构建的实际情境中，能够开展一系列的学习相关活动，能够促进现有认知结构中的一些相关经验被学习者有效地利用，使他们对于现阶段所学的体育课程教学的新知识可以更好地固化、索引，进而将某种特殊的意义赋予到新的高职体育教学知识中。因此，在对体育学习情境进行构造的过程中，必须强调知识点与知识点间的结构关系，注意不能只是简单地罗列高职体育教学内容。

3. 对于获取知识方面协作学习发挥的重要作用进行强调

在对体育多媒体网络课件进行设计的过程中，对于学习者与周围环境之间存在的交互作用，还有网络环境能够强化协作学习环境的作用进行充分、有效的发挥，这对于学习者充分理解高职体育教学内容有着非常重要的作用。

4. 对于学习环境的设计进行强调

我们这里所说的学习环境，通常指的是学习者能够自由地进行学习与探索的场所。在学习环境中，学生为了能够使自身的学习目标得到顺利实现，需要充分地利用各种信息资源与工具。基于 Web 的体育多媒体网络课件的设计，在以学生为中心思想的指引下，并不是对高职体育教学环境进行设计，而是针对学习环境展开一系列的设计。这样做的缘由是，更多的控制与支配产生于教学过程中，而更多的主动与自由产生于学习过程中。

5. 对于学习过程中各种各样信息资源的有效利用进行强调

在体育多媒体网络学习开展的过程中，为了能够有效促进学习者对知识的主动获取与探索，需要将更多有效的各类信息资源提供给学习者，并对这些媒体与资源进行科学合理的利用。因此，在选择、设计同传统课件设计相关教学媒体的问题上，需要应用全新的、有效的处理方式。例如，充分考虑到如何获得信息资源、获取信息资源的途径有哪些、怎样有效利用信息资源等多项问题。

（二）高职体育教学内容选择与组织

只有对高职体育教学内容精心选择和组织，才能够使 Web 优势得到充分利用。具体的做法主要包含以下几方面的内容：

1. 教学内容的多媒体化

在高职体育教学开展的过程中，不仅可以对文字和图片进行使用，还可以利用声音、动画和视频。如果高职体育教学内容具有多元化的形式，那么也要综合地设计高职体育教学内容的形式，对于文字形式、图片形式、声音形式、视频形式与动画形式等多种高职体育教学手段综合利用，翔实地解说体育运动技术动作的要点、方法、难点，练习方法，容易犯的错误，纠正错误的方法等多方面的问题。

2. 补充体育课程教学相关内容与链接

在体育课程教学开展的过程中，在教学的各个知识点中不仅能够将体育课程教学大纲要求的内容引入其中，还可以融入大量的相关信息与知识。例如，在《篮球》中，不仅包含体育课程教学大纲中规定的一些技术教学内容与战术教学内容，同时，对于篮球运动的所有技战术进行了扩展，补充了篮球运动技战术实战应用的内容。在完成体育课程教学大纲要求内容的同时，使爱好篮球运动的学生能够对国内外先进的篮球运动技战术、教学与训练相关网络站点进行了解学习。此外，还能够对网络连接的特点进行利用。

3. 高职体育教学内容动态更新

在体育课程网络教学开展的过程中，体育教材由体育教师负责编写的传统方式已经不再适用了。之所以这样，主要是因为在体育课程网络教学中，对于高职体育教学课件的相关内容，学习者可以自由地进行浏览，能够通过网上教师答疑解惑与课程互动讨论等教学手段对高职体育教学内容进行讨论，同时，还可以将一定的修订意见进行提供，促进高职体育教学互动过程中教师与学生对教材进行共同编撰可行性的实现。经过了体育相关教材的共同撰写以后，对于自身的问题与意见，学生能够进行充分的表达，从而使体育课程网络教学过程中学生的参与感得到大大提高。

（三）体育多媒体网络课件的结构设计

在设计体育多媒体网络课件结构的时候，需要考虑的因素有高职体育教学的目标、高职体育教学的内容、交互方式的性质。体育多媒体网络课件结构主要建立在高职体育教学内容的基础结构上面，它可以保证体育多媒体网络课件的相关教学功能与大致框架得到充分的反映。

对于体育多媒体网络课件而言，其总体结构主要由两个部分构成，分别是高职体育教学的内容、网络交互。高职体育教学的组成内容不仅包含体育课程教学大纲要求的全部内容，还包含一些扩充性的知识。在高职体育教学网络手段应用的前提下，大量同体育课程教学核心内容相关的补充性知识在体育课程教学内容中能够有机融合，进而促进高职体育教学资源的一个特定环境得到营造。对于那些存在不同兴趣、爱好的学生而言，能够保证他们的个性化学习活动获得适当的支持。在大量扩充性知识得到引入的情况下，极大地丰富了体育多媒体网络课件的内容。对于体育多媒体网络课件而言，其主要内容包含了体育理论课的教学内容与体育实践课的教学内容。例如，相关课程的介绍、课程讲解的要点内容、教师答疑解惑、课程讨论、作业处理与课程公告，等等。其中，相关课程的介绍主要有对学习总体目标、考核办法、学习方法、学习进度与课时安排等的介绍；课程讲解的要点内容主要有每一个项目的教学任务、技术动作的要点、技术动作的难点、练习方法、容易犯的错误与纠正的方法，等等。

（四）撰写脚本与设计素材

多媒体手段的引入使高职体育教学内容的形式得到多元化的发展，在体育网络课件撰写中需要对素材的撰写和设计进行考虑。我们这里所说的素材，主要包含文字、图形图片、声音、动画和视频等等，对于这些不同类素材之间的连接关系也要进行考虑。

1. 文字脚本的撰写

通常对 Word 软件进行利用，来实现文字脚本的撰写，在内容上，不仅要对高职体育教学的知识点进行考虑，还要利用文字清晰地表达出教师的讲解。另外，还要在引入图形图片、动画及视频的文字处及超文本链接处做出标记，以便后期的制作者使用，所以，在字数上，文字脚本是传统教材的 2~5 倍。

2. 声音脚本的撰写

在网络条件的制约下，如果在高职体育教学网络课件中对于大量的声音文件进行应用，很有可能会降低其最终的运行速度。所以，声音文件的使用只能在特别需要的地方才可以。例如，对动画的解说、对视频的解说，等等。同时，在对这一种类别的声音脚本进行撰写的时候，首先要考虑的是目标动画与目标视频，同时，按照动画的解说与视频的解说，对时间与内容开展配音。需要注意的是，应该保证配音脚本的精练化。同时，将动画与解说的过程、配音的过程紧密地联系在一起。

3. 关于图形图片的设计

我们常说的图片，就是指利用拍照技术而生成的图片。当体育教师向学生讲解高职体育教学内容的时候，可能需要使用到大量的图片。我们常说的图形，就是指利用计算机的相关软件绘制出来的示意图，例如，篮球运动技战术配合的相关线路，等等。在对图片进行拍摄以前，体育教师应该针对每一个技术动作按照文字讲解的实际需要进一步设计照片拍摄的地点与数量。通过计算机相关软件绘制出的示意图，不仅要对相关的内容进行表现，还要对图形的种类进行确定，可以完成二维图形的绘制，也可以完成三维图形的绘制。从原则上讲，为了能够使基于 Web 的体育多媒体网络课件的制作成本适当地降低，尽量对二维图形进行使用，而放弃对三维图形的使用。

4. 关于动画的设计

我们这里所说的动画，主要是指动态的图形或图片。在基于 Web 的体育多媒体网络课件中，动画的使用只是为了表达原理性的一些内容，例如，体育教师在讲解球类运动的战术配合问题的时候，就需要应用到二维动画。在对相关动画进行设计的时候，首先需要进行设计的就是最原始的静态图形，然后需要通过文字与图示对初始动态图形的每一个变化过程进行说明，同时，还要以文字撰写的形式编写相应的解说文字。对于动画脚本而言，其主要构成有每一步动作的图形、说明性的文字与线条、图片中的文字提示、解说的文字等。一般来讲，一套规范的制作表必须由制作人员和脚本撰写人员一起来进行商讨、确定，这对于撰写脚本与双方交流活动的开展能够起到一定的促进作用。

5. 关于视频的设计

在基于 Web 的体育多媒体网络课件设计过程中，视频的拍摄类似图片的拍摄。通常来讲，视频的拍摄和图片的拍摄在步骤上是一致的。同时，如果拍摄过程中使用的是数字摄像机，那么图片拍摄与视频拍摄事实上就是处在同一个过程中。

6. 关于功能的设计

对于基于 Web 的体育多媒体网络课件而言，其功能的设计内容主要有对于课件界面的层次选择、导航模式设计、按钮的选择、功能按钮的确定、课程内容展示方式的确定、类型不同素材的连接方法确定、课件内容文件结构的确立，等等。功能设计其目的主要是最大限度地使用多媒体网络手段，以便能够使特定内容对教学活动辅助作用的完成起到一定的促进作用。在基于 Web 的体育多媒体网络课件中，按照总体结构的相关要求，通常通过三级结构对界面进行设计，分别是主要界面（也就是网络课件的主页面）、选择内容的界面、讲解内容的界面。

在基于 Web 的体育多媒体网络课件的主要界面中，通常存在两组可以选择内容的按钮，分别是高职体育教学内容组按钮、网络交互组按钮。为了可以适当地减少页面切换的数量，从而提升基于 Web 的体育多媒体网络课件的运行速度，在选择内容的界面，在设置每一节内容选择按钮的同时，还要设置每一章节的切换按钮。针对某一个高职体育教学内容，综合利用各种各样形式的高职体育教学手段，可以采用的高职体育教学手段有文字介绍、动画讲解、图像图片、录像片段等。不仅如此，基于 Web 的体育多媒体网络课件还可以设置其他超文本链接形式的按钮。例如，欣赏，友情地链接到其他的网站。在基于Web 的体育多媒体网络课件中，其界面存在的各式各样的按钮充分考虑了学生各种需求。此外，还可以科学合理地增加按钮的趣味性与动态效果。

基于 Web 的体育多媒体网络课件作用的主要表现是，使实践课中理论讲授时间紧且不系统的问题得到较好的解决，可在网上将体育课的教学内容完整系统地进行讲授，供不同需求的学生在网上进行个性化学习；可以利用多媒体的手段对体育运动技术动作要领进行形象生动的讲解，保证统一的、规范的动作，可以便于学生重复多次地进行观摩与学习，从而保证基于 Web 的体育多媒体网络课件对于课外体育锻炼能够起到很好的辅助作用；对于网络上能够提供的条件应该充分地利用，对于相关的问题，体育教师应该指导学生进行谈论，并且为其答疑解惑，等等。

基于 Web 的体育多媒体网络课件，其应用与发展在对高职体育教学手段与高职体育教学方法进行改革与创新的同时，还会在一定程度上影响到体育教育理论的发展与高职体育教学模式的发展。未来多媒体课件中的一种重要形式就是基于 Web 的体育多媒体网络课件，同时它也将成为网络教学发展的重要资源基础之一。

第二节　高职体育教学中微课的应用

一、微课的概念

（一）微课概念

所谓的微课，主要是指以视频的方式把教师在课堂内外教学活动开展过程中传授的教学环节或者强调的主要知识难点与重点进行展示的一种新型教学资源。微课具有一些比较显著的特点：①碎片化；②突出重点；③具备的交互性比较强；④能够反复多次使用。微课作为一种全新的教学模式，能够使学生的碎片化学习活动随时随地展开。

（二）微课的组成

对于微课而言，其组成内容的核心就是示例片段，也就是课堂教学视频。不仅如此，也有同某个教学主题相对应的辅助性教学资源。例如，素材课件、教学设计、练习测试、教师点评、教学反思和学生反馈，等等。在一定的呈现方式和组织关系下，它们共同营造了资源单元应用的"小环境"，而这里所说的资源单元具有的显著特征是主题式的半结构化单元资源。因此，微课同传统单一资源类型的教学资源之间是有一定的差异存在的，主要表现在教学设计、教学课例、教学课件与教学反思等方面。同时，微课与上述的这些教学资源之间存在一定的联系，即微课作为一种新型的教学资源，其发展基础就是上述的这些教学资源。

（三）微课的特点

1. 碎片化

微课视频具有 10 分钟左右时长，将课程教学过程通过清晰的视频录制的方式进行呈现，一堂传统课堂教学的时间是 45 分钟，而原有的段状课程在微课的作用下，逐渐向点状课程转变，促进了更加精华、细致课程内容的出现。因此，学生除了课堂的教学时间以外，还可以利用课外的其他零散时间。例如，当学生排队等待就餐的时候，可以利用这一小段时间进行学习。所以，微课的显著特点之一就是碎片化。

2. 突出重点

基于学生的学习特点，在微课显著碎片化特点的影响下，对于教师的教学能力，微课也提出了更高的要求。在微课视频的 10 分钟展示时间内，要求教师将严谨的逻辑性进行体现的同时，还要将课程内容的重点与亮点凸显出来，真正地抓住学生的学习重点，才能够使学生的学习兴趣得到更好激发。

3. 较强的师生交互性

微课作为一种新鲜的课堂形式，它的出现在满足学生知识渴求与猎奇心理的同时，还能够有效改善传统教学模式中教学内容单方面输出的情况。在微课教学开展的过程中，教师与学生之间的互动得到加强，不仅及时收集了学生课程学习的兴趣点，同时，对于学生存在的疑问，教师也能够及时进行回答。这无疑会为教师课程后期的设计提供便利条件，使其能够让现阶段学生的知识渴求得到一定的满足，进一步提升课程的教学效果。

4. 能够反复多次使用的教学资源

在微课的模式下，学生能够按照自身的实际需要，对体育学习活动随时随地展开。例如，在课程开始之前，学生可以通过微课来预习运动技能、巩固难点和重点、练习课后的动作等等。上述的这些微课学习途径，在进一步提升教学效果的问题上都能够发挥出有效的促进作用。此外，对微课教学模式的使用，还可以使学生课程学习的积极性得到增强。

二、微课在高职体育教学中的应用

由于微课存在碎片化、突出重点、较强的师生交互性与可重复利用教学资源的特征，从体育微课的基本设计原则出发，开发质量较高的体育微课，进一步地改善当前高职体育教学的现状，使学生体育运动项目学习的兴趣得到提高，对于体育方法微课的应用要始终去探索。一般来讲，在高职体育教学中，主要会在以下几方面将高职体育教学中微课的应用体现出来：

（一）微课应用在学生体育需求调研中

鉴于高职体育教学传统模式中同高职体育教学内容间存在的关联，在高职体育教学实践活动正式开始前，体育教师应该按照课程逻辑将高职体育教学内容中的难点与重点提取出来。同时，还应该同现阶段体育栏目与体育热点新闻相结合，对体育微课进行制作，之后再将已经制作完毕的体育微课利用移动互联网的各种渠道实施学校范围内的广泛传播。通过对微课中学生的点击率与同帖评论内容的考察，体育教师能够有效地评定体育课程内容的合理性，保证体育教师更加深入地了解到学生兴趣与期待。此外，在前期对体育微课进行传播，能够有效地使学生体育学习的积极性得到调动，使学生更加期待即将要学习的新内容，使学生由被动学习转向主动学习，进而提升学生的体育参与度。

（二）微课应用在体育课程设计中

对于体育微课而言，它不仅补充了传统的高职体育教学模式，还是多媒体时代下高职体育教学发展的必然结果。微课的逐渐出现使原本的体育课程设计得到了重新定义，因此，就需要保证体育课程有理有据、有血有肉。在高职体育教学开展的后期阶段，将以往室内体育理论课与室外实践课分开开展的体育课程设计进行改变，将两者进行融合。同时，对于多媒体时代大数据的时代特征进行考虑，在设计室内理论课的时候，可以以教师和学生的信息数据交流为主，使他们的头脑风暴在体育课程中得到掀起，呈现出更加公平、更加自由的体育课程，此外，在这样的形式下，体育教师的教学思维能够得到进一步的更新，使学生体育学习的热情得到提升。

（三）微课应用在体育课程教学中

一方面，基于体育时事热点与体育课程的新内容等方面，体育教师能够对新颖的体育新课进行设计，并向微课导入，在体育课堂教学开展的过程中，组织学生集体观看，主要目的在于吸引学生的注意力，激发他们的体育学习兴趣；另一方面，在高职体育教学实践活动开展的过程中，体育教师可以将复杂动作的教学制作成微课，同时，在体育课堂教学过程中，重复地向学生播放，将更加具体、更加直观、更加生动、更加形象的高职体育教学过程呈现出来。

体育教师可以根据新课内容和时事体育热点等方面设计新颖的新课导入微课，在课上给学生观看，目的是吸引学生的注意力，使学生的学习兴趣得到激发。此外，对于高职体育教学中复杂的教学动作，教师可将其制作成微课，在上课过程中对学生进行重复播放，使高职体育教学过程更生动、更直观、更形象、更具体。

（四）微课应用在体育课后辅导中

对于高职体育教学而言，每一节体育课堂教学的时间是 45 分钟，有限的高职体育教学时间，使教师能够面面俱到地讲授内容，想要实现精细化教学几乎是不可能的。所以，一部分学生不能与教学节奏同步或者是学生不能对其所学运动技能充分掌握的情况必定会出现。当体育课堂教学结束以后，教师可以将包含有高职体育教学重点的微课视频向学生发放，以便学生能够在课堂结束以后，对于已经学习的技术动作进行练习，对课堂上所学内容进行复习，切实保证温故知新，提升学生的学习效果。

（五）微课应用在体育课程分享中

从本质上来讲，分享就是学习，学生喜欢在朋友圈中分享一些好的视频课程，对身边的朋友、学生进行感染，使学生的学习圈子得到扩大。因此，我们应该对于一种倡导分享精神的学习共同体进行构建，这样能够保证学习共同体成员间互相督促，对有用的体育学习信息进行分享。例如，将微课应用在体育舞蹈教学过程中，在校园内学生可以对已经学习到的且比较感兴趣的体育舞蹈课进行分享，使越来越多热爱体育舞蹈的学生能够及时地对学习资源进行获取、分享。同时，校园内兴趣一致的学生还可以进行自发组织，安排大家一起对体育舞蹈微课进行学习，保证体育舞蹈社团的更进一步发展得到促进。通过对社团活动的有效组织，例如"快闪"等，使学生课堂学习以外的生活得到丰富。

第三节 高职体育教学中慕课的应用

一、慕课的概念

（一）授课形式

慕课不是搜集，而是一种将在世界各地分布的学习者与授课者通过某一个共同的主体或者话题联系在一起的方式方法。

几乎所有慕课的授课形式都是每一周话题研讨的方式，并且只会将一种大体的时间表提供给授课者与学习者。但是一般来讲，慕课课程都不会对学习者提出特殊的要求，一般进行说明的内容比较简单，例如，阅读建议、每一周进行一次的问题研讨等等。

（二）主要特点

1. 规模比较大

所谓规模比较大的特点，指的是网络开放的大规模，而不是以个人名义对一两门课程进行发布。我们这里所说的网络开放的大规模，通常是指那些参与者发布出来的课程。这些课程一般会被人们称作是大规模的课程或者是大型的课程，慕课的典型形式就是这些课程。

2. 开放的课程

所谓开放的课程，一般会对创用（CC）协议严格遵守；可以说，开放的课程就能够被称为慕课。

3. 网络课程

网络课程的相关材料通常在互联网上散布，而不是面对面的课程。此种课程的显著特征就是没有上课地点的特殊要求。例如，如果你想学习美国大学的一流课程，那么不管你处在什么地方，不需要花费太多的金钱，只要有网络连接与电脑就能够实现。

二、慕课在高职体育教学中的应用

（一）高职体育教学中慕课的应用价值分析

自慕课引入我国以来，已经过了很长的一段时间，同时对于此种新式的教学方法许多学校都开始进行尝试。然而，慕课在高职体育教学方面的应用非常少。实际上，慕课的教学方式在高职体育教学方面也是非常适用的。

随着社会网络的日渐发达，人们每一天都会上网，不管是对网页进行浏览，还是刷微博，我们都必须承认的是网络在现代人们生活中承担的责任越来越重要。对于慕课而言，就是对此种现状进行利用，在学习开展的过程中充分利用网络条件。

除此之外，作为一种学习方式，慕课还具备一定的主动性特征，任何人的监督与强迫都不会对其发生作用。按照自己的兴趣爱好，使用者可以选择、学习自己喜欢的运动。同时，慕课所拥有的资源范围是非常广泛的，在高职体育教学开展过程中对慕课进行应用，教师和学生还可以实现对国外高职体育教学资源的分享与使用。

现阶段，学校体育课的开展形式主要是体育教师授课、学生接受学习，即高职体育教学课堂教学中，教师首先进行讲解、示范，之后学生再进行练习。然而，我国大多数体育课的开展时间一般是 45 分钟，当体育课的准备活动做完以后，由体育教师进行体育技术动作的讲解与示范。但是，一堂体育课的时间已经耗费很多，学生的练习活动无法在剩下的时间展开。对于这个问题，慕课就能够很好地进行解决。

当体育课堂教学结束以后，学生在课后就能够自行复习。在体育微课视频中包含真人操作与讲解，能够帮助学生对于体育课堂学习的动作进行复习与记忆。尽管高职体育教学时间长达一个半小时左右，学生能够拥有足够的时间去学习、练习体育运动技术，但是，他们只能对每门体育课修习一次，虽然基本上每一个学期所要学习的内容都是相同的，但是学生会存在差异，不利于一部分学生深入学习、练习。

在高职体育教学中应用慕课的教学方式，不仅能够保证学生深入学习活动的开展，还有利于学生自己掌握学习进度。同时，由于慕课中存在的学习资源是非常丰富的，有利于学生寻找到适宜自己的运动方式。例如，对于一部分学生而言，可能剧烈的运动不适合他们，所以他们能够在慕课中对比较适合自己的运动进行寻找。如此一来，不仅能够避免损伤自己身体的情况发生，还能够使体育锻炼的目的顺利实现。

实际上，如今许多家长也比较重视学生的体育锻炼问题，为了保证孩子的健康成长，家长总是喜欢带着孩子从事散步、晨练等体育锻炼活动。然而，这些体育活动的效果能够真正实现吗？大多数时候，人们通常会认为，只要自己去参加体育锻炼了，那么就会有益自己的健康发展。然而，需要注意的是，如果人们不能应用健康的方式开展体育锻炼，那么在浪费时间的同时，还会在一定程度上造成身体伤害。如果在高职体育教学中应用慕课的方式，那么在体育运动锻炼的过程中，参考标准的动作去完成体育锻炼，就像是一个专业的私人教练陪在自己身边，对自己的体育锻炼活动进行正确的指导。

（二）慕课应用在高职体育教学中的未来发展

慕课的教学方式来源于国外，在我国的高校才刚刚开始起步，而且有一些内容对于我国高校而言是不适用的，必须进行一定时间的磨合才能够同我国的教学理念相适应。

基于这样的形势，我国大部分高校应该按照自己学校的特点自行录制慕课视频。同时，在录制慕课视频的时候，可以是多个学校的教师共同参与录制、讨论，然后再对多个优秀的视频进行选择，并且上传到网上，方便学生进行观看、下载、学习。由于不同的教师在讲课的风格与方式上也会存在不同，而教师录制的慕课中包含多个教师的教学课程，那么学生就能够对最适合自己的教师进行选择。此外，适应了大课参与人数多的情况，还能够有效改善学生听课效果不佳的情况。将慕课应用在高职体育教学中，能够使小班教学的目的得以实现。同时，同一学科由多个教师进行录制，能够使比较与竞争更加容易形成，能够帮助学生对于自己的教学缺点更加仔细地观察，使高职体育教学质量得到提高。因为慕课在高职体育教学中的应用以网上教学为主，所谓的监督制度是不存在的，因此，要求学生的自主学习能力比较强。在高职体育教学考核的问题上，计算机考核的方式可以不再使用，体育教师组织学生开展网络学习以后，再安排传统方式的考试即可。只有这样才能够使学生通过计算机检测进行作弊的情况得到有效避免。此外，还能够对于学生通过慕课进行学习的效果进行检测。

需要注意的是，对于慕课教学，教师与学生应该摆正心态。慕课教学，并没有将教师完全地解放。例如，在高职体育教学开展的过程中，通过慕课教程开展教学的方式是可取的。然而，如果学生出现一些疑问，也只能是对同一个视频进行观看。因此，教师与学生之间的定期交流应该存在，如此一来，不仅能够使教师和学生之间的感情得到增进，还能够对学生的学习产生一定的帮助。尽管我国对于慕课的应用还处于刚刚开始发展阶段，然而，在现代网络发展的背景下，慕课的发展是一种必然趋势。将慕课应用在高职体育教学中，能够给教师未来教学的开展带来一定的启示。需要注意的是，在使用慕课方式开展高职体育教学的时候，还应该同国内的高职体育教学情况相结合。例如，在篮球运动课堂教学开展的过程中，不仅要对手指上的动作进行教学，还要对脚上的动作进行教学，更重要的是还要将两者的教学活动紧密地联系在一起。因此，在制作相关慕课的时候，不仅要将这些动作进行分解，还要有一个规范的整体动作，以便学生学习活动的开展。查阅相关的文献资料可知，尽管国内已经引入慕课的教学方式，但是慕课在高职体育教学中的应用还不广泛。如果想要对一个体育慕课的完整体系进行构建，那么就需要具备相关的慕课教程。一般来讲，由国外引入的教学资源通常都是外语，存在大量的体育专业名词，导致学生在理解上容易出现困难。面对这样的情况，可以聘请我国国内优秀的体育教师结合具体的教学情况制作慕课。此外，针对制作慕课的情况，还要对一定的标准进行设定，如果慕课没有达到标准，那么就不能够被使用，这对于慕课的进步与发展是非常重要的。

第四节　高职体育教学中翻转课堂的应用

一、翻转课堂的概念

（一）含义

所谓的翻转课堂，词汇来源是英文词汇"Inverted Classroom"或"Flipped Classroom"，通常是指重新调整教学课堂内外的时间。从本质上来讲，就是学习的决定权不再属于教师，而是由学生掌握学习的主动权。在翻转课堂教学模式的应用过程中，学生能够在课堂中有限的时间内更专注地开展学习活动。对于全球化的挑战、本地化的挑战、现实世界中存在的问题，教师与学生一起研究、解决，使得获得理解的层次更加深入。

在课堂教学开展的过程中，教师不会再耗费大部分的课堂时间去讲授信息，但是在课堂教学结束以后，学生需要自主地完成这些信息的学习，他们可以利用的方法有听播客、看视频讲座、对功能强大的电子书进行阅读，或者是通过网络同其他同学互相讨论。综上所述，翻转课堂教学模式应用过程中，不管什么时候，学生都能够对自己所需的材料进行查阅。

此外，教师同每一个学生进行交流的时间也增加了。当课堂教学结束以后，学生就能够自主地对学习节奏、学习内容、学习风格与知识呈现的方式进行规划。同时学生的知识需要教师对讲授法与协作法进行使用才能够得到满足，使学生实现个性化的学习，最终目的是通过实践活动保证学生学习活动的高效性。

（二）主要特点

在很多年以前，人们就对视频教学的方式进行过研究、探索。最直接的证据是：世界上大部分国家在 20 世纪 50 年代的时候就开展广播电视教育。为什么传统教学模式没有受到当年所做探索的任何影响，而翻转课堂教学模式被人们广泛关注呢？作者认为是由于翻转课堂具有几个明显特点所导致的，对于翻转课堂的特点，作者进行了如下的分析：

1. 教学视频短小精悍

即便是较长一点的视频也只有十几分钟的时间，而大部分的视频通常只有几分钟的时间。同时，每一个视频存在的针对性都是比较强的，如果能够对某一个特定问题进行针

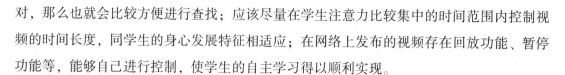

对，那么也就会比较方便进行查找；应该尽量在学生注意力比较集中的时间范围内控制视频的时间长度，同学生的身心发展特征相适应；在网络上发布的视频存在回放功能、暂停功能等，能够自己进行控制，使学生的自主学习得以顺利实现。

2. 教学信息明确清晰

在萨尔曼·可汗（Salman Khan）的教学视频中存在一个比较明显的特征，即唯一能够在视频中看到的就是他的手，将一些数学的符号不断地进行书写，并且将整个屏幕慢慢地填满，同时，在书写的同时，还有画外音的配合。对此，萨尔曼·可汗自己的观点是：在这样的方式中，同我站在讲台上讲课是不一样的，这样的方式就像将我们聚集在同一张桌子前面，一起学习。这也是同传统的教学录像相比，翻转课堂教学视频的不同之处。如果在视频中出现了教室中的各种摆设物品，或者是教师的头像，那么就非常容易分散学生的注意力，特别是当学生处于自主学习状态的时候。

3. 重新建构学习流程

学生的学习过程一般会有两个组成阶段：第一阶段，传递信息。其实现需要教师与学生之间的互动、学生与学生之间的互动。第二阶段，内化吸收。需要学生在课堂教学结束以后自己完成。在学生自己完成的过程中，因为缺少教师的支持与同学的帮助，因此，学生在内化吸收的阶段经常会出现挫败感，使他们丧失学习的动机与成就感。

翻转课堂的教学模式使学生的学习过程得到重新建构。第一阶段的传递信息，是在课堂教学开始之前由学生完成的，而教师在对视频进行提供的同时，也对在线的辅导进行提供；此外，第二阶段的内外吸收，是在课堂教学开展的过程中，由互动而实现的。对于学生存在的学习困惑与困难，教师应该提前进行了解，同时在课堂教学开展过程中对学生进行有效的指导，而学生与学生之间的互相交流活动，对于学生内化吸收知识的整个过程，还能够起到一定的促进作用。

4. 复习检测快捷方便

当学生观看完教学视频以后，就会看到视频结尾处出现的几个小问题，通常是四个或五个，能够帮助学生及时检验自己教学内容的学习情况，同时，根据自身的学习情况做出合适的判断。如果对于这几个问题学生的答案不是很理想，那么就应该回放一遍教学视频，对于出现问题的原因仔细思考。同时，通过云平台将学生回答问题的实际情况及时地进行汇总、分析、处理，使教师对学生学习情况的了解更加客观、全面。教学视频的另一个明显优势，就是能够在经过一段时间的学习以后，方便学生对学习到的知识进行复习与巩固。伴随评价技术的不断发展跟进，学生学习的相关环节具有足够的实证性资料支撑，这对于教师真正意义上了解学生是非常有帮助的。

二、体育翻转课堂的实施策略

（一）做好在线虚拟教学平台的建设

在线虚拟教学平台搭建的主要目的在于为翻转课堂的实施创造前提和基础，这一平台主要包括教学内容上传模块、师生交流与答疑模块、在线测试与评价模块、学习跟踪与监控模块以及学习总结与成果展示模块等。体育教师通过这一平台，就可以将与高职体育教学相关的微视频、PPT、各种音频等教学材料向在线虚拟教学平台上传，还可以借助这一平台实现作业发布、在线测验、监控督促、在线交流、在线评价等；学生则可以通过这一平台进行学习材料下载或在线学习，并同体育教师之间实现及时的交流与沟通。

（二）注重评价机制的创新

翻转课堂教学模式下的高职体育教学评价不能限于传统的纸笔测验，评价内容、评价主体、评价标准和评价方法等都应区别于传统教学，否则，翻转课堂的实施就会流于形式。翻转课堂模式下的高职体育教学评价应该把"以评促学""以评促教"作为评价的主要目的，将学生的进步程度作为评价的主要指标并注重多元化评价的采用，只有这样，评价才能既有针对性又不失全面性。多元化评价主要表现在评价主体、评价内容、评价方法、评价阶段等方面，紧紧围绕促进学生的学和促进教师的教两方面，最终将提高教学实效作为评价的主旨。

（三）注重提高体育教师的综合素养

无论何种教育教学改革，教师始终是改革成败的核心与关键。作为信息化社会的产物，翻转课堂不仅是一种先进的教学理念，还是一种先进的教学方法，它对体育教师的综合素养提出了较高的要求。体育教师既是在线虚拟教学平台的搭建者、设计者和使用者，又是教学视频等学习资源的开发者和上传者；既是学生学习与实践的组织者、引导者，又是学生学习成果评价的设计者和评价者；既是学生在线学习情况的监控者和督促者，又是教学设计的完善者。

（四）对体育课堂实效进行追求，对翻转课堂异化进行避免

翻转课堂作为一个新生的事物，虽然它顺应了信息化社会的时代背景，但还没有形成公认的科学实施模式，各个学科对翻转课堂的研究成果较为丰富，但各类研究也存在很多的不足，综合起来主要表现在以下几方面：

1. 要对弱化体育教师的作用而过度强调以学生为中心的情况进行避免

翻转课堂模式下，体育教师虽然把课堂讲解与示范的时间让位给了学生，但并不代表教师的作用被弱化了。事实上，体育教师的作用变得更加关键，而不是被弱化。课前教学视频的录制和搜集、教学资料的优化与整合、在线虚拟教学平台的建设与管理，课中体育教师的讲解与示范、学生活动的设计与组织，课后学生学习结果的考核与评价、教学方案的优化与修订等，每一项工作都离不开教师的付出。如果对体育教师的作用过度弱化，学生的学习就会失去系统性和效能，高职体育教学最终难逃沦为"放羊式"的结果。

2. 要对忽视学生课前学习的跟踪和监测而高估学生的自主性的情况进行避免

对于翻转课堂教学模式而言，"掌握学习"是其建构的重要基础。翻转课堂的有效实施离不开学生的自主学习性。作为现实社会中的复杂存在，学生在课堂教学开始之前的在线学习中，并不是每一次都能够针对高职体育教学内容有效地、自觉地学习。因此，教师有必要对学生进行适当的检测与跟踪，它不仅能够对学生的技能学习和知识学习的完成起到督促作用，还能够有效培养学生的自主学习能力。

3. 要对忽视学科的差异而一味借鉴其他学科的经验的情况进行避免

现阶段，对翻转课堂教学模式的相关理论研究成果与实践研究成绩，主要是建立在其他学科的基础之上。在体育学科的理论等方面的研究还并不十分成熟，在对高职体育教学中翻转课堂教学模式的应用进行研究的时候，我们对于其他学科的实践经验不可避免地要进行借鉴。但是，学科与学科之间的差异是肯定存在的，在其他学科领域比较适用的理论和经验，在体育学科中不一定能够适合使用。因此，在具体实施翻转课堂教学模式的时候，我们应该把握好体育学科本质特点，有选择地吸收、借鉴其他学科的理论与经验，对于生搬硬套的情况要避免发生。

4. 要对偏离翻转课堂的本质而过度追求形式的情况进行避免

实施翻转课堂教学模式的主要目标是在一定程度上提升高职体育教学的实效性，这一点是毫无疑问的。高职体育教学的存在离不开价值的支持与丰富，体育课程教学一种至高境界是对于既正当又有效的高职体育教学进行贯彻，如果过分追求形式而对高职体育教学的效果不够重视的话，那么即便是翻转课堂的教学模式得以实施，也不存在任何意义。

在高职体育教学改革深入发展的特殊阶段，在广大体育教师积极投身于高职体育教学改革的今天，对于翻转课堂教学模式我们依然应该谨慎地对其缺陷与优势进行审视，尤其是要避免偏离翻转课堂的本质而过度追求形式的情况。

三、翻转课堂在高职体育教学中的应用

（一）高职体育教学中实施翻转课堂的价值探析

1. 当前高职体育教学中存在的典型问题

（1）教学指导思想混乱

教学指导思想反映的是体育教师的理念问题，它会直接影响高职体育教学主旨的确定、教学方法和手段的选择以及整个教学组织管理过程，最终影响教学实效。"健康第一""快乐体育""终身体育"等各种体育课程指导思想的提出，有力地促进了我国高职体育教学的发展，但也会让体育教师感觉无所适从，众多的体育指导思想让体育教师很容易迷失教学的主旨，最后只能依据个人理解众里挑一并从一而终。可见，混乱的教学指导思想很容易让体育教师片面理解高职体育教学，最终会影响我国高职体育教学的良性发展。

（2）失去工具性和人文性之间的平衡

对于高职体育教学目标而言，存在三个维度，里面包含的知识与技能目标能够展示出体育的工具性特征，而态度、情感与价值观目标能够展示出体育的人文性。体育课堂教学所具备的工具性对于实践性与实用性进行强调；体育的人文性对于情感与精神进行强调。

现阶段，高职体育教学能够充分地表现出其工具性特征，然而忽视了人文性方面的特征，体育教师只是对应该教什么内容、以什么样的方式进行教学、学生如何进行学习、学生能否真正学会等问题给予重视，但是很少关注在体育课程教与学中态度、情感与人格等方面的发展需求。最终导致的结果是，尽管学生已经对体育知识进行了学习，同时还对一定的体育实践能力进行了掌握，但是在体育实践意识与整体体育素养方面仍需要加强，对于体育课和体育教师，学生往往表现出淡漠的情感，致使"学生不喜欢体育课却喜欢体育""体育锻炼意识与习惯缺乏"的现象时有发生。由此可见，在传统的高职体育教学过程中，轻视人文性、重视工具性的方法存在的缺陷是非常显著的，如果想要高职体育教学的最终目标得到实现，就需要对高职体育教学的人文性和工具性的统一始终坚持。

（3）缺少个性与人本化

现阶段，我国体育实践中存在的问题有很多，虽然我们已经充分地意识到它们的存在，同时持续加大力度以将这些问题解决掉，对于多种措施进行了应用，然而没能够有效地解决这些问题，导致瓶颈状态的出现。在我国高职体育教学中，这样的情况是非常明显的。在高职体育教学活动开展的过程中，体育教师通常从主观意识出发，将"一刀切"的特点表现出来，尽管打着面对全体学生的旗号，实际上却忽略了学生的个体差异；为了能够使传递知识和技能的目的得以实现，体育教师所发挥的作用是至关重要的，这主要是因

为体育课堂教学的时间基本上都是在体育教师的示范和讲解中度过，在课堂容量的约束下，学生知识和技能内化的实现根本上是很难的，几乎不可能，更不要说提高学生的综合能力了。

在高职体育教学实践活动开展的过程中，体育教师需要面对非常复杂的学习群体，之所以这样说，是因为他们在性格特征、知识基础、学习方式、学习能力、学习习惯与学习需求等方面会表现出较大的差别。因此，体育教师需要深入了解学生的实际情况，同时实施区别对待，展开个性化教学。在传统的高职体育教学中，如果缺少一定的个性化与人本化，那么想要将因材施教落到实处是很困难的，很容易导致学生两极分化的情况出现，即好的学生没有办法更好，差的学生则是越来越差，在体育课堂教学过程中，学生的主体性与独立性是根本无法实现的，严重背离了人才培养的要求。

（4）学习评价结果失真

在我国传统的高职体育教学过程中，唯一的评价主体就是教师，而一贯使用的评价方法是纸笔测试与技能考核，在统一的标准下对学生进行考核，再按照相关标准由教师进行打分，这样的评价方法尽管看起来是公正、客观的，但是实际上对于学生的学习效果与进步程度很难反映出来，而"通过评价促进学习"的目的更是难以达到。一旦碰到考试，学生就如临大敌，经常出现的现象是：考试以前临阵磨枪，考试以后惶恐不安，课程结束以后就像是逃离了地狱一般。

传统的高职体育教学评价模式并不能将学生的学习效果真实地反映出来。同时，学生体育学习的兴趣很难得到激发，其体育锻炼习惯也很难养成。更为严重的是，还会使学生对体育课程学习的抵触情绪进一步加强。

2. 翻转课堂在高职体育教学中的核心价值

当前，翻转课堂在我国兴起已经成为不争的事实，但对于翻转课堂的价值进行深入探讨似乎还未引起理论层面的重视。为了更好地应用和推广翻转课堂，本文对其在高职体育教学中的核心价值予以探讨。

（1）翻转课堂使高职体育教学与信息技术的有机结合得到实现

在信息化社会的今天，学生的生活方式和学习方式发生了深刻的变化，借助手机、电脑等信息化平台进行学习和交流已经成为日常习惯，为适应学生在行为和习惯上的变化，教学信息化在所难免。

翻转课堂作为信息化社会的产物，它使教学与信息技术之间有机结合，高度迎合了学生的日常习惯，改变了传统课堂呆板的模式和形象，使学生的学习变得更加自然和有趣。体育教师通过上传视频、三维动画、PPT 等丰富而直观的教学材料，设置系统有序的学习导航，加上教师对学生客观而有趣的在线评价和在线交流，一个有益于学生身心发展的教学环境被创建出来。这不仅有效增进了师生之间的情感，更提高了学生的学习情趣和自主性，也为体育教师有效组织课中的教学活动奠定了基础，这对提高高职体育教学的实效性是非常有利的。

（2）翻转课堂有助于实现高职体育教学的精讲多练

学生在课中学习和练习的时间总量是一定的，新知识、新技能的学习耗时过多，学生从事体育练习的时间势必减少，体育课的健身性以及学生对知识、技能的掌握和内化就会大打折扣，因此，精讲多练符合体育课堂教学的要求。在翻转课堂模式下，课前，学生通过观看教学视频，对高职体育教学内容有了初步的认知，对体育学习中的难点深有感受，在遇到无法解决的问题时，学生通过在线交流平台及时反映给体育教师，这样教师就会对学生的课前学习情况有所把握；课中，体育教师依据学生所反映的问题进行针对性极强的讲解或个别指导，不需要对每个问题都进行讲解，这样就省去了很多讲解的时间，学生在课中进行体育实践的时间就被延长，精讲多练的目的自然达到。

（3）翻转课堂使高职体育教学要素的优化组合得到实现

从高职体育教学要素的层面上来讲，翻转课堂同传统的高职体育教学模式之间存在的区别并不是很明显。对于翻转课堂而言，它主要是利用科学合理地重构高职体育教学要素来使高职体育教学的效能实现增值的。我们之所以将翻转课堂判定为一种革命性的高职体育教学方式创新，主要是由于此种教学模式在对高职体育教学要素的各种功能进行准确定位的情况下，体育教师与学生的主体性地位得到了转换，使体育课程的资源得到拓展，促进了高职体育教学目的、高职体育教学方法手段与反馈机制的合理调整，对学生体育学习的良好环境进行创设，进而从质的层面改变高职体育教学的形态与结果。同时，需要注意的是，翻转课堂在组合高职体育教学要素的问题上并不是固定不变的，而是动态的；不是呆板的，而是灵活的。在高职体育教学的实践活动中，按照实际的需要，体育教师对于各教学要素间的组合关系可以随时进行调整以保证特定高职体育教学目的的实现。只有对于这一点有了充分认识，才能够保证我们将翻转课堂作为固定范式进行看待，进而使高职体育教学中应用翻转课堂教学方法流于形式的情况得到避免。

（4）翻转课堂能够促进高职体育教学中素质教育的实施

素质教育的主要目的是对于受教育者的综合素质进行全面提高，而值得注意的是，综合素质的提升离不开人的全面发展。同时，对于学生个性的培养，我们也不能忽略。个性的完善，不仅是素质教育开展的价值理念，又是素质教育的目标理念，培养个性、促进人的全面发展是素质教育的真谛。

在翻转课堂教学模式应用的过程中，学生的学习目标是统一的。同时，按照学生的具体实际，体育教师可以对学生的个体目标进行制定。通过对在线高职体育教学视频的观看，可以保证学生自主学习的实现，按照学生的学习能力来确定高职体育教学视频的观看次数，而按照学生的学习基础来由学生自主选择观看的内容；从反馈问题的层面上来讲，通过在线交流平台，学生能够将学习中的问题随时向教师反映，同时，获得教师的及时教导；从学习评价的层面上来讲，体育教师对于学生进行评价的根据是学生的进步程度，同时将小组评价和个人评价融入最终评价结果之中，这种评价模式有助于让学生明确在学习过程中的优点和不足，并时刻感受到自己在不断提高。可见，翻转课堂这种个性化的教学模式对于学生端正学习态度、激发学习兴趣、提高沟通能力、培养正确的价值观以及促进学生的全面发展都是有益的。

（二）将翻转课堂教学方法引入高职体育教学的全新高职体育教学模式

我们常说的高职体育教学模式主要是指在一定高职体育教学理念、高职体育教学思想的引导与高职体育教学理论的指导下，建立的各种各样高职体育教学活动的基本框架或者基本结构。一般来讲，高职体育教学模式主要包含多种要素，即高职体育教学理论依据、高职体育教学原则、高职体育教学程序与学习程序、教学资源与实现条件，以及高职体育教学效果评价，等等。将翻转课堂教学方法引入高职体育教学的全新高职体育教学模式具体包含以下几方面的内容：

1. 高职体育教学的理论依据

高职体育教学中应用翻转课堂的教学模式主要的思想基础是"先学后教"思想，对于高职体育教学活动中学生的教学参与和学生的主体性进行强调。从高职体育教学的特征与行为心理学原理出发，特别是对斯金纳操作性条件反射的训练心理学进行考虑，对高职体育教学的程序进行确定，具体是：利用视频学习—对于练习吸收理解—再通过视频回顾—互动反馈—强化实践—学习、掌握，并且在这样循环、反复的高职体育教学过程中，对于行为目标进行有效塑造；同时，按照学习的过程与教学的实际效果、学习主体对体育"教"与"学"的活动过程进行不断的完善与创新，促进预期高职体育教学目标与学习目标的实现。

2. 高职体育教学的目标与原则

对于高校阶段的高职体育教学目标而言，主要是为了对中学阶段体育教学目标进行巩固与提高，即体育锻炼的思想、体育能力与体育习惯，对于学生科学、积极、主动参与体育锻炼的行为进行引导与教育，对于现代体育科学中的基础知识、基本技术和技能、方法进行扎根；使学生体育锻炼的参与意识得到强化，使其体育文化素养得到提高。

为了能够保证高职体育教学目标的顺利实现，对于将翻转课堂教学方法引入高职体育教学的全新高职体育教学模式而言，教学原则是体育教师应该遵照学生的认知水平与心理发展特征，加工整理高职体育教学内容，高职体育教学设计、制作通俗易懂，还能够紧密地联系到自身已经掌握的认知结构，同时，对于优质的、适宜的高职体育教学视频进行选择；对于一个宽松的、民主的、轻松的交互式学习社区或网络教学平台进行构建，对于学习反馈信息及时地掌握，并能够有效地发现问题、解决问题；在对总体学习情况进行把握的条件下，对于个体学习发展的过程给予重视，将高职体育教学过程中与学习过程中学生的主体性作用充分发挥出来，尽可能地使学生自己发展，对存在的问题自己进行分析与解决，同时对于自我认识、能力与技能进行深化、拓展。

3. 高职体育教学程序与学习程序

将翻转课堂教学方法引入高职体育教学的全新高职体育教学模式，其主要基础是优质的交互学习社区与视频资源，因此，可以将高职体育教学程序与学习程序进行如下的设计：对于高职体育教学内容进行预习—对于高职体育教学视频有针对性地进行观看，再进行示范、讲解—使学生学习动机得到激发，对学习过程中的问题进行发现—在课堂教学中由教师对新课进行讲授，对于学生的疑惑进行解答，并进行示范—由学生自主进行练习与实践，对体育学习效果进行巩固—对体育学习效果进行反馈，由教师、学生进行评价—通过资源拓展完善、知识和技能结构的扩展，以及反复练习实践对理解与训练效果进行加强。

4. 高职体育教学的实现条件和教学资源

近些年来，慕课教学平台的快速发展与互联网的广泛普及，为翻转课堂高职体育教学模式的实施创造了良好的条件。然而，对于现代高职体育教学来讲，我国的高职体育教学相关视频与学习资料还是相对较少的。所以，我国的体育教师应该从体育课程与教学内容出发，自行制作与设计高职体育教学资源。对于高职体育教学内容而言，主要有理论教学内容与动作讲解、演示的视频，保证体育练习活动的理解性与课余训练活动的实践性。既要有动作示范的要领分析，又要有训练实践的摄像记录视频。此外，还要有拓展性的教学资源和学习资源，以及专题性的研讨问题等。不仅如此，体育教师在组织学生观看教学视频、开展练习活动和训练活动的同时，还要保证在交互社区体育教师能够对于学生的疑惑及时地进行解答、讨论与指导。

第三章　高职体育与健康基础

第一节　体育与健康的基本认知

一、体育与健康的目的

（一）体育运动的目的

体育运动的主要目的在于让参与体育运动的人能够在体育活动实践的过程中，得到事先的一些期待，比如强身健体、社交等，只要参与体育运动的主体对体育都有一定的期望，那么这些期待都可以作为体育的目的，这是从广义上来解释体育运动的目的。从狭义上来看，体育的目的是由国家提出的，具有一定的宏观性和总体性的目的。这种目的是从宏观的整体上来看的，是针对整个体育事业或者体育的不同形式的发展所提出来的。这一体育运动的目的往往通过政府的政策文件以及官方的新闻等表达出来，对人们进行体育运动具有一定的指导和规范作用。体育的目的不管是从广义上还是狭义上，二者都是统一的，只是广义的目的往往表现为实践性，更偏重实践层面；狭义的体育目的往往表现为应然性。

体育发展的主要目标在于：体育的发展要根据全面建成小康社会的总体部署，为实现体育强国的战略目标以及建设健康中国的任务要求，不断地深化体育领域的改革，促进发展大众体育、学校体育、竞技体育等体育产业、体育文化等领域，促进体育行业各方面的全面协调可持续发展。

（二）体育与健康的目的

从广义上来看，我国的体育与健康的概念是指体育与健康相结合的一种生活方式，或者是现代社会所推崇的一种体育运动与健康相互促进的体育形式；从狭义上来看，是以身体锻炼为最主要的手段，将促进学生健康作为主要目的的学校必修的一门课程。体育与健康课程是对原有的体育课程的一种改革和完善，是学校课程体系的重要组成部分，是为了培育学生德智体美劳全面发展而产生的对学生必不可少的一门课程。

我国推崇体育与健康的主要目的在于以下几点：首先，促使广大国民形成以体育促进健康的健身热潮，让更多的人意识到体育对健康的重要意义，只有形成健康的体育运动方式，才能真正地促使人们养成一个健康强健的体魄；其次，通过宣传体育与健康的观念和思想，让体育与健康二者相结合，促使人们通过各种体育运动的方式增强自己的体质，完善自己的人格，促进全民身体素质的提高。我国推崇体育与健康教育的目的主要在于对学生开展体育健康教育的过程中，让学生学习更多的体育锻炼的形式，不断地改善自己的生活习惯，形成对自身健康的责任感，并通过体育锻炼，让自己的身体更加健康，从而更好地投入学习和生活中去，促进学生的全面发展。最后，我国进行体育与健康的教育的目的还包括以下三个层面：

第一，推行体育与健康的最终目的还是要为人民服务，我国发展体育与健康的最主要的受益对象还是我国的全体公民，而体育与健康的发展在未来所要产生的预期成果也将全部在人民群众身上体现；第二，体育与健康的第二个目标层面就在于，体育与健康的发展真正地起到了增强人民体质、提高人民身体素质的作用，因为要推行体育与健康最主要的就在于提高全民的健康水平；第三，体育与健康的发展也是为了国家的经济发展，体育与健康的事业对于我国的国防、政治、经济、文化等关系到国家安全、国家地位、国计民生的领域具有一定促进作用。现阶段，我国要全面建成小康社会，要一起实现中国梦，全体国民必须保持一个健康的身体，推动中国不断发展壮大。

二、体育与健康的任务

我国体育与健康的任务主要包括四方面：首先，是增强体质，要促进人的生理、心理和社会三方面的健康发展。促进人的健康、提高全民的身体素质是体育与健康教育的首要任务。其次，体育与健康的任务还包括让大多数人学习体育与健康的知识，掌握正确的体育锻炼的方法，因为只有掌握了正确的体育锻炼的方法，才能真正地以体育促健康，实现体育与健康教育的最终目的。体育与健康的方法是人们为了实现体育目的而采取的各种体育运动方式的总称。再者，体育与健康的任务还在于提高我国的运动技术水平，让我国的体育事业发展得更好。一个国家的体育事业的发展水平以及一个民族的身体素质，可以从一个国家的运动频率以及运动技术水平上看出来，国家的运动技术水平是一个国家社会、政治、经济、文化等多方面的综合表现，因此全国都非常重视体育与健康，也希望以体育与健康教育推动人们发展体育事业。将体育与健康在全国范围内普及起来不仅可以增强人们的身体健康水平，还可以通过提高体育技术水平推动人们的体育形式更加科学化和多样化。最后，体育与健康的任务还在于通过推动人们重视体育与健康之间的关系，关注自己的健康问题，推动全民健身计划的顺利实施。

三、体育和健康概述

（一）体育和健康的概念与种类

1. 体育和健康的概念

体育的本质是增强人们体质，促进人民健康和发展。随着社会经济的发展、文明的进步，体育加入了新的内涵，其以人为本的内涵不断得到强化，即将体育与健康结合在一起，体育与健康相结合是社会发展的必然结果。体育与健康的关系是复杂的，但毫无疑问，将二者结合在一起来讲述是现当代一个对体育全面的科学的概括。因为体育能推动健康，健康需要人们进行体育运动。体育不仅能起到强身健体的作用，对于那些已经身患疾病的人来说，体育健康教育的发展还能促进身体得到康复。体育与健康的概念是在新的社会历史背景下形成的，能更好地推动人类的进步和发展。

从狭义上来说，体育与健康是以身体练习为主要手段、以增进学生健康为主要目的的必修课程。它是对原有的体育课程进行深化改革之后，着重突出健康目标的一门课程，是学校课程体系的重要组成部分，也是现阶段实施素质教育和培养德智体美劳全面发展的人才的必不可少的途径。

2. 体育的种类

（1）大众体育

大众体育也被称为群众体育，在我国有广义和狭义之分。广义的大众体育是指，与竞技体育相并存的，作为现代体育的重要组成部分之一的体育形式。大众体育一般而言是广大群众在闲暇的时候自行组织和开展的体育运动。以身体的锻炼为主要形式和手段，目的在于娱乐消遣和增强体质，提高自己的健康水平。在身心健全发展的阶梯上不断超越自我，促进社会物质、精神文明进步的大规模社会实践。而狭义的群众体育主要是指除了在学校以及武装部队中开展的体育运动以外的，社会上的人们不管行业和领域在闲暇期间自行组织和开展的体育运动。随着社会经济的发展，人们的生活水平不断提高，对自己的健康也越来越重视，同时也意识到体育对健康的重要性，因此开始进行一些大众的体育活动。大众体育运动有参与者年龄不断增大的特点，年龄越大的人反而更加喜欢运动。在我国，都市的大众体育要多于农村，这主要是由城市的经济发展比较好的原因所造成的，人们的体育科技文化水平也相对比较高一点。

（2）学校体育

学校体育是学校教育的重要组成部分，学校体育是与德育和智育紧密结合在一起的，肩负着为社会发展培养德智体美劳全面人才的历史使命。学校体育不仅是全民健身的重点，同时也是终身体育以及竞技体育的基础，为竞技体育提供人才。学校体育的发展是我国体育事业发展的基础，学校体育的目的就是培养符合社会经济发展所需的体育人才，让学生在知识能满足社会发展的前提下，还能拥有一个强健的体魄投身社会主义现代化建设。

（3）竞技体育

竞技体育起源于远古时代。在原始社会，狩猎人、农耕人和采集人所进行的娱乐活动就是现在竞技体育的雏形。随着社会的演变和发展，古代的奥林匹克竞技比赛逐渐变为一种世界性的体育文化。我国的运动训练学上对竞技体育的定义为："全面发展身体，最大限度地挖掘和发挥人（人体或群体）在体力、心理、智力等方面的潜力的基础上，以攀登运动技术高峰和创造优异运动成绩为主要目的的一种运动过程。"这一定义与国际体育名词术语委员会编写的《体育运动词汇》中的有关词条的定义相类似，二者都将竞技体育看作一种体育现象。但是在社会学的角度来看，竞技体育也是一种社会现象。

（4）休闲体育

休闲体育的概念在体育界一直是热议的焦点，因为休闲体育具有一定的休闲特点，与体育运动的侧重点不同，角度也不同，因此，有很多概念对休闲体育进行了界定。有的是从休闲体育的内涵以及本质特征上着手，有的是从简单的文字意义上表述：①休闲体育就是人们在闲暇的时间里，运用各种方法、各种手段来进行体育锻炼，并在体育锻炼的同时，展开各种形式多样内容丰富的身体娱乐；②休闲是从外界压力中解脱以及从文化生活中缓解出来的一种比较自由的生活。休闲意味着人们可以自由地做自己喜欢的事情，是相对本能的一种内在的驱使的行动。休闲运动就是人类摆脱了劳动生活和社会压力，得到身心解放状态下，以运动的方式所参与的一种现代的生活方式。

（二）体育和健康的发展

我国体育与健康的未来发展主要是要不断地适应世界体育发展的大趋势，要为全民的身体健康奠定基础，要促进全民健身运动的顺利开展，总的来说主要包括以下几点：

首先，发展体育与健康，要与建设我国社会主义市场经济相适应的政治经济文化的发展方向相对应，不能走偏，要发展具有本民族特色的体育与健康文化，同时在世界体育文化的冲击下，要不断加强体育与健康的结合，使学校体育、大众体育、休闲体育和竞技体育都能起到提高人的健康水平的作用。

其次，发展体育与健康还需要进一步推动体育与健康教育的发展，在社会广泛地宣传体育与健康的相关知识，在学校不断完善"体育与健康"课程的设置以及安排，不断推动人们以健康的体育运动改善自己的身体健康和心理健康。

最后，发展体育与健康还需要政府的相关政策推动，不仅在学校体育中将体育与健康结合在一起，还应该通过一些政策积极地鼓励人们在进行体育锻炼的时候，也学习和融入相关的健康知识，将体育与健康完美地结合在一起，提高人的身体素质和心理素质以及社会适应能力，推动人的全面发展。

第二节　体育与健康之间的关系

一、不同类型的体育与健康之间的关系

（一）大众体育与健康的关系

根据《中华人民共和国体育法》《全民健身条例》以及现阶段我国的社会经济发展实际，我国制订了全民健身计划。这一计划明确指出，要促使每个人积极推动我国社会体育事业的发展。大众体育产生的主要目的就是改善人们的身体健康。体育最本质的特点就是一项身体活动，而身体活动对人的作用不仅是生理上，还体现在心理上。大众体育是广大群众一起参与的体育运动，在进行体育锻炼的时候，也能进行一定的娱乐活动，促进人们的社会交往，因此能够提高人们的社会交往能力，进一步促进人们的社会适应能力。大众体育同样也能起到对体育促进健康进行宣传的作用，一些上班族下班回来以后，在广场看到跳广场舞的大妈，她们的体育运动精神也会带动一些不爱运动的上班族，从而促使一些不爱运动的人意识到体育对健康的重要性。科学的体育运动促进人的生理和心理健康。因此，对大众体育的参与者来说，他们不仅通过运动的形式锻炼了自己的身体，同时也认识了很多朋友，扩宽了自己的交际圈，提高了自己的社会适应能力，进一步提高自己的健康水平。

（二）学校体育与健康的关系

20世纪末颁布的《中共中央国务院关于深化教育改革全面推进素质教育的决定》标志我国的教育改革进入了一个新的发展阶段。在这一《决定》中，指出学校要不断地教育和树立"健康第一"的指导思想，加强学校的体育工作。在这一政策的支持和推动下，学

校体育开始不断改革和发展，现阶段的学校体育以健康为主要理念，为了学生的健康着想，制定相关的"体育与健康"课程。在学校体育的教学中，加入了"健康"一词，主要目的在于以学校体育促进学生的身体、心理、社会适应能力健康发展。学校的体育与健康课程中，教师通过教授学生正确的体育锻炼的方法，让学生树立良好的体育态度，从而在以后的生活中，树立终身体育观，以体育锻炼促进学生的健康发展。

（三）高水平竞技体育与健康的关系

高水平的竞技体育与健康也有一定的关系，但是对二者之间关系的解读，我国学者存在着一定的争议。一些学者认为高水平竞技体育可以增强运动员的身体素质，因为体育的本质就是增强体质，高水平的竞技比赛虽然根本上是以竞技为主，为了比赛一些运动员每天都会保持一定的体育锻炼，这样会提高运动员的健康水平；但是另一些学者认为，高水平竞技对人的健康有一定的损伤，之所以会有害处的原因在于高水平体育竞技的体育锻炼强度比较大，运动员非常容易在锻炼的过程中受伤。

二、体育与健康之间的关系

（一）体育健康与健康之间的关系

体育教育与健康教育的学科综合，是当代学校体育的发展方向。只有从教育的思想、社会教育以及课程驾驭三个层面来探讨体育健康教育的内涵，才能真正地了解健康是体育运动的内在本质以及外在形式的统一，并真正地对体育健康教育的价值具有科学性的理解；要促进体育健康教育的发展就必须不断地更新建立教育观念，建立健康教育课程评价体系，明确健康教育课程目标以及内容构建的思路，并进一步加强健康教育教师培养和培训，只有这样才能更好地促进体育健康与健康完美地结合在一起。

（二）体育教育与健康之间的关系

学校体育改革的方向是把健康的理念融入体育教育，促进体育教育和健康教育的结合。这是社会发展的结构，也是体育教育促进学生全面发展的重要方式，同时也从根本意义上解决了学校实施健康教育的实际要求。任何事物的发展都是遵循一定规律的，健康是每个人都想达到的目标，从学生的年龄考虑，这一时期他们在体育教学中接受健康教育，在意识中潜移默化，会对其一生产生重要影响，为全面健身计划的实施奠定基础。在体育教育的不断发展过程中，将体育教育与健康相结合的作用会日益显著，并将得到一定的完善和发展。

总的来说，体育教育与健康的关系是体育教育能够促使人们保持身体的健康水平，能够进一步增强人们的心理健康素质，在提高人们的社会适应能力上也具有一定的作用，能让人们积极地面对生活，在生理和心理上都保持在一个健康的水平。

（三）体育运动与健康之间的关系

体育运动对身体健康的作用主要表现在强身健体，而其在促进人心理健康上的作用在于以下几点：首先，体育运动对人的情绪具有一定的调控作用，人们在进行体育运动之后，容易感到幸福和满足，并且心情愉悦。其次，体育运动有助于矫正一些人的心理缺陷，有些人可能存在一些心理问题，比如性格偏执内向、对自己不自信等，通过参加体育运动之后，可以进入新的社交圈，也可以在体育运动中找到自信。再次，体育运动有利于改善人际关系，增加人与人之间的社会交往。如果不去户外进行体育运动，很多人就只会宅在家里，通过参加体育运动，可以锻炼人们的社交能力。最后，体育运动还可以让人们形成自我概念，进而促进人们形成更全面的人格。

体育运动是促进健康的重要途径之一，在具备一定的体育文化素养的前提下进行体育运动对人们的身心健康有很大的益处。在学习了体育知识后，人们可以选择适合自己的体育项目，从而真正地发挥体育运动促进健康的作用。

三、体育对健康的作用

（一）体育加强了人的社会性和生物性在健康问题上的高度协调

人在社会中就是一个社会人，是客观存在的，但同时人也是一个自然人、生物人，只有在人类社会发展的过程中，在不断成长的过程中，人才会由自然人转变为社会人。而人生活在社会中要生存下去最重要的就是自己的生物功能须满足社会功能。这是自身生物功能不断调整和适应社会功能的过程。一旦二者之间的关系得不到协调一致的发展，人就会产生疾病。人本身就具有一定的社会适应能力，要生存下去这些适应社会的能力就必须不断地提高和改善。而人类的社会适应能力要得到提高，就必须通过科学的体育锻炼的形式。良好的体育锻炼可以促进人的新陈代谢，能够改善人的身体技能进而提高人的健康水平。体育运动还能不断解决人类由于生物功能而在社会适应方面存在的各种问题，促进人的社会性和生物性在健康上的高度协调一致。

（二）体育有利于形成和改善人际关系促进人际交往

一般而言，在进行体育运动的时候，人都不是孤立地进行，而是要走出去，和其他人一起进行体育活动。一些性格内向的人由此也可以改变自己的性格，多认识一些朋友，从而改善自己的人际关系。在体育运动中可以学会一些人际交往的技巧，同时在一些小型的比赛中也可以培养团队合作的精神。在与他人的竞争或者合作的过程中，早一点认清人际交往的复杂性，在体育运动的过程中提高自己的人际交往技能，为以后真正地进入社会打好基础。

（三）体育促进人的心理过程和社会过程的调控

人在进行任何一个有目的的活动时，都具有一定的社会倾向，而这一活动的进行都是以生物功能为主要基础，并通过意识活动即心理活动来调节。因为人是世界上最高级的动物，因此人的社会化程度是最高的，也由此导致人的心理是生物界内程度最高的、最复杂的。而人的生物功能最终还是要对人的社会功能进行适应，在适应的过程中，就会有一系列的心理过程。心理健康是人的健康的重要组成部分。在进行体育活动的时候，人也会产生一些很显著的心理活动，比如心情愉快或者比较疲惫的情绪反应。相关调查和研究表明，适当的体育运动可以起到促使人感觉神清气爽的作用，可以让人忘记烦恼，并消除一整天的疲劳。对一些容易感觉到疲惫和心境比较消极的人来说，具有一定的调节和改善的作用。经常进行体育运动，也可以锻炼人的意志力，让人变得更加自信和坚强，并能适度地消除人的紧张情绪。通过一些群体性的体育运动还可以加强人与人之间的接触，在增加了社会交往之后，可以消除人的孤独感，让人感觉到满足并重新燃起对生活的热爱。体育就是通过这些方式实现对人的生物功能以及社会功能的调控。

（四）体育可以增强人的体质，促使心理健康

随着社会经济的快速发展，人也在不断走向现代化，这是一种社会的变革，是历史发展的必然结果。伴随人的现代化而来的就需要人的生物性、社会性以及附属于两者之间的意识性（心理）与未来社会发展趋势相一致的立体转化。促使人类不断地完善自己进行转换的一个重要因素就是教育。体育也是教育的一个重要组成部分，因此体育毫无疑问地也在推动人走向现代化。人只有拥有健康的身体状况才能更好地适应现代化的发展。现代化的人所追求的也是现代化的生活，需要一种更加文明、科学以及健康的生活方式。新型的科学技术逐渐影响现代体育的发展，使得体育的发展形式也日益多样化，能满足不同群体的需求。从这个角度来看，体育不仅是人们的现代生活方式的重要组成部分，还是不断改善人类生活方式，促进人类健康发展的重要方式。人类可以通过适当的体育锻炼改善和调节在现代生活中人们由于生活、工作、营养、饮食以及作息习惯等长期的不合理积累而成的各种不健康的因素，也可以调节人们在工作、生活以及家庭中遇到的不好的心理情绪，

让人们身心更加健康。体育是能获得巨大收益的一项活动，是人们重要的生活方式。体育在现代生活中是能够推动人类健康的生活方式。

第三节 体育对现代社会的价值

一、现代社会急需体育

（一）现代社会人们面临的各种挑战

现代社会中，人们面临着各方面带来的挑战，主要包括以下几方面：

现代生活的快节奏给人们的生活带来挑战。现代社会的竞争日益激烈，人们感受到来自学习的、工作的、家庭的各方面的压力，且当今社会对人们的工作效率以及应变能力、反应能力、处理信息的能力以及适应环境的能力的要求越来越高，从而让人们感到生活的节奏太快，生活的压力太大，这样一直持续下去就有可能导致人们产生各种心理和生理的疾病。

现代生产方式给人们的生活带来挑战。随着现代科学技术的发展和应用，社会生活中纯粹的体力劳动减少，社会需要更多的脑力人才。人们在这种生活方式之下，会衍生出很多的问题。比如，身体内部新陈代谢的功能下降、适应能力降低、神经衰弱、肌肉萎缩以及视力衰退等，当出现这些问题时就需要通过体育进行一定的调节。

环境污染给人们的生存和发展带来一定的挑战。现代社会要发展经济就必然导致人类对大自然的过度开发和利用，工业生产会产生大量的污染，人类资源开采过量以及汽车的尾气排放、全球变暖、雾霾等问题直接导致人们赖以生存的环境变得恶劣，而随之产生的一些自然灾害又会导致现代社会中的人们遭遇一定的挑战。

丰富的物质生活条件对人们的挑战。随着社会经济的快速发展，人们的物质生活水平得到了一定的改善，饮食结构也慢慢开始发生转变，脂肪以及肉类食物所占的比例在不断提高。现在社会的交通也越来越便捷，人们的生活更加轻松。但是在这种相对来说优越的生活条件下，也存在一些隐患，即人们出现了营养过剩、缺乏运动的现象。人们的生活更多使用高科技，平时出行也是以车代步，缺乏运动的积极性，这些也在影响着人们的生活能力，从更深层次来看其实是在威胁着人们的生命和健康。

（二）体育在现代社会中的重要地位

随着现代社会的技术水平的不断提高，人们的生活逐渐走向现代化，体育的价值和地位也显得日益重要，因为现代社会需要体育，因此，体育在新的时代发展之下要比以前更加重要。体育在现代生活中的地位主要体现在以下两方面：首先，体育被写入了我国的法律之中，我国的《宪法》明确规定："国家发展体育事业，开展群众性体育活动，增强人们体质。""国家培养青年、少年、儿童在品德、智力、体质等方面发展。"我国颁布了《中华人民共和国体育法》。其次，在政府部门中，也将体育设置为国家的一个发展的重要目标，并在政府机构内部设置了体育的专门机构。

（三）体育对现代社会的作用

1. 体育可以促进人的身心健康

在健康的诸多概念里面，有一个理想的健康，而理想的健康主要是指身体以及心理的均衡的健康。人们要获得理想的健康，首先，最重要的就是要转变之前的观念，要重视健康对人身体的重要意义，并从多方面着手，采取多种措施，用积极乐观的心态来获得健康。其次，获得理想健康的重要保障就是有充足的睡眠，充足的睡眠可以让人们一整天都充满活力，因为人的一生中，睡眠占了很大一部分时间，良好的睡眠和充足的休息时间可以帮助人们松弛神经、恢复体力并且有助于细胞的生长，还能有效地提高身体的免疫力，抵御各种疾病的入侵。一般来说，正常的睡眠时间每天应保证 6~8 小时，晚上 10 点到凌晨 2 点是美容觉时间，凌晨 1 点到 3 点是养肝的时间，3 点到 5 点是养肺的时间，5 点到 7 点是养大肠的时间（排便最好的时间）。在白天我们花费了太多的时间在学习和工作上，消耗了很大的精力，在晚上只有通过良好的睡眠才能补充回来。

世界卫生组织将 4 月 7 日设定为世界卫生日，其主题为"体育锻炼"，口号是"运动有益"，并认为"积极生活"是一项对公共健康的最佳投资，是一种适合不同群体的、低投入的、简便易行的改善健康、预防疾病并最终实现健康的方法。

人要获得理想上的健康就必须进行良好的体育锻炼，在新的时代，中国的社会要求更多的文明、科学和健康为主要特征的生活方式。体育满足了社会发展的需求，是社会真正能为人们所利用起来并能从中得到很大益处的生活方式，人们的生活要变得更加理性和健康，就必须进行与自己的生活质量以及生活价值观的联系更加密切的体育。体育有其特有的功能，在介入人们的生活领域的时候，在各方面都发挥着重要的作用，能进一步推动人们实现理想中的健康，促进人们以更好的状态去实现自我的发展，进行社会主义建设并共享改革发展的成果。

2. 体育是保持健康的生活方式的重要因素

重视运动并不是现在才兴起的，而是有很长的发展历史。现代社会体育在不断的改革和完善中，作为一种新的生活方式走进人们的日常生活，并发挥着不可替代的作用，体育是保持健康的生活方式的重要因素。因为体育本身就是一种健康的生活方式，正确地进行体育锻炼要根据自己的实际情况来进行，人们应该多做一些有氧运动以及伸展运动，促进人们的各个器官得到呼吸和解放，并保持一个良好的营养供应，能很好发挥其功能，体育首先能让人们感受到生活的美好，一个好的生活方式又能促进人们形成更好的生活方式。在体育让人们保持了健康的心灵和体质之后，人们开始发现一个好的生活方式对生活的重要性，自然而然地就会改掉之前的熬夜、喝酒、吸烟等不好的生活习惯。只有这样人们才能更好地享受生活带来的乐趣。

二、构建和谐社会，实现中国梦需要体育

（一）体育具有推动和谐社会发展的作用

当今提倡建设和谐社会，提倡实现中国梦。社会是一个有机整体，是由不同的群体组成的。现代社会心理学的研究认为：人和动物一样，具有一种与生俱来的攻击性，现实社会时常出现的不安定状态，正是人类这种天然攻击性释放的结果。社会如果使人类的这种攻击性、不良情绪和行为在一个可控的社会安全系统内得到释放，将会更加有利于社会的稳定发展。现代社会，生产力不断提高，人们的生活更加便捷，这让人们的闲暇时间不断增多，但也从另一方面给人们带来一定的压力，要在竞争激烈的社会环境中生存下去，人们感到举步维艰。现代体育的方式比较多，有休闲体育也有竞技体育，当人们在进行竞技体育的时候，可以将自己的心理压力释放出来。同时，也可以促使人们的人际关系得到一定的改善，体育在起着这样的作用的前提之下，让人们的情感发泄出来，促进人与人之间的交流，也进一步地维护了社会秩序，促进社会的稳定。之所以这样说，是因为一些人的愤怒、偏激甚至是其他不好的情绪都可以通过体育的方式发泄，就避免了一些犯罪的产生。体育在社会主义和谐社会的发展过程中，充当着维护社会稳定和发展的工具，使得社会发展更加充满生机和活力。

（二）体育促进人与自然的和谐相处

现代社会，人在发展的过程中，也在不断地利用自然开采大自然的资源，这就会导致大自然给人类带来一些惩罚，这样不利于人们的长期发展。人与自然的和谐相处是当今社会发展的重要内容，是社会构建和发展的基础。人要在自然界中推动经济的发展和社会的进步，就必须重视与自然的关系。人作为自然的产物，可以发挥一定的主观能动性对环境进行保护。而体育正是一个可以唤起人们保护大自然与大自然和谐相处的重要途径，在宣

传人们要发扬体育精神积极进行体育锻炼的同时，也在强调人们对自然资源的循环利用以及对环境的爱护。比如"绿色奥运"的提出，就给人类体育的发展加入了新的内容，将体育的发展和人与自然和谐相处挂钩，也充分地肯定了自然、人、体育之间的关系。

（三）体育促进不同阶层以及不同民族之间的和谐

自改革开放以后，我国的经济发展形式多种多样，随着近几年经济的发展速度不断加快，一些新的阶层产生，导致贫富差距不断扩大。改革开放使沿海地区高速发展，中西部的发展速度仍然很慢，因此地区之间的经济差距也很大，一些经济不发达地区的人们就去了沿海地区谋求发展。随着社会流动的不断增多，一个城市的人群来自不同的地方，城市内部城乡差距、体力劳动和脑力劳动的功能差别不断扩大，也造成了很多的社会不平等以及不利于维护社会秩序的问题。而体育的产生和发展，可以将其作为一种社会整合的力量，用体育的形式促进各个区域之间、不同阶层之间以及不同背景和文化的人与人之间的交流和发展。从这一角度来看，体育可以起到缓解社会矛盾的作用，能够促进国家的和平与稳定，对社会的繁荣与和谐起到了积极作用。一些城市可以举办一些小型的体育运动会，增进不同民族不同地区人民的友谊，化解社会矛盾，加强人与人之间的友爱和团结。但是就比赛来说，必须做到公平公正，在友谊第一比赛第二的前提下进行，只有这样才能真正发挥体育维护社会稳定，促进人与人之间和谐相处的作用。

（四）体育能够创造社会财富促进经济协调发展

当前我国社会的主要矛盾是人民日益增长的美好生活需要和不平衡不充分的发展之间的矛盾。体育是我国社会主义建设的一项重要事业，体育所带来的体育产业也会给我国社会经济带来很多财富。体育产业作为社会主义市场经济的重要组成部分，对国民经济的发展具有重要意义，能为国民创造更多的社会物质财富，保持经济协调可持续发展，提高国家的整体实力，让人民群众的生活更加美好。体育产业通过制造和销售与体育相关的产品促进经济的发展，也可以通过一些大型的体育比赛比如奥运会出售电视转播权、门票以及发行体育彩票和招收广告费等手段从中获取营利。现阶段，我国的体育产业已经成为国民经济发展的重要支柱。体育产业的发展是推动生产力提高的一个重要因素，在获得一定的财富收益的同时，也能起到推动建设和谐社会的作用。因为社会经济一旦发展起来了，就会不断地推动社会的均衡发展，缩小财富差距。在社会发展的同时，人们的生存压力也不断增大，这时休闲体育就可以起到让人们在闲暇之余缓解身心压力增强体质的作用，同时还能通过组织一些活动或者比赛并从中获取经济价值，为社会经济发展做贡献。一般而言，参加休闲体育的人员阶层分化比较明显，有国家公务员、白领，也有普通农民、工人

等，人们在体育活动的过程中，逐渐弱化了阶层差距，从而使得休闲体育也成为社会经济的一个重要组成部分，在广泛的群众参与的前提下，组织一些活动，以更好地为社会经济发展服务。

（五）体育能够促进人的全面发展，塑造一个与社会相和谐的人

人是社会的细胞，同时也是社会历史的创造者。只有人得到全面和谐的发展，才能更进一步推动社会的和谐发展，实现大家的中国梦。要建设一个和谐社会，就必须首先塑造和培养和谐的全面发展的人。一般来说，人的和谐主要体现在以下几方面：首先，身体和谐。身体的和谐意味着人要身体健康并且心理健康，且有较强的社会适应能力，能很好地处理问题、面对生活。其次，是思想的和谐。思想的和谐是指人的思想必须端正，要有正确的人生观、世界观和价值观，能理性地思考问题，考虑问题比较周全。再次，是人格的和谐。人格的和谐是指人在追求物质生活和自己的精神世界的时候，要达到人格的协调一致，能实现物质的有限性和精神的无限性的统一。最后，是品质的和谐。品质的和谐是指人要有良好的道德品质，能公平公正地处理社会关系，在获取个人利益的时候也要兼顾集体利益，要对他人友好。要成为一个和谐的人，体育可以发挥重要的作用，因为体育能够改善人的生理和心理机能，让人的神经感觉到兴奋，让人在体育活动的过程中感觉到愉悦。体育的最本质功能在于可以促进人的身体发展，让人们在参与的过程中得到心灵的净化和升华，从而促进人的健康发展，促使人成为一个和谐的人。

第四章　体育锻炼与健康

第一节　健康的概念与评价

一、健康的概念

世界卫生组织对于健康的相关定义得到了社会的广泛认可，其健康观点具有一定的特点。首先，这一健康观点的指向不再只是单纯的没有疾病，其健康的内涵得到了扩展，认为健康不仅是身体上的，还是社会上的、心理上的一种协调发展；其次，其认为健康不仅只是单纯地指向个人的健康，还包括了社会的健康，因为社会是一个大群体；再次，健康的观点涉及了心理、生理和社会三方面，因此是对医学的一个巨大突破，也反映了现阶段，医学研究的领域并不能概括出所有的健康问题；最后，作为健康的三个重要维度——心理、生理和社会，三者构成了一个三维的健康观。

对现阶段广泛被认可的健康观念应该如何来理解呢？这个健康的观念既具有一定的时代性，是时代进步的产物，同时这一观念又具有较强的社会性质，对人的自然性有一定的忽视，因此一些学者认为这一观念只具有一定的社会价值，其中有相关学者对此提出了健康的各种含义。首先，健康具有增进人的健康的生活方式的作用，因此，人们都应该关注自己的健康状况。其次，健康其中的一种社会健康也是一种情绪健康，这是与世界卫生组织的健康的心理健康和社会适应能力两相对应的。也有学者认为，健康是以一种连续的多维的形式来适应的，并认为健康是人类在生活中所产生的一种生理的、生物的以及社会的各种刺激因素所产生的一系列的连续适应情况，同时，其还认为健康代表的就是身体机能的总体水平以及外在的表现，这种观念在学术界造成了一定的影响，被人们所讨论。

我国最大的综合性词典《辞海》认为健康是指人体的各个器官以及系统发育良好、功能正常、体质健壮、精力充沛并具有良好劳动效能的状态。通常用人体测量、体格检查和各种生理指标来衡量健康。这种健康的观点虽然已经比上古时期的没有疾病就是健康要完善，但仍然没有把人当作是生物的有机体来对待，即便提出了具有一定进步意义的"劳动效能"一词，也没有冲破这一局限。

身体健康、心理健康和社会健康是完全不同的。比如悲观和疑难杂症在心理上算是一种不健康，但在肉体以及社会等方面还是健康的。身体健康的指标比较容易确认，但是心理健康和社会健康的指标则受到多个因素的影响，会随着社会经济文化以及政治环境的变化而改变，具有可变性。也可以这样说，健康与非健康的定性测定相对较容易，但定量测定较难。

二、体质健康的评价标准

（一）学生体质健康评价指标以及测量

1. 健康指标

学生体质健康的评价指标首先是健康指标，在当前的研究中，认为对健康指标的选择主要有两种形式：首先是将"疾病与否"作为健康指标，并认为身患疾病的人为不健康或者小健康而其他则为健康；其次是把一种健康风险作为健康的指标，通过健康风险的指标来判断个人是否容易身患某种疾病，或者一些人已经成为"小健康"人群。常见的风险因素主要有骨骼肌肉系统疾病风险因素、代谢综合征风险因素等。

2. 体质指标

学生体质指标的构成主要内容包括身体形态、身体素质以及生理机能三方面，这个也是体质的主要内容，在上一章节中有过具体的介绍。体质指标的一些方面与健康指标存在很强的联系，体质指标也是能够反映个体的健康状况的。现阶段，随着国际评价指标的不断发展，对学生体质指标的选择也在不断从运动能力指标转为与健康相适应的相关体能适应指标，在指标选择上更加注重健康。

3. 选择效标

要确保对青年的体质情况进行准确的测量就必须建立效标与体质指标的关系来确定将要测量出来的指标的属性。例如，对于学生的有氧耐力水平的指标的测量，最主要的是学生的最大耗氧量。在实验室条件之下可以通过定量负荷实验方法，运用气体代谢分析仪准确获取受试者的最大耗氧量。使用这一方法进行测量一般结果比较精确，但是也有一些缺陷，即这种方法的操作比较困难，因此只在测量基数较少的时候可以使用。

4. 确定效标测量与体质健康指标之间的关系

对于一同测量的受试者群体的体质健康指标的数据要和效标测量的数据二者之间建立一定的关系。

5. 选择参照标准

要根据效标测量数据以及体质健康指标数据之间的相互关系，建议选择测量的一个参照标准。建立标准的时候首先要建立效标的参照标准。这一效标的含义是指，能准确测量出体质的某一方面情况的指标，参考之前的健康指标以及健康指标和效标之间的关系，建立一个符合效标情况的、让效标更好地进行测量的参照物。

6. 验证标准的有效性

在确定了参照物之后，还不能立刻进行比较测量，还需要进一步验证标准的有效性。需要另外抽取一个样本，对测试所要获取的体质数据以及健康指标数据进行测量，并根据所建立起来的健康标准以及体质参照标准对受试者进行具体的分类测量，最终验证两个分类方法的分类结果的一致性。

（二）中国学生的体质评价标准的发展

1. 不断完善《国家学生体质健康标准》的指标体系

目前，我国对于学生的体质健康评价有一套既定的《国家学生体质健康标准》。这一标准还需要不断地完善，要加强能够反映学生的社会适应能力、心理健康素质以及自然环境适应能力的相关指标的研究，并将其研究的有效成果纳入《国家学生体质健康标准》当中，从而促使学生体质评价指标体系得到进一步的发展和完善。还可以尝试借鉴学生的体质与健康调研的相关医学检验的指标以及调研的相关指标，不断加以整合和完善，并最终构成与医学检验相结合的学生体质健康新标准。

2. 进一步地明确对中国学生进行体质健康评价的目的和任务

我国之所以要建立一整套学生体质健康评价指标，主要的原因在于提升学生体质健康水平，通过相关指标全面地评价学生的体质健康状况，从而为学生提供更好的服务，促进学校的体育教学与学生的体质健康检测更好地结合在一起。培养学生养成通过体育锻炼的形式，改善自己的身体素质和提高自身的体质健康的好习惯。

3. 全面推进学校的健康教育，形成学校健康教育

在新的社会历史条件之下，学校的健康教育受到了一定的挑战，通过对学生进行一定的体质健康评价，可以让学校了解学生的体质健康情况。对于一些学校的体育健康教育课程进行完善，更多地从学生的角度出发，探索学生的需求。具体来说，从政府方面来看，建议加强对《体育法》和《学校体育工作条例》的修改，增加可操作性；而教育行政部门要加强《条例》的执法检查与评估，确保学校体育工作的健康发展；学校体育部门要增

强法律意识，加强体育师资队伍的建设，加强科学研究与教学改革的力度，推动学校体育工作，从而全面推进学校的健康教育的发展，并进一步形成学校的健康教育。

（三）针对中国国民的体质健康评价

对我国的国民进行体质健康评价主要通过中国国民体质健康检测的方式，而国民体质健康检测每一年度都会进行，主要是为了系统地了解我国国民体质的现状以及变化的规律，进一步推动全面健身运动的开展。就成年人的检测来说，也需要对其身高、体重、胸围、臀围以及腰围等进行测量，并通过做俯卧撑、纵跳以及肺活量等指标来了解成年人的身体状况。

三、心理健康的评价

（一）心理健康的评价指标

1. 平均状态

心理的健康即是一种平均状态，一些心理学家创造性地运用统计学的相关概念，将个体心理的平均值作为健康与不健康的评价指标。这种观点的理论基础是正态分布理论，根据一个人的社会行为是否合群的平均值来测量心理健康，这给心理健康下了一个明确的定义，认为心理健康与其社会行为是否脱离大群体密切相关，使得心理健康容易测量并且便于分析和比较。但是以这种正态分布来测量心理健康也存在一定的问题，因为心理健康的内涵是多样化的，并不全部都是按照正态分布的，一些在平均值上偏离也不完全是不健康的心理状态，这会使得对心理健康的测量具有一定的误差。因为健康与不健康并没有明确的数量界限，也不是绝对的，以统计学的观点量化心理健康还需要加以完善和发展。

2. 适应良好

在心理健康的相关定义当中，很多观点都认为，个体能否适应社会环境是划分健康与否的重要指标。这里我们用适应良好来作为心理健康的重要指标，一个人对环境有较强的适应能力，则认为其心理是健康的。而不具备这一能力，或者这一能力偏弱，则认为此人有一些心理上的问题。虽然很多学者运用这一指标来测量心理健康，但这一指标也具有很大的争议，主要表现在，一些学者认为将此作为评价人们心理健康的参考标准是无可厚非的，但是前提在于，必须先要假定社会发展的不同时期，其组成人员大多数是正常的健康的。社会系统本身也会有一些心理问题，因此再继续用个人对社会的适应就会自相矛盾。虽然有些许问题，但是现在相关学者还在进行一定的完善，以促使其指标更加精确化。

3. 没有任何症状

现当代，没有任何心理问题的症状也被认为是测量心理健康的重要指标。在相关临床精神医生看来，不健康的反义词就是健康，因此最直接的反映心理健康的指标就是没有心理不健康的相关症状。要使用这种指标来判断心理健康，也具有一定的局限性，根据马斯洛的观点，一个人即便没有心理不健康的症状也不能完全认为其是健康的，有些心理问题是隐性的，并不会完全暴露出来。

4. 能正常发挥作用

一些心理学家将个体能否正常地发挥也作为测量心理健康的重要指标。心理机能有其特定的含义，一般是指人的心理活动的方式和特点，以及这种方式和特点对个人生活所产生的作用。机能能够得到充分发挥被认为是一种心理健康的标志，相关学者认为，要对心理健康进行评估就是对心理机能进行评估。

（二）心理健康的评价标准

一个人的心理是否健康很容易从医学上得到准确答案，但是一个人的心理健康的确定则比较复杂。因为人是最高级的生物，其心理活动也是非常复杂的。有些心理学者认为，心理健康是指个体心理在本身及环境条件许可范围内所能达到的最佳功能状态。心理卫生则包括两方面，既有改进精神疾病的康复和预防减轻因为外界环境所带来的压力，也有让人的身心健康处于健康水平的一系列措施。相关学者认为，在人格与心理卫生的角度来看一个人是否心理健康主要包括以下几点：首先，心理健康的人是有很强的主观能动性的，有能力并且有信心充分发挥自己的能力，展现自己的优势；其次，对心理健康的评定应该是一个动态的过程，而不是静态的，因为人的心理状态一直在发生改变，也不是每一个阶段每一时刻都能保持一个健康的心理状态，因此在评价的时候，就需要有较长时间考察，了解其在一段时间内的心理情况以及变化；再次，心理健康者能够处理好自己的人际关系，能正确地认识自我并且适应自己所处的外界环境；最后，在对人的心理健康进行评定的时候要保持一个整体的观念，一个人的心理活动都是在特定的环境之下产生的，因此要根据其产生的特定环境以及内在心理活动具体地进行评定。而具体的心理健康的评价标准，以下几点可供参考：

拥有正常的智力状况。一般来说人的智力能从人的各种能力中反映出来，比如其思维能力、观察能力、想象能力、记忆能力以及实际的操作能力等，拥有一个正常的智力是确保人们能够保持正常的心理状态进行学习和工作的基本条件，而对人的智力进行了解可以通过基本的智力测试。一般而言智力在70分以上的算是属于正常的智力状况。

意志健全。一个人要拥有正常的心理，就必须有坚强的健全的意志，因为意志健全决定了人们在行动上能保持一定的果断性以及较强的自制力。人在日常行动过程中，也能体现出其意志力，有较强意志力的人一般可以控制自己的行为和情绪，让自己的行为往好的方向发展，心理健康的人一般而言其意识与行为是协调一致、相互统一的。

完整的健全的人格。要考察一个人的心理是否正常，要看这个人世界观、人生观和价值观三观是否符合大多数人，且由这三观所支配的人的行动动机、态度以及目标和理想是否具有一致性。有一个健康的人格就意味着人的需求和欲望是和自己的理想和目标相一致的，并且与自己的行为相统一，如果人们没有健全的人格，内心比较自我且缺乏责任感和同情心，就要考虑其是否心理也不健康。

情绪稳定，积极乐观。人们的情绪是其内在的心理活动的反映。一般有健康的心理，所体现出来的情绪也是积极的、稳定的、乐观的，对生活热爱，在人际关系方面也非常主动，在遭遇一些挫折的时候也比较乐观和坚强，能很好地调控自己的情绪。

注意力能很好地集中。在人的心理活动中，对象的集中是一切心理活动的共同特征，能有效地判断一个人是否心理健康。人的注意力总是和人的思考和心理过程密切关系的，当一个人的心理不正常，自然就会导致注意力缺乏，对一件事无法集中关注度，非常容易分心。

对事物的反应能力。一个人对事物的反应能力也可以作为衡量人心理健康的重要标准，因为外界环境压力和刺激必定会给人带来一定的冲击，如果人对外界的刺激并没有感知和反应，说明人的心理比较消极，不愿意接触现实。

自我认知的能力。每个人都有自我认知的能力，自我认知是指人对自己所处的环境以及对自我的发展方向有一个清楚的认识，能够很好地认识自己，并且客观地评价自己和他人。在社会生活中认清自己的角色，摆正自己的位置，从而更好地处理自我与他人的人际关系，富有自信心，对自己的发展有一个全面的掌握。这也是衡量一个人心理健康的重要标准。因为只有心理健康，才能准确地了解自己的优缺点，找到未来的发展方向。如果一个人对未来没有期待，也不能正确地认识自己、消极厌世，就不算是心理健康的。

积极向上，有较强的社会适应能力。有一定的社会适应能力是国际社会上公认的衡量人心理健康的重要标准，主要体现在以下三方面：首先是对自己所处的生存环境的适应，既包括社会环境也包括生态环境；其次是处理各种生活、家庭和工作上遇到的问题，这是自我能力的一种表现，也是人的社会化程度的表现；最后是人际关系的适应能力。人是社会人，不能脱离而存在，因此必然要处理好各种社会关系。

心理特点与实际年龄相符合。一般来说，一个心理健康的人表现在按照其年龄情况具有一定的心理特点。主要就是看其心理活动是否统一，与外界环境以及心理活动过程是否具有稳定性。

具有创造性和成就感。人的发展是人的内在动力的需求，是一种成长的趋势和需要，要实现自我的价值和心理的健康成长，就会天生地潜在一种对事物不断追求的想法，因此可以通过一个人创造力的发挥程度以及成就感的高低来测量。一个人应该热爱生活，热爱事业，具有宽阔豁达的胸怀，能意识到自己对社会的责任，努力掌握知识与技能，发展个人的能力与体力。虽然人们聪明才智不尽相同，但能尽其所为、力争取得一定的成就，从而创造人的价值。这一点对于心理健康无疑是非常重要的。

（三）心理健康评价的原则

1. 发展性原则

心理的状况与其他社会物质的状况是一样的，都处在不断变化和发展的过程之中，现阶段，时代在进步，社会在变迁，而对心理健康的评价也需要坚持发展性的原则。因为心理健康的内容在不同的时代下会有一些发展和变化，一些外在因素也会影响人的心理健康的发展，我们必须用发展眼光将心理健康评价视为一个动态的过程，对心理健康进行科学的发展的评价。

2. 全面性原则

人的心理是知、情、意、行的协调统一，也是多个层次多个原因构成的复杂系统。我们在进行心理评价的时候应该坚持全面性的原则，应该从多个角度多方面地去考察和评价一个人的心理和行为，评价的时候不能片面。

3. 客观性原则

一切事物都具有客观性的特点，人的心理状况也是客观存在的，在对人的心理健康进行评价的时候，要坚持实事求是的原则，在遵循客观事实的前提下进行，不能对被评价者妄加评论，也不能对其抱有偏见，更不能从自己的想法出发意气用事或只凭感觉，这样会导致评价出现较大的误差。

4. 保密性原则

对人的心理健康进行评价，一般是心理卫生工作者的任务，而其基本的职业道德就是要替被评价者保密。对于其评价结果未经本人同意不能随意地泄露出去，以免给当事人造成伤害。心理健康评价有时是个人的需求，有时是一个群体的需求，当其是个人需求的时候，保密性原则要严格执行，以免造成不好的后果。

5. 指导性原则

之所以要对人们进行心理健康评价，除了了解某一群体的心理健康状况之外，最终的目的还在于帮助人们更好地适应社会环境，促进人们的心理更加健全。要坚持指导性的原则，在对人们进行心理健康评价的时候，要把评价、诊断以及指导和帮助结合起来，最终达到促进人的心理健康的目的。

第二节　体育锻炼与心理健康

一、体育锻炼对心理健康的影响以及二者的互动关系

（一）体育锻炼对心理健康的影响

1. 体育锻炼对智力的影响

体育锻炼是人的各种能力如思维能力、观察力、想象力、记忆力的综合。一般来说测定人脑细胞的反应速度可以看出他的思考速度和智商高低。而人脑细胞的反应速度可以通过体育运动加以提高和改善，因为体育运动可以活动一些平常比较少活动的肢体，有利于人体大脑右半球的智力的开发。

2. 体育对自我概念形成的影响

自我概念是衡量人的心理健康的重要标准，是指人主观上对自己的身体、心理以及思想和情感的评价，是由许多的自我认知所组成的。体育锻炼对人的自我概念的形成具有一定的影响。其主要体现在，参加体育运动或者在体育比赛中获得名次能够让人们重新认识自己的优势，增加自信心。

3. 体育锻炼对人的情绪状态的影响

人的情绪状态是多方面的，主要包括心境、应激以及激情等。首先，在上文中已经提到过，人的情绪状态是衡量人的心理健康的重要指标之一。而适当的体育锻炼能够促使人们形成比较良好的情绪状态，比如让人们焦虑、害怕以及紧张的情绪消失，增加人们的愉悦感以及满足感，能够有效地改善人们的抑郁情绪。其次，一些不喜欢运动的人，在参与适当的体育锻炼之后，也能感受到应激反应，能从中获得快乐，让自己变得更加自信。但是也有相关调查表明，高强度的体育锻炼会让人的情绪变得消极，因此体育锻炼应该适度。

4. 体育锻炼对个体心理机能的影响

体育锻炼对个体的心理机能具有一定的调控作用，能够有效地锻炼人的身体的协调性

以及灵敏性，也能锻炼人的动作反应能力，并有效地缓解肌肉的压力，使人年轻，散发活力。人的身心健康是相互统一的，生理健康和心理健康对人来说都非常重要。体育锻炼能有效地促进身体健康，自然也会促进心理的健康发展，缓解人们的紧张情绪和焦虑抑郁的心态，让人们的心理机能协调发展。此外，个体能不断地从运动锻炼中体会到交朋友、释放压抑感、满足感等乐趣，从而能够更加自觉地投身到体育运动之中，这种积极的情绪体验具有直接的心理健康效益。

5. 体育锻炼对人格的影响

一个人人格的形成与人的发展以及行动有着密切的关联，通过适当的体育锻炼，人们能够在体育活动的过程中将自己的思维活动与有机体的活动紧密地结合在一起，从而促进人格的发展。游戏和运动具有启发创造性、消除紧张、保持友谊、使人乐观等心理保健价值。由于体育锻炼是在一定的社会环境中进行的，它总是与人群发生着交往和联系，因此，经常参加体育运动的人更易与他人形成良好的人际关系。人们可以通过进行体育锻炼来达到增强人的社会适应能力、应变能力，培养和谐的人际关系以及良好的心理调控能力的目的。

（二）体育锻炼与心理健康的互动关系

体育锻炼与心理健康具有一定的互动关系，据相关研究表明，人的运动兴趣、运动成绩以及运动的能力和知觉力与人的心理发展具有密切的关系。简单地说，一定的体育锻炼可以改善学生的个性特征。从上文中我们已经知道，人格特征是检验人的心理健康的重要标准之一，因此体育锻炼也直接地与心理健康存在互动的联系。首先，运动的好坏与人的心理健康是密切相关的。一般而言，能够每天保持一定的运动时间，并且有较好的运动能力的人的心理比较健康。主要原因在于，这些人能够很好地控制自己，并且有较强的意志力，能够从运动的过程中获得成就感和满足感，这对塑造人的性格具有重要作用。其次，这也体现了体育锻炼与心理健康之间的互动和内在联系。因为如果没有一个健康的心理状态也无法促使自己去参加体育运动，更加不可能从体育锻炼中获得开心的情绪。体育锻炼可以改善人的内向的自卑性格，因为参加体育运动也意味着是进行社交，就必须处理一些社会关系，在这个过程中，可以克服人们之前害怕陌生人的恐惧心理，提高人们的社交技能，让人们对自己有一个更清楚的认识，促使自己的情绪朝着更稳定的方向发展。从这个角度来看，心理健康与情绪稳定人格特征有一定的关系，而体育运动对稳定人的性格具有重要作用，意味着体育锻炼与心理健康具有极强的互动关系。

而一个个体如果表现为较强的运动知觉能力，一般都具有良好的心理健康水平，能很好地面对现实社会中的突发状况，并且具备较强的社会适应能力。而运动知觉能力较弱的人心理健康状况也比较差，因为他们往往容易受到外界的干扰，内心比较烦闷。从这方面也可以看出体育运动与心理健康的互动关系，体育锻炼可以促进人的心理更加稳定，提高人的心理承受能力，增加人们愉快的认知和行为，进一步提高个体的自我效能感。

二、体育锻炼及其对心理健康的作用

（一）体育锻炼的概述与心理健康

1. 体育锻炼的种类与心理健康的关系

体育锻炼的种类非常多，其中对人的心理健康有重要作用的主要包括两种：一种是散步和慢跑，另一种是体操练习、足球以及排球等运动。这几种运动对于治疗重度抑郁症患者具有重要作用，散步和慢跑能够减轻抑郁症的症状。相关的研究也表明，适度的有氧运动能够缓解个体的抑郁情况，降低轻度以及重度的抑郁症状，让人们的心理维持一个稳定正常的状态。

2. 体育锻炼的时间与心理健康的关系

现阶段，对于每次进行多久的体育运动能促进人的心理健康的效能在国内外的说法很多，有相关学者认为每次体育锻炼时间持续 20 到 60 分钟是比较好的，有利于改善运动者的情绪；还有一些学者认为个体坚持 8 到 19 周的体育锻炼能够获得最佳的心理健康效应。大部分的研究表明，对一项运动维持的时间越长，其对促进心理健康的作用就越大。

3. 体育锻炼的频率与心理健康的关系

体育锻炼的次数与其促进人心理健康也具有一定的关系，一般频率是针对体育锻炼的维持次数来说的。就跑步而言，每天跑步的效果肯定要好于每周跑一次。

（二）体育锻炼对心理健康的作用

1. 体育锻炼能治疗心理疾病

当今，随着社会经济的发展，人们面临的压力逐渐增多，心理疾病的发病率也在逐渐上升。比如抑郁症、焦虑症、强迫症和躁郁症等频发给人们带来很大的困扰，使得人们不能很好地享受生活。据美国相关学者的调查研究，现今，体育锻炼已经成为治疗心理疾病的一种方法。其认为，适当的体育锻炼可以缓解人们抑郁和焦虑的情绪，让人们走向社会，增强人的社会交际能力，消除患有心理疾病的人的孤独感，让他们改变自己的性格，对疾病的治疗和康复具有一定的作用。

2. 体育锻炼可以促进人的认知能力的发展

体育运动是个体主动积极地进行的一个活动过程，即要求锻炼者在运动的过程中能对外界物体做出准确的感知以及判断。以打篮球为例，个体在打篮球的过程中，必须感知篮球的存在，并且进行抢球和投篮等一系列的活动才能确保参与整个篮球运动的过程。因此，长期地进行体育运动能够促进人的感知能力的发展，提高人的反应速度以及判断能力，让人变得更加聪明、灵活以及敏锐。同时，一些项目对于锻炼人的思维能力、记忆能力等有重要的作用，在参与运动的过程中，运动者能够迅速地感知外部环境，并能敏锐灵活地解决各种问题，对于人的认知能力的发展具有重要作用，也能进一步促进个体的心理健康发展。

3. 体育锻炼有助于控制自我、提升和发展自我的能力

根据马斯洛的需求层次理论，人类的需求主要分为五个层次，即生理的需要、安全的需要、归属与爱的需要、受到尊重的需要以及自我实现的需要。而其中，生理需要和安全需要是最基本的。只有达到了这一层的需要之后，才会追求更高一层的需求。体育运动是对一个运动动作的反复练习，在练习的过程中，人对这项体育运动的了解会越深，掌握这项运动的能力也会越来越强，从而能够在其中实现自我价值。人们在体育运动的过程中，能清晰地认识到自我的能力，也能通过控制自我进一步得到能力的不断提升。这也有利于提高人们对自我的控制能力，从而进一步改善人的心理状况。

4. 体育锻炼可以让人意志坚强

体育锻炼的类型包括了竞技体育，竞技体育具有一定的紧张性以及对抗性，并要求运动者在参与的时候必须克服自己的心理障碍，以顽强的意志力进行整个比赛。而且，在体育锻炼的过程中，肯定也会出现疲惫的时候，且长期地坚持一项运动对人来说也是非常困难的。比如有的人想每天坚持长跑，但是由于时间的关系，或者突发事件和自己内心的疲倦心理，往往不能坚持下去。是轻易放弃还是以顽强的意志力坚持下来，这种选择是考验一个人是否具有顽强心理的重要方式。人之所以能够直面困难，并且具备顽强的意志力去面对所有的事情，最主要的原因在于人的心理的健全。体育运动中人们也会遇到很多挫折和困难，有时候甚至很难坚持下去，只有不断地突破自己，完善自己，让自己变得更加坚强，在面对苦难的时候坚强面对，依靠自己的自制力完成任务，才能真正地养成一个强大的心理。而通过体育运动，人们可以培养这种顽强的意志力，继而在生活和学习中也能够不断地克服困难，战胜自己，从而养成良好的意志品格。坚持体育锻炼还可以让人的精力更加充沛，体质更加健康，且一些经常参加体育锻炼的人很自信，对自己的评价也比不参加体育运动的人更加积极。

5. 体育运动促进人的情绪的宣泄和调控

人在进行体育运动的时候，往往不是单独进行的，而是很多人一起。这时候体育运动就具有了一定的娱乐性质，能够让人们在体育的过程中也感觉到快乐。人们进行自己擅长的体育运动，在与对手的比赛或者与同伴的合作过程中，能够发泄自己在生活和工作上的不快乐的情绪，让自己获得一定的满足感和成就感。在观赏一些大型的体育竞赛的时候，如一些男性都很喜欢看球赛，在观看球赛的过程中也可以起到转移注意力的作用，给人们带来愉快的心情和精神上的愉悦。人们还可以通过体育锻炼来调控自己的情绪，在体育锻炼的时候，尽情地放松自己，让自己的不良情绪得到宣泄，缓解自己在学习或者工作上遇到的各种压力和问题。另外，一些人比较害怕比赛，通过多次的体育比赛的演练可以克服人在比赛中的紧张以及害怕的情绪，及时地调控自己的心情，让自己做情绪的管理者。同样，这种控制情绪的能力也可以扩展运用到日常生活中，让人们掌握生活更加游刃有余，从而使自己获得心理上的健康。

6. 体育锻炼对心理健康的消极作用

在论述了这么多体育锻炼对心理健康的积极作用之后，我们也不能忽视一点，即体育锻炼对人的心理健康也会具有反作用。相关研究表明，在体育锻炼之前要根据自己的身体和心理等方面的实际情况选择适合自己的体育锻炼项目，并确定体育锻炼的频率，控制体育锻炼的时间，只有采取正确的体育锻炼方法，才能真正地让体育锻炼发挥其作用，促进人的心理健康发展。不正确的或者不适合自己的体育锻炼都不利于人们身心健康。而不科学的体育锻炼方法会给人们带来不好的后果——锻炼的依赖性，锻炼的依赖性主要是指锻炼者对有规律的体育锻炼产生了一种生理以及心理的依赖性，如果是积极的心理依赖，人们还能适当地控制自己的情绪以及控制锻炼的行为和时间，如果是消极的锻炼依赖则会让人们在锻炼后产生一些消极、应激、愤怒和焦虑的情绪感受，甚至还会导致心理耗竭的结果。所谓心理耗竭主要是指体育锻炼者在锻炼的过程中，因为长期无法克服体育运动产生的各种问题而导致的一种耗竭性的心理反应。这是不利于人的心理健康发展的，会让人们对体育运动丧失信心，严重的甚至直接导致一些体育运动参与者直接退出体育锻炼。

第三节　影响人类健康的因素

一、生态环境因素

现当代，我国的环境问题非常突出，对人类健康的影响也很显著，主要表现在人类的生产活动不仅改变了地球表层化学元素和化学物质的组成，加快了有害元素如重金属在生态系统的回流，而且向环境中排放了许多自然界本不存在的化学合成物质，这些元素和物质对生态系统以及人类的健康有很大的副作用。一些难以降解的持久性的有机污染物对人的健康的影响更加严重，并且这已经成为全球的环境问题之一。人类要发展，相对应的就是对生态环境的开发和破坏，对生态环境资源没有循环利用，对森林树木乱砍滥伐，最后的恶果还是要人类自己来承担。首先，人类破坏了生物的多样性，使得生态系统的生产力大大下降，让大自然给人类提供物质和服务的能力也逐渐减弱，使得人类面临的旱灾洪灾和暴风雨等自然灾害增多。其次，一些沙漠地区的土地沙化直接会影响一个地区的粮食产量，更甚者导致邻近地区的沙尘天气增多，从而造成空气中的有害物质增多，影响人的身体健康。最后，物种减少或灭绝正在引起粮食作物、药物和其他生物资源发生变化，给人类健康带来威胁；大量转基因食物的出现，也给人类的健康造成很大隐患。

随着城市扩张的速度不断加快，城市的环境污染也日益严重，如北京的雾霾给人们的健康带来很大危害，使得人们患肺癌的概率增加。城市内部的居住环境比较差，空气受到的污染以及水源的污染比较严重，导致人们的生活充满风险；而且，城市生活节奏比较快，特别是大城市，就业竞争很激烈，给人们带来很大的压力，影响了人们的心理健康。城市高聚集的居住环境以及不断恶化的生态环境都是传染病暴发和流行的主要原因。现阶段，经济全球化的步伐不断加快，使得我国的生活和生产方式发生改变，但同样也带来了一些疾病。随着全球化的发展加快，一些本来只有国外才有的传染性疾病，包括以前仅仅在一个区域传染的疾病，可能由此危害到全球的健康。

相关研究表明，在影响人类健康的因素中，环境占了7%，人类生存的环境中主要有空气、阳光和水。社会经济的发展，使人类环境受到来自人类活动以及工业发展的破坏。首先，从环境中的空气来看，随着我国工业化的进程不断加快，来自工业、汽车等排放的有害气体使空气受到严重的污染，大气的污染程度也比较高。其次，在水方面，本来地球可利用的水资源就比较少，随着城市大力发展工业，将废水排放到江河之中，使得水遭到了严重的污染，虽然人的饮用水经过了严格的消毒，但是随着污染的不断加重，这些水污染也会对人的健康造成一定的影响。再次，在阳光方面，由于过量排放氟利昂，导致南极上空的臭氧空洞不断扩大，导致紫外线辐射强度增加，如果长期在外面暴晒的话，人们患上皮肤癌、光过敏以及白内障等疾病的概率会大大增加。最后；在噪声和辐射方面，随着工业化的发展，工业噪声、城市交通工具的噪声不断增多，对人们的听力具有一定的消极影响，也在一定程度上影响人们的情绪。

现阶段，我们大多使用一些具有辐射的高科技产品如手机、电脑、电视机、微波炉等，高科技的发展给我们带来了便利，同时也让我们陷入危险之中，这些带有辐射的产品也会给人类的健康造成一定的破坏。

人类要真正地达到健康的状态，必须做到与环境协调发展。只有人的发展与其所处的地理环境的各个要素处在一个相对平衡的状态，人才会达到健康。一旦平衡的状态不存在了，人类的健康也会受到一定的影响。毫无疑问的是，中国作为世界上最大的发展中国家，随着社会经济的发展，工业化进程的加快，人们面临更大的环境健康风险。环境污染以及生态的破坏会导致人们的疾病增加，进而导致我国的医疗卫生设施不足。随着人口流动的增多，社会矛盾增加，人口结构也在发生改变，各种人文因素结合起来也会给人们的健康带来影响。另外，现阶段，可以看见的是由于环境问题造成的人类疾病的概率仍在不断上升，如果不采取有效的措施加以改善，这种情况会越来越严重。

健康意味着环境与人处在协调和谐关系之中。当人与地理生态系统和各要素处于平衡时，人群的健康状态才能保持，一旦这种平衡被打破，健康会受到影响，疾病即会发生。只要地理系统中的一个因素发生变化，就可能引起相应的健康问题。社会经济的迅速发展和城市化、工业化进程，使我们面临双重环境健康风险：一方面，原有的环境异常导致的疾病和健康问题广泛存在，而且局部形势依然严峻；另一方面，环境污染和生态破坏引起的环境变化和医疗卫生服务设施建设与投入不足、人口大规模迁移流动、人口结构的改变等人文因素所带来的健康问题日益突出。

二、气象因素

气象因素也会影响人类的健康，主要是因为一些季节性的天气发生改变的时候，给人们造成一些疾病的困扰。天气是变化莫测的，有时候往往一天之间天气要改变很多次，忽冷忽热，如果人们没有穿好足够的衣物就会导致感冒和哮喘等疾病的突发。相关研究证明，风湿性关节炎、冠心病、高血压、偏头痛以及哮喘病与天气的变化是密切相关的。而之所以天气会对这些疾病造成影响主要原因在于大风中具有比较低的频率震荡，会对人的中枢神经造成一定的影响，从而让人感受到疼痛、焦虑和忧郁等；其次，大气压的落差也会引起身体机能发生改变，让人感觉到不舒服以及心悸等，从而直接影响人们的身体健康；最后，气候的变化也会引起洪水、热浪以及暴风雨等异常的天气情况，会对人们的健康和生命造成巨大的威胁，同时这些天气现象还会给淡水资源的供应造成一定的影响，使得空气污染更加严重，进一步对人类的健康造成危害。更值得注意的是，气候的变化会造成生态环境的改变，而导致生物病因疾病，如疟疾、血吸虫病、锥虫病、黄热病、鼠疫、霍乱等一系列疾病的地理流行特点发生重要的变化，不断威胁着人类的生命安全。

三、社会因素与社会心理因素

（一）社会因素

1. 社会经济状况

社会经济发展程度对健康也具有一定的影响。因为人们要生存下去，离不开衣食住行，要生活得更好，就需要更高的物质生活条件。在新中国刚刚建立的时候，人们的物质条件很差，对疾病的预防和治疗的条件也相应地比较差，从而直接导致人们的寿命不长。随着社会经济的发展，人们创造了越来越多的物质财富，健康也有了一定的保障。随着食物的种类不断增多，且营养价值不断提高，住房、教育、医疗卫生等各种条件不断改善，使得人们的健康水平也不断提高。

2. 收入水平与健康

一个人或者一个家庭的收入水平会直接影响人们的消费能力，有了消费能力自然就可以购买一些营养价值较高的食物，能够享受更好的居住条件以及医疗卫生服务。与此相反，收入水平较低的人群，在居住环境和医疗卫生等方面也会处于较低的水平。当然这种情况并不是绝对的，一些高收入的人群，反而因为工作太忙，没有太多的时间顾及自己的健康。但从总体上来说，一般收入水平较高者有更大的可能和机会让自己获得更加健康的生活方式。

3. 社会关系与健康

人在社会中生存和发展，是一个社会人，要适应社会的发展就必须拥有处理社会关系的能力。首先，处理自己的家庭关系，其中包括婚姻关系、亲子关系以及各种亲戚关系；其次，是工作关系，与同事和领导之间的关系；再次，是朋友关系，处理与友人之间的关系；最后，在社会中生存还有各种各样的复杂关系需要处理。如果人们不能很好地融入社会群体，就会产生一定的心理压力，严重的会催发疾病的产生，影响人类的健康。

4. 职业等级与健康

职业等级涉及一个人工作状况是进行体力劳动还是脑力劳动，也关系到其工作环境以及工作中可能面临的各种压力，当然，职业等级也能反映一个人的社会地位，而这些因素都会对健康具有一定的影响。因为职业等级不同，工作方式不同，工作环境不同，收入不同，其对健康的影响程度也是不同的。在上文中已经提到，经济情况和社会地位较好的人，一般有更多的机会获得健康的生活方式，而脑力劳动和体力劳动也一样，从事脑力劳动者经常不运动是不利于健康的，但是如果人从事过量的体力劳动也会对健康有影响。总的来说，职业等级影响人类的健康是多方面多角度的，必须具体地进行分析和了解。

（二）社会心理因素

社会心理因素对人们的健康也会产生影响，社会心理环境中有很多刺激，主要包括一些恶性的刺激，比如童年时期遭遇的创伤性事件，如亲人去世、童年被绑架等，对人们未来的成长过程中心理发展造成很大的影响。还有一些天灾，比如地震、车祸等。事业受到挫折、生活中遭遇不平等的待遇等也会让人们产生一些消极、害怕以及绝望的心理情绪，会直接地影响人们的心理健康。社会心理环境中也存在一些良性的刺激，比如得到了社会的认可，获得了幸福美满的家庭，或者在事业上有所成就，都会让人们产生幸福、快乐以及轻松的感觉体验。这有利于促使人形成健全的人格，促进人的生物功能和社会功能的协调发展，提高人的社会适应能力。一些社会心理因素也给人们带来良好的情绪感受，也可以减轻一些疾病带来的痛苦，保护机体健康发展。

三、其他因素

（一）不良的生活习惯

一些不良的生活习惯，比如熬夜晚睡、饮食不规律、喝酒、不科学的运动方式、吸烟、劳累过度等，也会给人们的健康带来危害。古人云，饮食要有节、起居要有时、生活要有常。身体需要每个人都加以重视，要进行适当的营养摄入和适度的体育锻炼，任何事情的发展都有一个度。因此，人们在日常生活中应该掌握这个度，养成好的生活习惯，不抽烟不喝酒，保持良好的运动，只有这样才能真正促进人的健康发展。

（二）遗传因素

遗传因素也会影响人的健康，一个人寿命的长短与种族、民族和家族有一定的关系。一些先天性的疾病会给人们造成巨大的危害，比如心脏病、高血压、精神疾病等，如果得不到恰当的治疗，会损害人们的身体健康。

第四节　现代生活方式与健康

一、现代生活方式的概念及特征

（一）现代生活方式的概念

广义的生活方式主要是指：不同的个人、群体或者社会的全体人员在一定的社会条件的制约之下以及相关价值观的指导之下，所形成的能够满足自身生活需求的全部的活动形式以及行为特征的生活方式。在这一定义上来理解生活方式，其涵盖了人们在一切的生活领域之中的活动形式以及行为特征。狭义的生活方式主要是指社会个体或者群体的日常生活习惯，主要包括衣食住行的各种生活习惯。而现代生活方式主要是指在人类进入工业化时代之后形成的，与之前的社会形态之下的社会方式完全不同的基本生活方式。现代生活方式是在新的历史环境之下形成的，给人们的现代生活带来很多的物质和精神享受，但是与此同时也会给人们带来一定的健康隐患。

（二）现代生活方式的特征

1. 物质与精神的不平等

随着现代社会经济的不断发展，现代社会生活方式的一个显著特征在于人的物质生活以及精神生活失去平衡。大多数人的生活方式中表现出重物质轻精神，以及重经济轻文化的特点。很多人忙着获得更多的物质享受，而忽视自己的精神世界，导致人们的精神压力非常大，且社会充斥着利己主义以及消费主义。在物质的重压之下，人们失去了自我，人类的生活也失去了精神目标，导致人们精神空虚。

2. 人与自然关系失去平衡

社会经济在发展，工业化和城市化进程不断加快，人们的生活环境也不断地发生改变。与人的生存所密切相关的一些因素比如空气、阳光、水、森林等都在逐渐地丧失其作用。随着高楼的建起、各种交通工具的运行，空气污染日益严重。人们的现代生活方式中有很多方面也直接地导致人与自然的关系遭到破坏。

3. 竞争日益激烈

现代生活方式的特征还包括日益激烈的生存竞争。现代社会发展日新月异，人们的生活节奏不断加快，给人们的生存和发展带来了很大的压力。物质利益的分化以及个人本位思想的突出，促使人际关系也变得更加复杂，让人难以很快地适应。现代社会之下，人们面临激烈的竞争，心情也变得日益浮躁、紧张，更有甚者人的心理状态也在激烈的竞争中变得有些扭曲。

二、现代生活方式给人类健康带来一定的影响

（一）从不同群体上看现代生活方式给人类健康带来的影响

1. 对青少年的身心健康的影响

在现代生活方式之下，广大青少年的身心健康受到了影响，主要表现在：现阶段人们的物质生活条件变好，家长们趋向于把最好的食品给孩子们，但是这样也会导致青少年面临营养过剩的问题，过度地摄入高营养价值的食品会给青少年的身体健康造成影响。现代生活方式的节奏加快，人们的竞争压力也增大，尤其青少年面临学习等各方面的压力，常常没有时间进行体育锻炼，从而导致青少年的体质偏弱。此外，减少体育锻炼的时间，也不利于青少年的社会交往，不利于青少年的身心健康。现代生活方式，挤压了青少年的休闲时间，让其身心健康受到损害。应该鼓励青少年在学习之外积极地进行娱乐活动或者体育锻炼，以调整生活节奏，更好地适应社会生活。

2. 现代生活方式与"成人病"

所谓"成人病"一词是西方社会提出来的，相关学者认为"成人病"是指在高龄人群中患病率较高的慢性退行性疾病，是身体器官衰退及因为此功能的快速下降而导致的疾病的总称。这个定义中的功能下降所指的并不只是功能的退化，还包括器官系统的退行性变化。"成人病"最开始在西方国家的发生率比较高，随着我国经济快速发展，人们的生活方式发生改变，我国也出现了很多的"成人病"。而"成人病"主要包括有高血压、糖尿病以及脊椎病等，这些疾病的产生与现代生活方式的改变有密切的关系。

（二）现代生活方式对健康的影响

1. 现代生活方式与疾病的产生

根据世界卫生组织的调查研究报告可知：癌症病人之中，"生活方式癌"所占的比例不断提高，而"生活方式癌"主要是指不健康的衣食住行导致的癌症，事实上，每个人的身上都有癌症因子，只有受到某种因素的诱发，这一癌症基因才会被激发出。而人们的一些不健康的现代生活方式就会导致人类疾病的产生，甚至导致癌症。

由于现代人的生活方式发生改变，很多人都不注重体育锻炼，导致现代人的体质以及身体抵抗能力下降，很容易受疾病的入侵。而现代生活方式导致人产生疾病主要表现在以下几方面：首先，由于现当代的生活节奏加快，人们之间的竞争逐渐激烈，独生子女以及老人的数量增多，各种不良的心理和情绪反应都会让人们无法控制自己的情绪和行为，导致人们经常性熬夜以及不按时吃饭等，使得很多人的身体处于亚健康状态；其次，现代生活的发展给人们的心理情绪造成了影响，很多原先没有的疾病相继产生，主要的原因在于环境污染、不良的生活习惯，让人们更加容易患有糖尿病、心血管疾病、恶性肿瘤等；最后，现代高科技的发展，使得人们面对很多有辐射的电子产品，包括电脑、手机、电视机等，这导致人们的依赖性加强，从而造成用脑疲劳以及视力疲劳等，现在我国患近视眼的人不断增多就体现了这一点。

2. 现代生活方式对体质健康的影响

现当代，国内外的相关研究表明，影响我国人民健康的因素在不断发生变化，因为社会的发展，导致人们生活方式的改变，给人们的健康造成不利的影响。现阶段，人们的物质生活资料进一步丰富，商品经济的发展速度不断加快，人们的消费也从单一性走向多元化，人们的消费模式也逐渐发生改变，开始走向精神消费。现代生活方式同样也带来了家庭生活方式的改变，这导致了家庭内部情感的变化以及家庭成员的结构发生改变。很多家庭妇女从繁重的家庭劳动中解脱，通过广场舞等休闲体育，改善自己的体质状况。而随着现代化的交通工具的使用，人们的出行也更加方便，在城市中以车代步的现象很普遍，这也会造成人们的运动减少，不利于人们的体质健康。随着饮食结构中动物食品增多，高脂肪、高热量食品增多，打了农药的食品增多，转基因食品增多以及快餐食品增多，这些也给人们的身体带来了危害。

三、养成健康、科学的现代生活方式

从上文中，我们探讨了现代生活方式对人们的健康的影响，可以发现一些不良的生活方式会给人们的身体和心理健康造成一定危害。因此，要保持一个良好的、科学的、文明的健康的生活方式就必须做到以下几点：首先，应该不断地学习健康知识，只有学习更多的健康知识，才能让自己意识到有哪些生活习惯是错误的，从而促使自己改正调整自己的生活方式；其次，坚持进行体育锻炼，上一节中已经详细地讲述了体育锻炼对健康的积极作用，进行合理的、科学的体育锻炼是一种健康的生活方式，能缓解人们在生活中遇到的各方面的压力；再次，要合理地控制和安排自己饮食，改掉那些不好的饮食习惯，养成有规律的饮食，对食物的摄入量应该适度；最后，还需要保持一个良好的稳定的心态，在现代社会生活我们不可避免地会遇到很多问题很多挫折，应该正确认识这些问题，并看到自己身上的优势，挖掘自己解决这些问题的潜能，正确地看待他人，适应社会，在控制欲望的前提下，追求更高远的人生目标。另外，还需要改变自己不良的生活习惯和行为，对习惯的改变是一个长期的过程，因为习惯形成本来就需要一定的时间。应该改变自己的不利于身体健康的生活习惯，比如酗酒、吸烟等，树立科学的健康观念，养成良好的生活习惯。从上一节也可以了解环境对人类健康的影响，因此，应该树立保护环境的意识，不乱扔垃圾、不随地吐痰，同时积极地投身植树造林、保护森林的公益活动，为人类的生存和发展创造一个良好的环境。

第五章 健康锻炼的内容

第一节 健康锻炼与肌肉力量和耐力

现代社会经济发达，人们对生活品质的追求也水涨船高，运动健身成为现代人品质生活的新元素，身材健美壮硕成为许多人梦寐以求的事。然而，好身材并不是天生就有的，而是伴随着持之以恒的锻炼。一般人都知道，对肌肉进行耐力与力量的训练能够有效健美身材，优化运动水准，但健美身材对于健康、体重的真正意义鲜为人知。

一、增强肌肉耐力与力量的重要性

对每个人而言，发展肌肉耐力，增强力量都大有裨益。这是因为，人体新陈代谢会由于年龄增长而变慢，所消耗能量降低，体脂体重增长，肌肉的总量却不断下降。成年以后，人体新陈代谢速度每年约降低 0.3%，不经常运动的人每年减少的肌肉约为 0.25 千克，脂肪增多。到了 60 岁，人体代谢率比 20 岁时降低 12%，处于休息状态时人体所消耗的热量每天降低 200 千卡。这么一来，每个星期减少消耗的热量相当于 0.4 千克脂肪，每个月累计约 1.5 千克，一年的总量就超过 16 千克。由此可见，人体新陈代谢变慢，就会导致脂肪累积，体重增加。

对于体重相同的两个人来说，体内肌肉更多的人其新陈代谢的速率也更快一些。医学研究表明，人体的肌肉每增加 0.5 千克，每天消耗的热量会增加约 30 千卡。照这样的速度，每年增加消耗的热量相当于消耗掉超过 1.5 千克脂肪。

有些人尝试以吃减肥药或节食的方式减肥，这种做法对健康很不利，也会导致皮肤松弛。相反，加强力量锻炼不但能够有效减肥，也能使肌肤富有弹性。然而，身体锻炼贵在坚持，才能达到理想的效果。每个人都应该结合年龄和自己的身体状态，有计划地进行锻炼，例如慢跑、游泳、球类运动等，有规律地运动超过一年，结合科学饮食，往往就能有效增强体魄，降低脂肪，这才是健康、有效地保持体重的好方式。现代研究还指出，这种通过有规律的锻炼来改善身体骨骼的做法更加适用于女性。这是因为在女性骨骼里，无机盐相对较少，骨骼密度较低，骨骼中的钙流失速度也快于男性。女性加强力量训练，能够减缓钙流失速度，减少出现骨质疏松的概率。

二、提高肌肉耐力和力量的生理学原理

人体中的骨骼肌有 500 块左右，人的身体依靠肌肉进行伸缩来进行运动或保持某种姿势。此外，骨骼肌还有助于调节体温，例如，人体处在寒冷环境中时，肌肉通过打冷战就会产生一定的热量。人体进行锻炼不仅能够提升肌肉力量强度，也会提升肌肉耐力。但是，如果在进行锻炼时主要针对提升肌肉的耐力，则增强力量就有限，可见两者并不完全一致。

（一）人体肌肉结构与收缩

1. 人体肌肉结构

骨骼肌的基本单位是肌细胞，由于外形细长，也被称为肌纤维。肌细胞是肌肉的主要成分，无数肌细胞组成了骨骼肌。肌细胞中有大量肌原纤维，这是肌细胞收缩的基本单位。肌纤维之所以能够产生力量主要是由于自身收缩，其外面由一层被称作筋膜的物质包裹着，才能彼此相连，并与其他组织隔开。构成肌纤维的肌丝有两种，即细丝和粗丝。这两者相互滑动从而造成了肌肉的拉伸与缩短，却不改变肌丝的长度与结构。骨骼和肌肉相连的地方有一种结缔组织，也就是所谓的"肌腱"，这种组织是造成肌肉弹性的主要成分，对于肌肉的伸缩起到关键作用。

2. 肌肉收缩

一般而言，神经冲动会造成人体肌肉的收缩。运动神经元在身体的脊髓里，发出神经纤维，从而控制身体的肌肉。事实上，人体的每一片肌纤维都是由运动神经元来控制的，并完成无数种复杂的行为。某一运动神经元及其神经末梢控制着大片肌纤维，从功能角度讲，这些肌纤维是肌肉运动的基本单位，在生物学上被称作"运动单位"。

人体受到刺激由运动神经传递，从而引起肌肉收缩。神经冲动经由肌肉接头传递到肌纤维里面，造成肌丝之间的互动，从而引起肌肉伸缩。由此可以看出，如果肌肉中没有神经纤维，肌肉就没有办法收缩。而肌肉有时候会不受控制地收缩，这就是所谓的"痉挛"。

（二）肌肉收缩的主要形式

肌肉在收缩的时候，其长度和张力会发生改变，但其变化的力度和特点有所不同。一般而言，肌肉收缩包括两种，即等长收缩与等张收缩。

1. 等长收缩

有时候，肌肉收缩造成的张力和外力相等，虽然处于收缩状态，却不改变其长度，这就是等长收缩。肌肉在这种情况下能够把张力发挥到极致，却不变动其位置。等长收缩发挥作用主要在支撑和保持固定姿势上，例如，悬垂、站立等状态。

2. 等张收缩

等张收缩也叫动力性收缩，这是人体进行锻炼时肌肉产生力量的一般方式。由于不同部位作用力方向不同，等张收缩也有不同类型，包括向心、离心和等动收缩三种。

第一，发生向心收缩的条件是收缩肌肉产生的力量比外力大，这时肌肉会缩短并拉动周围的骨骼发生向心运动。人体通过向心收缩来达到加速运动的目的，例如高抬腿、屈肘等动作就是以此来达到的。

第二，离心收缩与向心收缩相反，发生在收缩肌肉产生的力量比外力小时，这时肌肉会被拉长。运动时，人体通过离心收缩来减速或制动。例如，举重运动员在进行抓举时需要下蹲，这时臀大肌和股四头肌就会被拉长，下肢也通过这样的收缩实现了屈伸运动。

第三，等动收缩同样是人体进行运动时的一般状态，例如，手臂在游泳运动时进行划水的动作就是等动收缩。这种收缩的速度是可控的，而进行锻炼时往往要记住专用设备。最常见的设备是速度控制装置，它能够对肌肉对抗外力进行调整，从而实现对肌肉收缩的控制。

三、肌肉耐力与力量的决定因素

（一）肌肉生理横截面积

决定肌肉力量大小的主要因素是其生理横截面积。一般来说，肌肉具有越大的生理横截面积，其具有的力量越大。而影响肌肉有多大的生理横截面积的因素包括肌纤维方向、数量以及单个肌纤维的大小。进行体育锻炼能够使肌肉生理横截面积扩大，主要是因为锻炼之后增大了单个肌纤维，并增加了总体数量。

（二）肌肉冲动

人体的冲动由中枢神经发出，改变其频率与强度也会使肌肉力量发生改变。具体来说，有些运动神经元对肌肉有支配作用，在兴奋状态时进行工作数量变多，发出的频率增高，就会增强收缩肌肉产生的力量。在锻炼初期，主要是通过提高神经系统的工作效率来达到增强肌肉力量的目的。研究指出，一个出色的运动员，用尽全力时其体内进行工作的肌纤维超过 90%，而普通人最多只能达到 60%。

（三）生物力学因素

1. 肌肉的长度

科学研究发现，肌肉体积是其力量大小的主要决定因素。肌肉的长度（两端肌腱间的距离）又决定了其发展潜力。比如说，一个拥有 30 厘米长的肱三头肌的人，比一个拥有 20 厘米长的肱三头肌的人，具有的力量发展强力高出 1.5~3.3 倍。一个人肌肉长度一般是天生的，后天因素难以造成巨大改变，可见运动员"选料"的意义。运动员能够通过服用药物来增多肌肉，扩大体积，但这种方法会危害身体健康。

2. 肌肉收缩的长度—张力关系

肌肉处于自然状态的长度为初长度，会对其收缩张力造成影响，这就是长度—张力关系。假如肌肉未收缩就承受负荷，初长度会由于肌肉拉长而发生改变，增大前负荷时，也会增加其初长度。假如肌肉的初长度在收缩时就处于拉长或缩短情形，其收缩的效果会受到约束。因此，要使肌肉的力量发挥到极致，就要使肌肉在收缩时处在适当的状态。例如，踢足球时要先摆腿，能够使股四头肌、髂腰肌等的初长度处在最优状态。

（四）年龄

人的年龄也会影响肌肉的力量。在少年时期，年龄增长的过程肌肉也会不断增强力量，到了 25 岁左右达到巅峰，随后每年会降低 1%。到了 65 岁前后，肌肉的力量大约只有最强时期的 60%。但是，力量与耐力降低的速度也和人体的活动时间有密切关系。保持锻炼能够使肌肉的耐力与力量降低速度变慢，也能够控制体脂增长的速度。

（五）过度锻炼

凡事适当最重要，身体锻炼同样如此。锻炼过度会对肌肉带来一定伤害，也会对人体的身心健康造成负面影响。例如，过度锻炼的人会出现易疲劳、抗拒锻炼等心理，也会造成骨骼和肌肉上的创伤。在进行锻炼时要结合抗阻练习，注意饮食规律，把锻炼过度造成的负面影响控制在最低范围内。

四、练习肌肉耐力与力量的原则

（一）渐增阻力原则

训练肌肉的耐力、力量过程中也会用到超负荷原则，这就是渐增阻力原则。虽然这两者能够互相转换，然而在练习力量过程中，渐增阻力原则体现得更加明显。所谓渐增阻力原则，指的是超负荷锻炼能够增加肌肉的耐力与力量。同时，原本的超负荷会在肌肉增长之后不再造成超负荷影响。因此，只有继续加大负荷，才能使肌肉的耐力与力量继续增长。所以说，渐增阻力原则更加适用。

（二）专门性原则

进行肌肉训练必须处理好不同项目与肌肉耐力、力量之间的需求关系。第一，进行锻炼的肌肉必须具有力量、耐力等方面进行优化的需求，一个腰痛的人，需要对腰部肌肉进行训练，如果只是进行腿部肌肉训练是难以缓解腰部疼痛的；第二，肌肉耐力、力量的增强需要进行不同强度的训练。例如，仅能重复5次左右举重的运动属于大强度，能使肌肉增强力量，对于肌肉耐力的提升则比较有限；重复15次以上负重举重属于低强度练习，不利于增强力量，但能够使肌肉耐力得到有效提升。

（三）系统性原则

人的肌肉用则进、废则退，因此，训练肌肉要统筹安排。无数事实说明，依靠高强度锻炼增加肌肉力量的人，在训练终止后其力量也会快速消退；而依靠长期、有序锻炼使肌肉缓慢增加力量的人，其力量能够保持更长时间。科学研究还指出，要明显提升肌肉力量，每个星期至少训练肌肉3次。

第二节　健康锻炼与心肺功能

心肺系统是指在功能上有密切联系的循环系统和呼吸系统。心肺系统负责把氧气和营养物质运送到组织，同时把代谢物二氧化碳等排出体外。健康锻炼时，骨骼肌代谢增强，需氧量大增，机体通过调节使心肺系统活动增强，以满足运动的需要。

一、健康锻炼对心脏功能的影响

第一，体育锻炼能促进心肌增厚，心肌营养性粗壮，增加心肌纤维中收缩蛋白和肌红蛋白的含量，使心肌中毛细血管大量增生，心脏的重量容量横断面等有所增大。经常参加体育锻炼的人的心脏重量比一般人的心脏重100至150克，心脏容量大240至250毫升，心肌横切面大2至3厘米。经常参加体育锻炼，对血管壁的弹性也有很大的影响，经常锻炼能使中枢神经系统对循环器官的调节机能得到改善，动脉血管壁的弹性增强，小动脉管的紧张程度减弱，血流到外周阻力减小。一般成年人在安静时，血压介于100至120毫米汞柱收缩压，40至60毫米汞柱舒张压之间。经常运动，还能加快静脉回流，有利于清除代谢物质。

第二，体育锻炼能促进心肌粗壮有力，心搏徐缓，心缩力增大，每搏血液输出量增多，使心脏机能得以增强。一般人安静时脉搏为每分钟70至80下，每搏血液输出量为50至70毫升，运动时最多可增加到100毫升左右，而经常参加体育锻炼者安静时的脉搏，每分钟为50至60下，每搏输血量毫为80至100毫升，运动时最多可增加到150至200毫升。脉搏降低可使心肌在每次收缩后都有一个较长的休息时间，为参加激烈运动提供了很大的心力储备力量。在从事轻微运动时，经常锻炼的人的脉搏，只要提高到一般人安静时的水平，便能满足需求。

第三，经常从事体育锻炼的人在完成定量工作时，其心血管系统机能得到改善。心血管系统机能的变化具有如下特点：一是动员快，活动开始后能迅速动员心血管系统进入工作状态，以适应活动的需要；二是潜力大，在极度紧张的活动过程中，心血管系统可发挥出最大的机能潜力，充分调动人体的储备力量；三是恢复快，运动后恢复很快，虽然机能的变化很大，但能很快地恢复到安静状态时的水平。

二、健康锻炼对呼吸系统的影响

人体在新陈代谢的过程中不断消耗氧气生成二氧化碳，人体在日常生活和体育运动中不断地从外界吸取氧气，呼出体内产生的二氧化碳，这种体内与外界进行的气体交换过程叫作呼吸。呼吸是生命活动的主要特征之一。呼吸系统由交换气体的肺和输送气体的呼吸道组成。呼吸道由鼻咽喉气管和支气管组成并以骨或软骨作为支架，使管道通畅以利于呼吸进行。在体育锻炼过程中，肌肉活动要消耗大量的养料和氧气，提供运动时所必要的能量，同时产生大量的二氧化碳。要让大量的二氧化碳排出体外，就需要呼吸器官的加倍工作，从而加强呼吸器官的功能。经常从事体育锻炼，可以促进呼吸系统机能的不断提升。

第一，促进呼吸肌主要膈肌和肋间外肌发达有力，胸廓活动范围增大，肺活量增大。肺通气量增加，使机体能承担大强度、大运动量的活动肺活量是指人体尽全力呼吸后，再去尽全力呼出的气体量。最大通气量是指每分钟尽全力呼出或吸入肺内的气体总量。经常锻炼的人与一般人的呼吸机能比较，经常锻炼的人呼吸频率深而慢，8至12次每分钟，肺活量4000至5000毫升，肺通气量12至18升每分钟，均远高于一般人呼进的水平。

第二，提高有效呼吸量。所谓有效呼吸量是指在每次吸入或呼出的气体量中，减除无效腔、呼吸道内的气体量约150毫升，所剩下的真正进行交换的气体量。经常参加体育锻炼的人在呼吸过程中会出现慢深的现象。这种慢而深的呼吸有很大的优点，它既能保证肺有足够的通气量，又可以使呼吸肌有较长时间的休息，不易疲劳，这一点在运动时表现得尤为突出。普通人因肺活量小。换气率较低，参加运动容易气喘，而经常锻炼的人能用加深呼吸的方式提高有效呼吸量。例如，在某一运动状态下，经常参加体育锻炼者每分钟呼吸 15 次，每次吸气量约为 600 毫升，而普通人每分钟呼吸 30 次，每次吸气量为 300 毫升，从表面上看，两者的吸气量是相同的，经常锻炼者为 600×15 等于 9000 毫升，普通人为 300×30 等于 9000 毫升，但实际达到肺泡进行交换的气体量有很大差异。因为无效腔内的气体是不进行气体交换的，所以实际上真正的气体交换量及有效呼吸量为：经常锻炼者为（600-150）×15 等于 6750 毫升，普通人为（300-150）×30 等于 4500 毫升，由此可见，两者的差异是很大的，这就是经常从事体育锻炼的人在进行轻微运动时不气喘的秘密。

第三，呼吸系统机能的改善，还能提高人体在缺氧状态下活动的耐受能力。如训练有素的百米跑运动员，一口气就可以跑到终点。没有经过体育锻炼的人是办不到的，高山环境下，空气稀薄，气压较低，进入人体内的氧就会大大减少。但是登山运动员经过长期锻炼，能提高对缺氧的耐受力。1960 年我国登山健儿就是在这种没有氧气补充的情况下，克服重重困难，登上了世界最高峰珠穆朗玛峰，创造了人类登山史上的奇迹。

第四，预防和消除呼吸系统的疾病。锻炼使新陈代谢旺盛，心肺功能增强，抵抗能力提升，同时能促使呼吸道毛细血管更加密实，上皮细胞的纤毛活动和肺内白细胞的吞噬能力得到增强，这样就能及时消除呼吸道的病原微生物，减少感染的机会，防止呼吸道疾病。此外，对于气管和支气管哮喘等慢性疾病患者来说，也可以通过改善呼吸系统的功能减弱症状和避免病变。

第三节　健康锻炼与体重控制

一、身体成分简介

身体成分是指身体中脂肪和非脂肪部分的组成。在人体体重中，体脂百分数就是人体内脂肪比例。其中人体非脂肪部分则称为去脂肪体重，主要为骨骼结缔组织和肌肉软组织。人体成分体重的测量要远远复杂于人体体重测量。然而要想精确地获得人体成分体重含量和人体健康关系，那么对人体成分体重测量就显得非常重要。脂肪在人体所有细胞中都有分布，且在人体内存在脂肪细胞，主要用来存储脂肪，其作用就是为人体储存更多能力和保护人体器官。一般情况下，脂肪在人体腹部分布最多，且在大腿部和臀部，女性脂肪要比男性多。人体大约有一半的体脂分布在皮下，这部分体脂可以用一些方法来测量。

两种因素决定了晶体中的脂肪数量，即脂肪细胞的数量和脂肪细胞的体积。脂肪细胞在出生前增加，出生后增生至青春期为止。青少年在青春期的超重通常也与脂肪细胞增多有关。以前认为成年人的脂肪细胞数量相对恒定，但近来研究证据表明，成年人的脂肪细胞在某种条件下也可能增加。除了数量，该细胞的体积常常由于能量需求的平衡状态而贮存和释放甘油三酯。脂肪细胞贮存较多的甘油三酯就造成总体重中脂肪比例的增加。脂肪细胞由于不适合贮存甘油三酯，导致肌体变得肥大，过程通常在成年之初。在此之后，其自身的大小变化便成为机体能量平衡的结果。假如从食物中摄入的热量高于机体需求，超出部分便转化成脂肪贮存在脂肪细胞中，结果造成脂肪细胞臃肿。当贮存在脂肪细胞中的脂肪作为能源提供能量时，脂肪细胞便释放脂肪而变得皱缩。

成人的体脂分布与遗传和激素的分泌有关，近来的一些研究表明，体脂主要存在于腹部而不是臀部，这可能对健康更加不利。很多大腹便便的男性比臀部肥胖的男性更容易患心脏病、高血压以及糖尿病。成年女性的体脂分布常见于臀部、大腿上部和上肢背面，而腹部的分布相对显得较为适中。由于激素的作用，女性身体脂肪的分布总体上较男性更趋于躯干下面。减体重或者通过体育锻炼来消耗体脂主要是针对蜂窝状组织，即臀、大腿上部、上臂等。

二、体重控制的几点理论

人体自身能够实现对人体系统各个机能的调节，身体体重也是人体调节内容之一。在人体中，身体体重有着一个平衡点，当人体外界因素引起该平衡点的增加或减少，那么人体机能将自动抵抗控制，以保证平衡点的稳定，进而保证人体体重稳定，这种现象能够很好地解释人体在经过数月减肥之后，经过一定时间，体重又恢复原来状态。若通过节食方式进行减肥，那么在未来 24 小时内，人体代谢将减少 5% 至 20%，也就是说人体能量消耗会减小，相应贮存能量将增加。若长期节食，就可能导致脂肪细胞萎缩，并通过神经反馈到中枢神经，使得人体饮食方式出现改变，人体会有着更加强烈的饥饿感，进而会促使人们摄入更多能量来维持人体机能原先平衡点。这与空调温度调控原理相似，当设定一定温度后，那么空调便通过制冷或制热方式保持设定温度值，想要打破这一平衡点比较困难。若仅仅依靠节食行为实施减肥，那么效果并不明显。通过相关文献得知，若持续循环减肥、恢复、再减肥等过程，那么将引起人体平衡点增高，更重要的是导致体内肌肉组织减少，脂肪含量增加，使体重超过原标准。每周 4 至 5 次的有氧体育锻炼，辅以科学的饮食方案，就可以调低"置点"，使体重减少并保持在较低水平。

（一）膳食控制法

通过控制饮食来减轻体重时，其结果是身体的代谢率下降以及能量贮存的增加，假如这时体重变轻往往不是脂肪的减少而是水分和肌肉的减少。尽管如此，目前各种书刊还是铺天盖地般地向人们推荐了很多，所以关于有效地控制膳食减肥法，这里有 10 点忠告供参考。

第一，人体摄入能量要保持在 1200 千卡路里以上。

第二，每天饮水含量在 10 杯以上。

第三，要摄入一定量蛋白质。

第四，每天碳水化合物摄入量要在 50 至 100 克以上，脂肪含量在 10 克以上，这样能够有效避免蛋白质集约化，进而降低食欲，蛋白质集约化就是在人体内蛋白质转化为脂肪和糖，来满足人体所消耗能量。

第五，按时进餐，且食物种类要丰富。

第六，体重一周内减少量要保持在 500 至 1000 克，最终达到减肥目的。

第七，要对饮食食物成分有所了解，若饮食过程中出现一些问题要及时纠正，并记录。

第八，禁止饮用致泄药物，要保持摄入一定量的无机盐和维生素。

第九，在控制饮食过程中，必须进行适当的体育运动，锻炼频率为每周 3 次以上，每次 30 分钟以上。

第十，以上方案或是其他减肥方案必须坚持 12 个月以上。

（二）运动控制法

一般来说，人们总是利用各种锻炼来达到减肥目的，尤其是腹部等部位的脂肪，但锻炼时所消耗的能量是由全身脂肪所提供，并不是某一部位所提供的。体育锻炼却可以增大特定活动部位的肌肉及增加其肌力，进而改善全身的健康状态。用单纯的体育锻炼方法进行减肥与用单纯的饮食控制法一样，难以达到目的，但是它可以增强呼吸循环系统的耐力，增强肌肉力量，强壮骨骼组织，提高身体的柔韧性。如此优点是任何一种饮食控制减肥法都不能比拟的。

要通过体育锻炼达到减肥的目的应注意以下几点建议：

第一，要进行有氧锻炼减少体内脂肪含量；

第二，要进行多种运动锻炼，减少体内脂肪含量；

第三，每周锻炼次数要在 3 次或 4 次之上；

第四，要进行低强度运动，其效果更加明显；

第五，实施高强度力量锻炼，能够减少人体脂肪含量，且增长肌肉和增加肌力。

三、控制体重的几点要素

用长期禁食或控制饮食来残酷地限制卡路里摄入，是不科学的，也是危险的。长期禁食或控制饮食将以丢失大量的水分、电解质、无机盐、糖以及蛋白质来换取有限脂肪的减少，长期较为温和地控制饮食也会造成营养不良。动力性身体活动能增加肌肉组织和骨密度以及减轻体重。科学地控制饮食结合有效的体育锻炼以及正确的饮食习惯是理想的减肥方法，但是每周体重下降不能超过 1000 克。要想达到理想的体重和体脂比例，需要一生保持良好的饮食习惯和坚持体育锻炼。

（一）稳妥控制体重

随着国民经济的发展，人民生活水平不断提高，有越来越多的控制体重群体出现在我们的社会中，控制体重甚至已经成了一种有相当商业利润的产业。但是科学的统计结果表明，实施商业性控制体重计划 5 年后的成功率仅有 5%，因为控制体重的根本在于一种科学生活方式的选择。

（二）食欲扮演的角色

饥饿感主要是指一个人先天的生理反应过程，而食欲主要是指一个心理感受过程、一个获得性过程。我们常常会遇到这样的情形，在不饿的时候出现对某种食物的偏爱而产生食欲，而在对任何食物都无欲望的时候，往往要忍受饥饿的折磨，因此饥饿是一个主动的体验，而食欲是一个被动的过程，了解饥饿食欲给予控制食物摄取的相关因素对帮助人们控制体重是非常重要的。毋庸置疑，食欲与个人肥胖有密切的关联，令人遗憾的是，身体内调节食欲的机制目前仍有许多谜团，研究者试图从中枢神经系统、肝脏、消化道等外围向中枢的反馈过程、激素的分泌活动以及日常饮食中蛋白质与碳水化合物中的比例去寻求一些答案，从现在的成果中得到的总结，可以概括为以下几点：①保持胃中以及卡路里的食物充盈；②提高血糖水平；③增加流食特别是水的摄取；④蔬菜汁或果汁是较好的选择；⑤在吃正餐前摄入一些糖果；⑥在摄入同等量的食物时尽量延长进餐时间。

（三）药物不是万能的

现阶段，各种减肥药物不断在市场上出现，导致减肥药物滥用现象比较严重，尽管药物开发技术不断完善，药物使用也更加安全，但是减肥药物所存在的问题仍然很多。在减肥药物中，其中以降低食欲药物所占比重较大，然而这种药物其药性较短，且很容易导致人体出现抗药性，也有上瘾症状。此外，该药物也有可能导致人体虚弱、眩晕、失眠、疲劳等症状，而且该药物并不能达到人体减肥效果，有些减肥药甚至被发现能够引起心脏瓣膜问题和严重的心脏杂音，因此药物管理机构也在清理一些存在严重问题的减肥药物。有些商家为了获得更多利益，声称自己所研发的减肥药物，既能够不用节食，也不需要体育锻炼就可以减少人体体内脂肪含量，还能降低食欲增加肌肉组织，达到减肥效果，但是这些说辞并没有得到证实。目前而言，还没有真正能够在保证安全、无副作用下有效降低食欲的药物，如果你与医生或营养学家合作，制订一整套饮食计划，修正你的生活方式，加强体育锻炼，这可能是目前唯一有效的方法。

四、身体活动有多大帮助

减肥过程漫长而又艰辛，不能过于急功近利，也更不要期待在短期内出现效果，应该以积极乐观的态度去生活，保持体重，逐渐降低体重才是减肥的有效措施。且要以乐观态度积极地进行体育锻炼，与其长期地进行节食，忍受饥饿感，还不如积极参加各项体育活动，而且体育锻炼能够产生明显的效果，有益身体健康，主要表现为：

第一，体育锻炼能够降低食欲，因此能够很好地控制体重。因此，体育锻炼一方面增加能量消耗，另一方面通过降低食欲来减少能量的输入。

第二，体育锻炼能最大限度减少体脂以及保持肌肉组织的重量。体重减少和体脂降低两者并不能混为一谈。在节食减肥中，减少的体重主要为脂肪，占到70%至80%，其次为肌肉组织，比例为20%至30%。若通过体育运动和健康饮食方案两者结合，那么在减掉的体重中脂肪组织比例高达95%，肌肉组织也仅仅为5%。

第三，体育活动能够提高人体能量消耗和新陈代谢。在运动过程中，不仅能量消耗增加，而且由于运动引起的代谢率提高，在运动结束之后，至少20分钟内，能量消耗仍然高于正常状态，4.8千米的慢跑可以消耗250至300千卡的能量。在运动停止以后数小时内，还要额外消耗25至40千卡的能量，力量练习既可以增加肌肉重量也可以增加代谢率。据估算，每增加0.5千克的肌肉组织，24小时内将增加代谢率30至40千卡。如果6个月中增加2.5千克的肌肉组织，每天将增加代谢率200千卡，每个月将增加6000千卡的能量消耗，相当于接近1000克脂肪被消耗掉。所以我们还是要强调，最佳控制体重的方法是适当的饮食习惯结合你最喜爱的某种能终身体育锻炼的方法。由于衰老和减体重，人体的骨骼不断丢失钙和其他无机盐而变得脆弱性增加，应该增加钙的摄取以及体育锻炼，提高骨密质。

第四，体育锻炼能够使人体脂肪消耗发生改变，并能够有效减少血浆低密度中脂蛋白含量，提高了高密度脂蛋白比例，因此能够有效地减少心血管疾病发病率。

五、饮食计划是否需要

人们常常借助于书刊杂志及商业广告中的所谓科学的饮食计划来控制体重，但是往往效果不能持久或者不能出现传说中的奇迹，甚至还会损害健康脂肪线。人群之间的个体差异很大，所存在的体重问题也各不相同，绝对没有一个放之四海而皆准的饮食配方可以解决所有人控制体重的问题。在确定你是否考虑需要进行饮食计划控制体重之前应该注意以下 10 点：

第一，过于担心体内脂肪含量，即使体重已经降低到预期目标，仍然坚持减肥。

第二，尽管体重已经降低，但是仍然对肥胖充满恐惧，或者害怕复发。

第三，自身不能积极参加运动，不能根据自己实际年龄，保持身体最低体重。

第四，暴饮暴食，食物摄入量过多，严重与自身体重不相符。

第五，饮食习惯出现问题，过多地吃零食。

第六，过于节食，严格控制自己饮食量，甚至影响自己身体健康。

第七，体育锻炼运动强度过大，与自己身体不适应。

第八，情绪比较压抑，当进食之后内心会产生负罪感。

第九，对周围同学、朋友的进食习惯极为关注。

第十，自身存在饮食功能紊乱，或者存在家族饮食障碍等疾病。

若出现上述问题中任一问题，那么必须禁止一些特殊的饮食控制体重方案。

第四节　健康锻炼与心理健康

一、心理健康的意义

伴随着社会经济的进步，大众对心理健康方面的关注越来越多。世界卫生组织在健康上的说法是，不仅是在身体上没有缺陷和疾病，在个人的生理心理上的状态以及在复杂社会环境中也要有良好的处理能力，这在某种意义上，个人的健康不单纯是说肢体上的完整，还有在心理和生理上的良好适应能力，其具体表现为如下几方面：

适应社会环境的基础是心理健康。每一个社会个体都是大众中的一分子，一个社会个体只有更好地融合到社会中才可以得到发展和生存，在这样的情况下才可以有利于社会的发展，具备良好心理状态的社会个体才可以更好地适应社会环境的复杂变化，及时调整自己的心理状态，确保精力去完成对应的社会行为。另外，心理有一定障碍的个体很可能被削弱自信心，在内心以及为人处世上造成影响，严重的甚至没有办法保证日常的正常行为，给家庭和自身都带来不良影响，还可能导致外界的非议，所以确保个体的身心健康是一件至关重要的事情。

个人的身体健康受到心理健康的影响。个人的生理健康和心理健康有着紧密关联，很多专家认为，一些身体疾病的起始原因和发展过程都和心理上的影响相关，社会个体长时间在心理上的问题，会给生理带来病变或者影响。

个人的成功受到心理健康的影响。一个人在事业上的成就在一定程度上离不开健康的心理。

二、影响心理健康的因素

（一）社会因素的影响

社会个体不单纯是生物的人，还是社会的一员，人必须在某种特定的社会环境中，在某种特定的人际关系和特定的集体生活中。社会环境影响着大众的生活，社会大众需要按照在外界环境中获得的各种信息来调整自身的心理和生理上的状态。约束和调整自身的行为，从而可以适应社会的需求，但是，这样的适应性在某些时候可能会有一定程度上的不一致，以此在大众的个人心理上带来不利的影响，导致个人心理上的矛盾和障碍，从而影响情绪上的波动，还会在身体机能上带来中枢神经系统上的影响。如果这样的心理平衡失调一直持续下去的话，还会影响心理和生理上的健康。

在当代社会里，快速的社会进步和科学技术的革新，给社会大众带来了生理和心理上的影响。在中国，伴随着改革开放的步伐以及在经济、科学上取得的突破，社会信息的质量在不断地变化，生活的节奏变得更加快速，这些变化又让社会大众在传统观念上受到冲击。

著名的精神分析学专家哈里提出，很多个人心理上的变态都是因为没有办法更好地适应外界环境而导致的，依据系统论上的说法，在系统上的变化就要给其他方面带来对应的改变，否则会在系统内带来不平衡和错乱。在社会的大系统里是这样，个人的身体系统里也同样适用这一法则。在社会个体心理方面没有办法随着外界环境的改变而做出调整的时候，个体在思想状态、个人情感上都会影响协调，所以说社会的个体就会承担着心理上的压力，在这方面会带来社会和他人的冲突，因为社会还没有形成一个能够引导、摆脱这样的焦躁和不安的模式，所以这样就很容易让人出现压抑无所适从的情况，让人处在这样一个消极的状态下。

外界环境时刻在发展和变化，人们的生活方式也在不断发生着改变，这样的情况对社会个体来说是一个很大的考验，社会大众已经到了一个情绪上负重的阶段，这相比于社会个体生理上的疲劳，人们可能需要承受更多心理上的疲劳。

（二）个体生理因素的影响

影响心理健康的生理因素主要有神经活动类型、内分泌腺的活动疾病和遗传等。

1. 神经活动类型

神经活动的类型是影响个体心理因素的首要生理因素，高级神经活动研究认为，人的神经活动类型表现为神经过程的平衡性和灵活性等基本特征，人的神经活动类型是人的气质的生理基础，气质是高级神经活动类型在人的行为和活动中的表现。强的、平衡的和迅速的神经活动类型的表现就是多血质，强的、平衡的和延缓的神经活动类型表现的是黏液质。强的不平衡的神经活动类型，与胆汁质相适应，神经活动弱型相当于抑郁质。一个人的神经活动类型影响其行为的外部表现，并贯穿于心理的一切方面，每一种神经活动类型都有其积极方面与消极方面，其消极方面在个体心理发展中有可能形成心理障碍，如多血质能产生精力分散的倾向，黏液质能引起某种程度的颓废，对周围事物冷淡，但只能使人暴躁，具有抑郁质的可能形成完全沉沦于个人经验的倾向和过度沉默。

2. 内分泌腺活动

人体内分布有许多内分泌腺，有些内分泌腺功能的改变对人的心理健康会有重大影响。现已证实，甲状腺分泌过多，将使体内的代谢作用加速，并伴随有肢体颤抖、情绪激动、焦虑不安、失眠、注意力不集中等经常性反应。相反，如甲状腺分泌不足，代谢作用就会降低，个体的心智活动趋向迟钝，反应缓慢，记忆力减退，思维迟滞且有抑郁的倾向。严重疾病包括脑的器质性病变和躯体性病变。

3. 遗传因素

通过大量文献得知，遗传因素在精神疾病中占有重要地位。遗传因素导致神经系出现先天性缺失，例如人体大脑皮层出现障碍，或者是皮层下神经组织先天性功能障碍等，就会导致病态人格等心理异常的现象。

（三）个体心理因素的影响

个体心理因素是影响和制约心理健康的主要内容，通常来说有以下几方面：

1. 心理发展水平

心理发展水平是指某个体已经有完整的心理结构，它包括一个人各种心理活动过程中的发展水平、个体特征发展水平及其表现，以及当时的心理状态等。青少年正处在个体的生育率发育期，心理发育正处在逐渐成熟阶段，无论是认知水平还是对环境刺激的耐受力，都不及成年人，其心理成熟落后于生理成熟，他们的自我概念已经基本建立。但在现实生活中，一旦现实的自我与理想的自我发生冲突，又使他们感到迷茫，情感起伏，因而诱发一些心理障碍。

2. 人格特征

人格是个人品质的集合。它包括一个人的自我意识、思维方法和行为方式的特征，它是个体先天素质，是受家庭、学校教育、社会环境的影响逐渐形成的。健康人格表现为其观念与行为与多数人和社会愿望的一致性，人格的偏离则可能导致心理障碍，例如人格障碍中的偏执型人格，其特点为主观、固执、多疑、心胸狭窄、报复心强。具有偏执型人格的人，自命不凡，自高自大，认为怀才不遇，如有不遂所愿，则推诿于客观，怨天尤人。

3. 认知障碍

社会个体在认知上的模式和系统能够在一定程度上给人们带来心理上的积极影响，但是也能够让人们陷入消沉的状态。在这方面还会带来心理问题，以致自杀，人们所熟知的诗人海子，因为其之前缺少对社会生活的积极认识，让自己陷入一个持续消极和绝望的状态里，从而发展到自杀这一境地，这样一个受到大众喜爱的诗人就因此而结束了自己的生命。在现实的环境里，很多的心理疾病都是因为没有做到正确的认知所带来的。

4. 心理素质脆弱

心理承受力方面比较弱的个体很难面对因为紧张刺激带来的压力和应激，很容易导致心理上的问题，就像在温室里长大的孩子，他们的生活条件优越，他们的要求是高标准的，在外界的环境发生变化时，其会出现挫败感，特别是在面对的困难比较大或者会持续下去的时候，就很可能会变得自卑和颓废，在自制力和应对挫折上的抵抗能力还不够，因此就出现了心理上的问题。

5. 情绪影响

情绪是人对客观事物的态度体验，人既具有与生物因素相联系的情绪体验，又具有与社会文化相联系的高级情绪或社会情操，情绪影响着人的心理的各方面，贯穿着整个人生。大量的研究认为，不良的情绪不仅可导致心理疾病，还可导致生理疾病，而良好的情绪既可以治疗心理疾病，还可以治疗生理疾病。

三、心理健康与体育锻炼的关系

（一）心理健康有利于体育锻炼

体育运动里，个体的心理因素对体育运动的成果和治疗的成果都会有一定的促进作用，尤其是在一些比赛里，社会个体所具备的心理素质能力越强其在反应及注意力方面都好一些，在这方面能够促进个人竞技水平的发挥，相反就会阻碍个人水平的发挥。所以在体育运动里，人们保持一个积极的心理状态是很关键的。

社会个体的心理健康和日常的体育运动之间有紧密的联系，因此个人在体育锻炼中要适应和掌握个人心理方面和体育运动之间的关系，充分确保个人在体育锻炼中的成绩，使用运动的办法来调整个体的心理健康情况，以此来确保一个良好的心理健康状态，让大众可以进一步地意识到个人心理状态和体育运动两者之间的联系，这在一定程度上可以促进社会大众进行体育运动，通过这样的办法来调整心理状态达到健康的最终目的。

身心关系也就是身体与精神的基本关系，西方称灵肉关系。体育哲学对身心关系研究的主要问题是，一个是关于身心的存在形态问题，另一个是关于身心的相互关系与作用及体育活动中人的身体与精神的协调发展问题。身心关系揭示了人的身体与心理两大系统的本质关系，表明了身体锻炼活动是在人的心理意识支配下的自觉能动的活动，身心统一身心健康思想说明了人体健康的完整含义。

（二）体育锻炼对心理健康的影响

有规律地进行所爱好的体育运动，可以让自己的心情变得更加愉悦，可以调整自身负面的影响，还可以通过进行运动来帮助突破困难，以此来达到合作共赢的目的，促进进行积极的生活方式。在心理方面的提升作用能够从个人呼吸水平上的应急反应来进行对比，一定程度上进行运动对促进个体的身体机能都有不可替代的作用。

提高呼唤水平。呼唤水平是指一个人的情绪兴奋的水平。个体要提高呼唤水平，多是因为个体在做的某件事情要达到的目的及环境和个体自身的个性不同。例如，一个外向性格的人在舒适的环境中从事一项令人厌倦的工作时，他最需要提高呼唤水平，体育锻炼能提高呼唤水平是由各种感觉信息的输入所造成的。当体育运动达到一定的运动量时就会导致呼唤水平的提高，使人精神振奋乐观自信充满活力。在一个舒适愉快的情境中跑步，这样的练习只能产生放松的效果，因此对于精神不振情绪低落意志品质薄弱的人，体育锻炼具有明显的治病和调节作用。

可以减少应激上的反应。个体的应激反应是指没有办法处在一个紧张的环境，可以进行体育运动来减少在应激方面的影响，这是由于锻炼能够减少个人身体肾上腺素的敏感特性。一些心理实验方面的数据说明，运动可以减少应激上的反应，以此来减少紧张的情绪作用。这是由于进行经常性的锻炼能够锻炼个体的意志，以此来提升个人在心理上的可承受能力。很多心理专家提出，和经常坐着的人群相比，习惯进行锻炼的人群较少出现心理上的应激反应，一旦出现应激上的反应，可以较快地回到原点。现阶段的社会竞争逐步变得更加快速和激烈，让社会大众处在紧张的氛围中，如果要更好地调节这样的情况，那么就需要经常性进行运动，通过这样的方式来解决紧张的问题，让个人可以全身心地放松，处在积极乐观的情绪里。

（三）体育锻炼对心理素质的培养

所谓心理素质就是个人对客观世界认识之后，所表现出的心理活动和内心世界。心理素质则是人素质结构形成的重要决定因素之一，并对今后个人的生理健康和生理发展具有重要意义，此外心理素质也决定着社会文化素质的形成和发展。心理素质主要是由先天性生理结构和后天性环境因素共同作用和形成的。人体中喜怒哀乐等情绪活动则是心理活动的主要表现形式。

在运动中会出现情绪体验上的多样性。在运动中出现的情绪变化是因为进行运动的方式多样性和外界环境的多样性引起的。在进行体育锻炼时，开始阶段比较辛苦，由好奇到可以独自完成后的喜悦，把学到的锻炼技巧使用到比赛当中并取得胜利的快感，在比赛过程中紧张的气氛，直到比赛后出现的成功的喜悦或失败的苦恼，都是人体情绪变化的表现，也是心理素质的表现。这一过程中，进一步地学会去调节心理的状态，让自己提高项目的技巧和以更大的热情进行之后的锻炼，能够面对自身心理状态和可以调节自身心理状态的办法是在这一系列的过程里树立起来的。很多心理学家都一致认为，解决和学习怎么样去调节这样的情况，一个有效的办法是要让大家更多地去进行运动比赛，在跌宕起伏的过程里学会去努力。

运动对个人的意志品质都有不同的要求，个体在进行运动的过程中，要克服个人习惯上的惰性，需要更多意志品质上的基础，就像在参加 3000 米长跑中，很多时候会有疲劳和身体上的极限伤痛，还有在生理上的极限承受能力，以此来塑造个人顽强的意志。所以，有规律和持之以恒地进行体育运动，在锻炼个人意志品质方面有很大的促进作用和积极的影响。

体育锻炼中人际交往的协作性，其对于心理素质有着很大的影响。现今，社会化进程不断加深，当人们踏入社会时，与他人开展合作是首要条件，而与人的协作能力也被列入联合国教科文组织对于当下人们的素质要求。一般而言，体育运动的表现方式会通过集体的形式展现，而在整个过程也属于通过与别人的密切合作以及配合。对于个人而言，一些球类的体育项目就无法依靠个人单独完成。所以，我们说参加体育活动的整个过程使得本身主动地参与到了与他人进行协作的过程当中。通过这种方式，培养了自身的协作能力，提升了自身心理素质，使得自己对现代社会有更强的适应力。

第五节　健康锻炼与社会适应

一、体育锻炼可以培养适应社会需要的价值观

文化观念的核心是价值观念。通过价值观念集中体现文化精神，指的是对于社会经济活动，人们价值的判断以及取向。

（一）体育锻炼促进人们和平相处

人们对于和平、安定是迫切渴望的。社会和经济的发展都离不开国际社会的和平，在体育中，虽然直观上看是竞争，不过这种竞争是公平的，且是有一定规则的。在友好氛围的基础上，竞争者进行相互切磋与交流。鉴于此，通过体育提高人们的和平观念，进而使人们的和平行为进一步规范，体育使人们的和平价值取向逐步养成。

（二）体育锻炼处处体现着自由和平等

不论是从体育的内容还是从体育的要求看，人人都平等地享有拥有权，而没有贫富之分、种族之分、性别之分、肤色之分等，从而使人的尊严和权利得以实现，各处都体现了人人平等的原则，进一步让参与者在参与过程中感受到自由性。通过体育的平等观念，深刻地影响着人们的平等观念，并以这种观念处理日常生活的各种事情，从而使得人们的观念以及行为中都以人人平等为标准。

（三）体育锻炼最能体现出付出与收获的关系

不论是奥运赛场上为国家争光的运动员，还是普通跑步者或者是练拳的人，他们都非常刻苦而且有持久的耐心，通过付出巨大的努力最终获得胜利。想要提升自己的身体素质只有通过不断地锻炼才能实现，通过锻炼取得收获，这个是可以让人们最为直接感受努力换回成功的体验，切身感受到有付出就会有收获，进而培育人们不断进取向上的人生观。

（四）体育锻炼可以培养人们崇尚知识崇尚人才的观念

体育竞赛是公平的竞赛，对于每一位运动员来说，他们除了考虑速度的竞争外，还要考虑力量以及战术的竞争，实践与理论相结合。因此，人们在不断取得体育胜利的过程中，明白人才和知识对于取得胜利的重要性。

正是因为在进行体育锻炼的过程中，上述优秀的价值取向可以被人们所学习，因此，人们适应社会的价值观会在体育锻炼的全过程中逐步形成以及提高。

二、体育锻炼可以培养适应社会需要的竞争意识和竞争手段

所谓的竞争，就是通过与人进行比赛从而获得自己想要的东西。现如今，不同行业的竞争在社会不断发展的基础上越来越激烈，想要让自己在社会中生存下去，竞争意识就一定要培养出来，并具有相应的竞争手段。

（一）体育竞争是依靠实力而获胜

不论是在何种体育竞争中，不经过严格训练想要取得胜利是不可能的，在体育竞争中这种情况也是不被允许的，只有通过不断努力，将自身技能水平提高，才能进一步在技术意识方面以及团队精神方面有所认识，并抓住机遇最终获得胜利。所以，通过不断地竞争，不断地取胜，提升竞争者的实力，并让竞争者意识到胜利来源于自身的实力，想要不付出而取胜是不可能的。

（二）体育的竞争最体现公平性

在进行每一项体育赛事时，都会有相关的规则程序，而且非常严密以及严格。因此，体育竞争是不讲情分的。除了个体在身体心理上的问题外，其余都必须平等，从这方面来看，体育竞争使得所有参赛者都培养了公平竞争的意识，并且教育他们要在生活中像体育一样利用公平的方式去对待竞争。

（三）体育的竞争最能锻炼参与者对挫折和失败的适应性

对于体育运动会而言，不论大小其目的都不只是为了胜利，其不会因为胜利或者是失败就终结。不过成功却成为体育竞赛过程中残酷性的代表。在人的一生当中，失败占据了大多数，而成功只是少数。在体育竞争中，其内在规律在于通过不断挫败，挫败之后奋勇向前最终取得胜利。这也意味着在成功者的一生当中，需要不断地努力奋斗，并经历喜怒哀乐。因此，体育竞赛课让参与者逐步树立竞争的意识，对于所有参赛者而言，体育让他们经历了失败的痛苦以及胜利的欢喜，从而提升了人们承受失败以及享受胜利的适应能力。

三、体育锻炼与协作意识、社会角色、个性形成及人际关系

（一）体育锻炼促进协作意识和协作能力的形成

在体育众多的意识当中，就包含协作意识。通过人与人的相互协作与相互配合，共同朝着一个方向努力，将会发出巨大的能量，而想要形成以及保持好坚强的集体，就要求全体成员的群体精神以及协作意识足够强。体育运动所具有的特点之一就是集体性，而这也为提升学生协作与群体意识搭建了平台。不论参赛的形式是个人还是团队，体育对于参赛者的协作意识的要求是很高的，不仅要有熟练的协作行为，还要承担对应参赛角色的相应权利义务以及相应责任。体育需要协作与集体力量，协作也蕴含在体育之中。不过，形成协作意识是需要日积月累的，通过结合相关的体育竞赛以及体育锻炼，并持续进行锻炼，进而在这个过程中培养以及增强协作的意识，使得这种意识生活化，成为学习、工作的一部分，进而提高社会适应能力。

（二）体育锻炼能够促进协作能力的提高

现如今，我们对人才的理想基本要求是具有较好的协作能力。当前各个学科出现了高度分化的情况，互相渗透，互相综合。随着不同学科研究的不断深入，各个学科的发展方向不断趋向于发展交叉学科，所以，所有参与者都需要有与人协作的能力。但在体育锻炼中，其交往方式较为特别，利于培养现实生活中的协作能力，例如协同能力、配合能力、待人接物方面的能力以及心胸和涵养等，是人生走向成功之路的基石。

（三）体育锻炼可以形成社会需要的个性，并胜任社会角色的需要

通过体育锻炼，可以影响人的有机体，受到影响的不仅是人体的心理属性，此外还有生理属性，使得人们的身心朝着更加健康的方向发展。除此之外，现代体育的作用还在于可以当成社会教化的手段，推动个性的形成和发展。

（四）体育锻炼所固有的特性，直接影响着人们形成适应社会需要的个性

所谓个性，指的是在个人的心理素质以及生理素质的基础以及相应的社会条件下，经过不断实践以及陶冶，从而逐步形成的具有个人特点的行为、习惯、观念以及态度等。它是稳定心理素质以及社会行为特征的合集，个性决定着人是否能被社会接受和是否能够适应社会。人的性格、能力以及气质都属于个性心理特性，人的性格决定着每个人的个性，性格具有多样性，或是冷漠、动摇、懦弱，或是固执、自信、骄傲等，但不论性格属于哪

一种类型，体育锻炼与性格的形成有密不可分的关系。

（五）体育锻炼对人的个性形成具有调整功能

在体育锻炼的过程中，参与的不仅包含智力、体力，还包含行为和感情，此外，在技能投入和体能投入方面的要求也较高。鉴于此，人们在体育锻炼的过程中，一定要接近或者是去突破自身的极限。而通过感受这一过程，所有锻炼者能够寻找到自身的长处以及短处，并下定决心要通过某一方式将自身长处稳定发展下去，改善自身短处。因此，在体育锻炼的过程中，不断提升自我意识、自我认识，进而不断自我发现以及自我改造，通过这种方式，使得人们形成及发展个人的性格，进而实现人的社会化。

（六）体育锻炼对人的个性形成具有约束作用

在进行体育锻炼时，尤其是集体项目的锻炼，约束作用更强。在人们参与活动的过程当中，或多或少都会受到团队活动的限制以及约束，并主动地接受团队活动中的督促以及激励。在关注所有参与者适应群体的需要时，除了要求有技术技能外，还要求有精神技能。在全过程中，优秀的人将会受到激励以及表扬，表现较差的人就会受到忽视或者是训斥。为了让自己能够取得和自身能力相适应的地位，参与者通常全力以赴。在群体活动的过程中，会惩罚或者是制裁没有遵守群体规范的人。而人们为了让自身与群体保持一致，对于群体中的约束总是自愿地接受。人们在被约束的过程中，就只能将自身某些特性改变。

（七）体育锻炼可以使人形成积极向上的个性

在参与体育锻炼的时候，能够有效地调动参与者的主动性和积极性，在活动过程中，参与者会下意识地对其个性进行一定的调整，对体育锻炼表现出一定的自觉性，通过这种方式实现其身体素质的提高，并学习相关的技能。但是，在实现这个目的的过程中，需要长期不断地练习，经历各种磨难，并实现自身水平的提升。这种永不放弃、勇于进取的精神在很大程度上对参与者的个性产生重要影响。

（八）体育锻炼可以培养人们具有丰富情感的个性

在目前我们所处的这个时代，人们具备一定的责任感，有一定的道德底线，对喜爱的事物勇于追求。同时，当代人们还具有移动感和转移感，这种情感在人类感情中属于等级比较高的一类，人类的情感随之更加丰富多彩。人们在进行体育锻炼的时候，常常会随之产生对应的感情，比如说自我意识感和主动积极感，又因为体育运动具有一定的团体协作性，因此人们可能会产生相应的群体约束感。在这些情感的推动下，实现人们行为动作的规范性，让他们向着统一的目标前进，在其推动下参与其中的人们拼尽全力，为了实现自己的目标不断地奋斗。由于其中的移动感具有一定的复杂性和快速性，无论是成功后的欣喜还是失败后的挫败，都可以让人们在这个过程中体会人生的各种滋味。就当前这个时代来说，人们需要的是各种各样的情感体验，而通过体育运动能够很好地将之实现。一位著名的体育社会学家曾说过：人们在不同类型的氛围中获取的情感因素有所不同，无论是在家庭还是在相关的体育活动中，人们都会对集体社团产生一定的信赖和依托。但是前者的氛围更加温馨和睦，人们可以从中感受到强烈的安定感，而后者为人们营造的是一种具有一定竞争性的氛围，人们可以从中感受到快乐，他们会因为在这个过程中实现自我认知的超越，并从中感受到征服的快感和自豪感。在具有一定竞技性的活动中，无论是成功还是失败，人们都是有可能会经历的，同时他们也会面临各种各样的选择，这个过程中所有的行为和选择都会让他们有不一样的情感体验。

（九）体育锻炼是培养人们胜任社会角色的有效途径

通常情况下，我们对体育运动中的角色是这样理解的，基于相关的体育活动进而组合成对应的社会关系，个人在这个关系中所处的地位即为其在体育活动中的角色。不同的地位将会对应不同的权利义务和行为，以篮球教学课堂中的比赛为例，每个队伍中都有中锋、前锋和后卫等多个角色，在进行比赛的时候，不同的角色都对应不同的位置，而不同的位置又和特定的行为相对应，这些关系通过相互之间的关联、作用将会结合成一个社会联系。再以足球运动为例，场上的足球运动员和守门员的角色需要进行的各种活动都有所不同，在规定的区域内，守门员是可以用手接触足球的，而其他的足球运动员在比赛过程中如果出现手臂或者是手与足球接触的情况，都视为犯规。在进行比赛的过程中，只要运动员的身份不是守门员，那么就不能执行守门员特有的动作，即在特定区域范围内有用手接触足球的权利和义务。除此之外，不同角色的权利和义务都是与行为过程相对应的，两者相互作用，最终构成了对应的角色。在基于体育活动而构成的社会关系中，就获得比赛胜利的权利来说，每个角色都是平等的，在拥有相关的权利的同时，角色也需要履行各项义务，首先必须按照对应的规则展开比赛过程，在比赛过程中应该按照对应的规范标准进行，包括道德方面和技术方面的内容，通常情况下，运动场景的出现都是随着角色学习的过程而发生的。另外，在这个集体中，无论是角色还是其对应的位置，他们相互之间都密切相连，想要达到集体统一的目标，其前提在于集体成员认同各个成员个人的能力，通过这种方式对角色的能力起到一定的检测作用，并对其能力的提升起到一定的推动作用。集体的各个成员通过获取集体的认可，确定其在整个集体中的角色地位，进而学习与其角色相关的各项内容，参与者在这个过程中能够深刻地理解社会角色的具体含义。并且通过实际的锻炼过程，参与者能够明白其他的很多道理，比如说对于社会中的各种角色，只要不懈努力每个人都是可以成功扮演的，并从中体会到，一个人想要改变其社会地位，最主要的一个方式就是通过自身的不断努力。

（十）体育锻炼可以培养良好的人际关系

曾有哲学家说过这样的话，人生的美好之处体现在人情的美好。我们在丰富自己人生的过程中，主要方式就是丰富我们的人际关系，无论我们现在处于怎样的现状，都应该深刻地了解，一个人不能与外界隔离，我们需要与人交往。

就改善人际关系而言，对其产生影响的相关要素有很多，其中最主要的内容包括一个人的沟通能力、理解能力以及是否能够妥当地使用语言等，而体育锻炼正好对这些因素有直接的影响。因此，必须对体育锻炼的方式予以足够的重视，进而实现人们人际交往能力的提高。

（十一）体育锻炼可以提高人的沟通能力

当人们在与外界互动的时候，其具体的状况能够在一定程度上表现出其生活品质中比较侧重的内容。无论是日常的生活还是工作，其正常进行都与沟通密切相关，这是人们与外界建立友好稳定关系的必要条件。假设有一个人，他不具有任何的沟通能力，我们简直无法想象他将会以怎样的方式与外界联系，实现与他们之间的各种交流活动。情感交流的前提是要进行相互之间的互动，一个人如果不具备相关的能力或者是不能够将自己的想法准确地表达出来，其他人是无法正确地获取其想要表达的信息的，更不要说支持了。所以一个人想要在这个社会中很好地生存，必须具备一定的沟通能力，在掌握这项能力的时候，可以采取的方式有很多，比如说通过体育锻炼的方式。

与其他教学课程有所不同，体育教学具有一定的独特性，因为其锻炼过程涉及各种技术活动，其展开过程依赖于老师的详细讲解与动作示范，除此之外，还需要参与体育锻炼的人员进行实际的练习。所以，在实践的过程中，各方面各个阶段都需要进行沟通，无论是矫正动作还是团体的训练过程，都需要参与者与其他的参与者或者是老师进行相关的互动，通过直观的沟通，能够实现成员之间及时准确的互动，通过这种方式提高其人际交往能力。

（十二）体育锻炼可以增强对身体语言的理解和使用能力

人类在与外界进行沟通的过程，其中的一个重要方式就是通过身体语言的表达来实现，这是每个人都应该具备的一项能力，我们可以从人们相关的动作姿势中，提取他们想要表达的信息，进而理解其个人情感。如果不具备这个能力，在与人沟通的过程中，我们就很有可能忽视别人的身体语言，在交流的过程中就会因为没有及时地提取对方表达的信息，不能将对应的信息反馈给对方，整个沟通过程就会出现障碍，影响人们之间的有效交流。在社会文化中，体育是其中的一个主要内容，通过不断的实践和创新，其艺术内涵已经具备一定的丰富性。因此，关于体育运动，曾有大量华丽的辞藻对之进行称赞。事实也充分证明，通过体育运动的方式能够在很大程度上促进人们表达能力的提升，尤其是身体语言，即便是一项非常常见、简单的体育运动，参与锻炼的人员在身体的协调性方面都能够取得一定的进步。因此，我们基本上可以认为，通过体育运动，人们的身体语言可以得到充分的发展，有利于其人际交往过程中语言表达能力的提升。

（十三）体育锻炼可以改善自我意识水平、移情能力和社交能力

在人际交往的过程中，自我意识能够对之产生一定针对性的制约作用，特别是目前我们所处的这个时代，人们在交往的过程中显得比较内敛，有的时候可能会因为特意的奉承使得交往过程缺少了真实性。举个简单的例子，人家明明相貌平平能力一般，却有人说他风流倜傥、能力非凡，事实上这个人的内心并不这样认为，这样说只是为了拉近两者之间的关系。尤其是那些具有一定社会地位的人，他们得到的外界关于他们的信息反馈常常缺乏真实性，这已经与现实世界脱轨，如果这种情况不断地拓展，其自我意识水平将会不断地降低，经历的社交过程越发单一，其社交能力也会不断退化，最后可能导致其以自己为中心，自以为是。

在进行体育锻炼的过程中，尤其是团体性比较强的体育项目，不同的成员在团体中是以不同的角色呈现的，他们是不是能够根据相关的规定完成自己的任务，实现与同伴之间的友好协作，在相关的阶段内，老师将会对之进行一定的评价，而观众对之进行的评价又因为各方面的原因不能及时地获取。所以成员需要及时地进行自我意识的体会，然后根据自己的判断对相关的动作进行一定的改动，并在这个基础上对比赛的策略进行对应的调整，这个过程就是一种自我意识行为。在实际的社会交往中，将之合理运用，就能够对别人对自己的反馈信息进行准确的判断，进而实现自身社交能力的提升。

第六章 高职体育与健康课程标准

第一节 高职体育与健康课程的理论基础

考察体育与健康课程的理论基础，实际上是要确定体育与健康课程领域的外部界限，确定与该课程最相关的和最有效的信息来源，了解它们之间的关系以及对课程实施的实际含义。因此，体育与健康课程应将心理学、社会学、教育学和生物学作为其理论基础。

一、心理学基础

心理学对体育与健康课程的影响主要体现在课程目标的设置、课程内容的选择和课程教学的实施等方面。例如，在设置体育与健康课程目标时，应制定出既超出学生的现有水平，又能够通过体育与健康课程的学习达到的目标；在选择体育与健康课程内容时，不仅要充分考虑体育与健康知识和技能的难易程度，还要注意这些知识和技能对学生所提出的挑战程度，以激发他们的学习动机；在实施体育与健康课程的教学时，应"以学生的发展为中心"，注意学生的心理发展规律等。总之，在"以人为本"的新课程理念的指导下，应更多地从心理学角度来探讨体育与健康课程的有关问题。

（一）行为主义理论

行为主义理论也称刺激—反应学习论。该理论认为，学习者的学习是其对刺激情境的反应，并将学习者学到的行为解释为刺激与反应之间的联结。该理论的代表人物斯金纳（B. F. Skinner）认为，要将学习内容按照一定的逻辑顺序组合起来，引导学习者循序渐进地去掌握。该学说对早期的程序教学理论和实践产生了重要的影响，对传统体育教学中动作技能的学习具有重要的理论价值。简单地说，动作技能的学习就是进行动作示范，要求学生"跟我学"，然后对学生的动作展示进行评价，给学生提供强化（正强化或负强化），促进学生有效地学习和掌握动作技能。高校体育课程标准强调课程评价的反馈与激励功能，则是建立在此基础上的。行为主义理论虽然对传统体育课程的教学产生了重要的影响，但该理论存在的动物性与机械性缺陷，决定了其固有的简单性和外在性，所以在指导课程设计方面存在着一定的局限性。

（二）认知主义理论

行为主义理论认为学习者的内部心理结构是无法探知的。针对这一观点，认知主义理论则认为，学习者的心理结构不仅可以探知，而且是影响学习的决定性因素。认知主义理论既强调外在的环境刺激，又强调内在的心理因素，而且把重点放在两者的结合上，主张学习是将外在事物的结构内化为学习者内在认知结构的过程。认知主义理论对体育教学的影响同样体现在动作技能的学习中，认为动作技能的学习主要分为动作技能的认知阶段、动作技能的联结阶段和动作技能的自动化阶段。学生只有通过不断的练习和认知，熟悉动作技能之间的内在联系，最后达到自动化阶段，才表明学习结束。因此，高校体育课程标准强调，要根据学生的认知特点选择教学内容，以便学生能更有效地掌握运动知识和技能，获得成功体验，增强体育学习的自尊心和自信心。

（三）建构主义理论

建构主义理论提出，世界是客观存在的，但对于世界的理解和意义赋予却是由每个人自己决定的。由此可见，建构主义理论关注的是学习者如何以原有的经验、心理结构和信念为基础来建构自己独特的精神世界。该理论指导我们在设计体育与健康课程时，要注意时刻以学生为中心，根据学生的身心特点建构课程内容，根据学生的学习和生活经验实施课程教学，并用灵活多样的教学手段激发学生的学习兴趣，以满足学生的实际需要。

建构主义学习理论强调真理的相对性，重视认识中的主观能动性。这相对客观主义而言进了一步，但在根据该理论设计和实施体育与健康课程时，我们还要注意避免因过于强调相对性而导致真理观的相对主义。

（四）人本主义理论

人本主义理论从一个全新的角度剖析了教与学的关系，强调在教学过程中学生自我实现的心路历程，提倡真正的学习应以人的整体性为核心，强调"以学生为中心"的教育理念，认为学习的本质应是促进学生成为全面发展的人。该理论认为，学生有自我发展的潜能，学什么，如何学，进度怎么安排，都可以由学生自己来决定；教学成败的关键不在于教师的专业知识与教学技巧，而在于人际关系与情感态度。对体育与健康课程影响比较大的主要是以罗杰斯（Carl Ransom Rogers）为代表的人本主义理论，这种影响主要体现在以下几方面：

1. 充分发挥课程的"育人"功能，促进学生全面和谐发展

罗杰斯追求的不但是全面发展的教育，而且是面向未来社会需要的和谐教育。他认为，学校教育的目的在于培养"能从事自发的活动，并对这些活动负责的人；能理智地选择和自定方向的人；获得有关解决问题知识的人；能灵活地和理智地适应新的问题情境的人；在自由地和创造性地运用所有有关经验时，融会贯通某种灵活地处理问题的方式的人；能在各种活动中有效地与他人合作的人；不是为他人的赞许，而是按照他们自己的社会化目标工作的人"。

在这种观点的指导下，体育与健康课程根据三维健康观和体育自身的特点以及国际体育课程发展的趋势，以"健康第一"为指导思想，以"学会体育学习及其评价，增强体育实践能力和创新能力；发展良好的心理品质，增强人际交往技能和团队意识；具有健康素养，塑造健康体魄，提高对个人健康和群体健康的社会责任感，逐步形成健康的生活方式和积极进取、充满活力的人生态度"为课程总目标，划分运动参与、运动技能、身体健康、心理健康和社会适应五个学习方面，使课程内容更具有弹性、可操作性和适应性，从而促进学生在身体、心理和社会适应能力等方面健康和谐地发展。

2. 重视意义学习，强调非认知因素的重要性

罗杰斯将学习分为机械学习和意义学习两类，前者主要指死记硬背那些没有生气、枯燥乏味、无关紧要、对学生的个人发展无实际意义的知识，后者主要指那些能影响学生的行为、态度、个性以及选择未来行动方针的学习。在学习的方式上，罗杰斯主张意义学习，认为"意义学习把逻辑与直觉、理智与情感、概念与经验、经验与意义等结合在一起。当我们以这种方式学习时，我们就成了一个完整的人"。他还认为，要想使学生的学习活动生动活泼且有意义，就应该让学生自由地学习，而不是教师"填鸭式"地强迫学生学习那些枯燥无味的教材内容。在罗杰斯看来，让学生在实践中学习，是促进学习最有效的方式之一。

在意义学习的指导下，体育与健康课程开拓创新，改革课程内容，将那些对学生的终身发展毫无意义的、竞技性较强的、学生既难以学会也不感兴趣的内容予以舍弃，精选适应时代要求的、有利于学生健康发展的体育与健康基础知识、基本技能和方法作为课程内容；改变过去单一的灌输式教法，改变过于强调讲解、示范的教学形式，关注学生的学习兴趣与需求，创设有利于学生主动参与、乐于探究、勇于实践的良好教学氛围。其目的是让学生选择对自身发展有意义的内容进行学习，使他们在体育活动实践过程中提高体育学习兴趣，培养运动爱好和专长，为实现终身体育奠定良好的基础。

3. 重视学习的结果，更注重学习的过程

罗杰斯主张教育的目标应该是促进学生的成长和学习，培养能够适应环境的变化和知

道如何学习并具有独特个性和充分发展的人。这个教育目标是培养完整的人（"完人"），内容包括知识教育、认识能力教育和情感意志的发展。他指出："只有学会如何学习和学会如何适应变化的人，只有意识到没有任何可靠的知识，唯有寻求知识的过程才是可靠的人，才是真正有教养的人。"因此可以说，人本主义重视的是教学的方法而不是教学的内容，是教学的过程而不是教学的结果。

传统的教育是学生被动接受知识的过程。长期以来，我们总是单纯重视学生对知识的获得，忽视学生如何获得这些知识。这种重结论而轻过程、重答案而轻智慧开发的教学完全无视知识和智力的内在联系，排斥了学生的个性和思考。因此，现代教育观应更关心怎样使传授知识的过程成为掌握科学研究方法、开发学生智慧的过程。由此可见，教育的真谛在于使知识转化为智慧。传知已不是唯一重要的，启智才是根本。

因此，高校体育课程标准与过去的体育教学大纲相比，更强调过程性评价，注重将过程性评价与终结性评价有机结合。这主要表现为：在评价的内容上，不仅对体能和运动技能进行评价，而且注重对与学生的学习过程密切相关的学习态度、情意表现与合作精神、健康行为的评价；在评价的方法上，不仅有学习结束时进行的一次性评价，而且注重对学生的学习过程进行观察、口头、成长记录等评价；同时，在评价的主体上，还强调学生的自评和互评，以期更好地把握学生的学习过程。

4. 强调"以学生的发展为中心"，帮助学生学会学习

人本主义心理学派把课程当作是满足学生成长和个性整合需要的自由解决的过程，认为应将课程的重点从教材转向学生个体，强调教学过程应以学生为中心，突出学生的主体地位，教师只是学生学习的促进者、帮助者、辅助者、合作者，是"助产士"和"催化剂"，而不是权威的讲授者。在教学过程中，教师要注意创设良好的问题情境，鼓励学生自主地、积极地探索问题，使学生的学习由"被动接受"发展为"主动探求"，倡导学生进行自主、合作、探究式的学习。因此，在课程理念上，我们一定要树立教育必须"以学生的发展为本"的思想，根据学生全面发展的需要来构架课程内容，让学生成为学习活动的主人。

从上述分析中不难看出，人本主义理论突出了情感在教学活动中的地位和作用，强调了人的尊严和价值在教学过程中的重要性，重视对学生的尊重和爱护，充分发挥学生的主动性和创造性，主张教学工作要注意创设良好的课堂气氛，充分发挥学生的主动性和创造性，以学生的自我完善为核心，把教学活动的重心由教师引向了学生。这些重要观点对于我们改革和发展体育课程具有重要的借鉴作用。但不可否认，人本主义心理学理论还有其偏颇之处，如过分强调人的自我实现的生物学动力机制，容易导致忽视社会因素对人的发

展的制约作用，以反对客观主义的面目出现，有明显的主观唯心主义倾向，即只注重人的情感、价值，而漠视客观的科学知识本身。这也是我们在设计和实施体育与健康课程时不容忽视的问题。

（五）情商理论

情商即情绪智力商数，而情绪智力是指人的非智力因素，是一种自我控制、热情和坚持以及自我激励的能力，主要包括自我认知能力、自我管理能力、自我激励能力、认知他人的能力、人际交往能力五方面。情商理论引入生态学观点，形成了"从个人在社会实际的情境所表现出来的情感、认知和行为技巧等方面，预测个人成败倾向"的思想。人要达到全面发展及和谐发展，不仅要学习间接经验，更需要学习直接经验，要接触生活、接触社会，只有将智商和情商结合起来，人的才华才能淋漓尽致地得到发挥。

过去人们总认为可以用智商的高低来预测学生学业成绩的优劣，从而可以决定人生事业成功与否。然而事实上，智商很难正确无误地预测个人未来的成就，高分低能的现象非常普遍，在现实生活中智商相对低的人领导智商高的人比比皆是。根据情商理论，智力是学生成才的基础，但情绪智力是学生成才的关键，它包括如何调整自己的情绪、如何设身处地为别人着想、如何建立良好的人际关系等。教师应注重培养学生的情绪智力，使学生在困难、挫折面前具有坚强的意志品质、自信心和抗挫力，能很好地适应社会。体育与健康课程十分强调通过体育活动来培养学生的探索、创新精神和坚强的意志品质，培养学生的抗挫折能力和承受失败的能力，从而充分实现课程的育人功能。

情商理论还提出，情感是"学会学习"活动能否成功的重要影响源。高校体育课程标准十分强调培养学生的积极情感，发展学生的非智力因素，营造一个良好的学习气氛，使学生保持良好的学习心境，从而提高学生的学习效果，促进体育与健康课程教学目标的整体实现。由此可见，今日的体育与健康课程呼唤情感，其意义已远远超过教学方法和手段的范畴。

（六）多元智能理论

多元智能理论提出，人的智力至少含有七种不同的能力，即语言智能、数理逻辑智能、空间智能、音乐智能、身体智能、内省智能和人际智能。给予适当的鼓励、充实和指导，每个人都有能力使所有智能发展到一个相当的水准，以胜任日常学习和生活的需要。

多元智能理论认为，认知方面的智能（如数理逻辑智能、语言智能）只是人的智能的一部分。而我们今天的教育，基本上是一种以语言智能和数理逻辑智能为重点的教育，忽视了其他智能的发展。我们常常听到有人说："这个人学习不行，可是体育很棒。"显然，这个人并不把体育、音乐等列入智能的范围。多元智能理论对此做出了明确的回答，体育、音乐的确是智能，教育必须致力于培养学生的各项智能，并鼓励个人强项智能的充分发展。多元智能理论还认为，一个人的智能不能以他在学校环境中的表现为依据，而要看他在实际情境中解决问题的能力和创造能力。该理论强调的是各项智能的全面发展和个性才能的充分展示，强调创新精神和实践能力的培养。

根据多元智能理论，体育与健康课程在对学生的学习评价中，不仅对与学生的先天遗传因素紧密相关的体能和运动技能进行评价，还对与学生的后天学习有关的学习态度、情意表现与合作精神、健康行为等方面进行评价，从而使评价内容多元化，做到全面评价学生的学习成绩。在评价的方式上，体育与健康课程还提倡"表现式"的评价，允许学生选择自己所擅长的运动技能参与评价，使其通过这些优势运动技能的展示，获取成功体验。这充分体现出在体育与健康课程的学习中，每一位学生都会有自己所擅长的运动技能，从而极大地激发了学生进一步学习的兴趣和积极性。

综上所述，从行为主义学习理论到认知主义、建构主义、人本主义理论、情商理论和多元智能理论等各种心理学理论，都对体育与健康课程的构建有着不可磨灭的理论贡献。虽然这些理论相互之间存在着分歧，但它们反映的是同一事物的不同方面，完全可以互相补充汇成一个整体，在不同层次上起作用。我们正是在合理吸纳这些心理学理论精华的基础上，努力构建"以学生发展为中心"的体育与健康课程。

二、社会学基础

在考察人的发展时不仅要注意人的自然属性，同时还要注意人的社会属性。人的发展总是以特定的社会条件为背景的，即社会环境和社会需要。由此可见，社会的发展制约着教育的发展，学校课程与社会政治、经济、科技和文化的发展有着生生不息的关系。

毋庸置疑，体育与健康课程在课程目标、内容、方法、组织、评价等方面都会受到各种社会因素的影响与制约。体育课程的改革与发展不能脱离社会的发展与需要，因此我们还应该从社会学的视角来加以认识。

（一）现代社会生产生活方式决定体育与健康课程的性质

学校出现学科教学之后，一些人把这种"百科全书式的""静止的""冷藏库式的"学科教学看作是学校中唯一的教育活动，并使之脱离生产、生活实际，结果使受教育者仅得到片面的发展。因此，在确定体育与健康课程的性质时，要充分考虑到现代生产、生活方式的特点，不能使之脱离生活实际。

20 世纪 50 年代以来，随着以电子计算机、生物科学、材料科学、信息科学为代表的科学技术迅猛发展，社会劳动生产方式发生了巨大的变化，严重地影响着人们的健康状况。例如，在劳动过程中，伏案工作的方式导致人的体力付出越来越少，脑力付出越来越多；竞争的日趋激烈和工作节奏的加快，使得人们的压力越来越大，精神越来越紧张；现代化的生产方式导致生产过程中人际交往减少、人际关系淡漠等。城市化的生活从根本上改变了人类的面貌，在给人们带来舒适与便利的同时，也带来了大量的问题，如活动空间的缩小、体力劳动与体力活动的减少、饮食中高脂肪和高蛋白质摄入量的增多等。这些都直接影响着人类的健康。

由于国民的健康对国家的发展、社会的进步和个人的幸福至关重要，而体育与健康课程又是增进国民健康的重要途径，因此，高校体育课程标准坚持"健康第一"的指导思想，将体育与健康课程的性质界定为"以身体练习为主要手段，以体育与健康知识、技能和方法为主要学习内容，以增进学生健康为主要目的的必修课程"。

（二）根据社会的需要设置体育与健康课程的内容

社会的发展及其所带来的人类新的健康问题，要求我国的基础教育体育课程改革关注学生的健康发展，培养学生的运动爱好和专长，促进学生养成锻炼身体的习惯，提高学生自己维持健康的能力等。因此，高校体育课程标准非常注重培养学生的健康意识和体魄，以满足社会的需要。体育与健康课程充分考虑到学生的学习需求，选择有利于为学生终身发展奠定基础的体育与健康基础知识、基本技能和方法作为学习内容，以提高学生的健康素养，培养学生的健康意识和良好的生活方式，促进学生在身体、心理和社会适应能力等方面健康发展，为提高国民的整体健康水平发挥重要作用。

三、教育学基础

传统教育强调严格训练，教学不联系日常生活实际，学生只是被动地学习，把在学校接受教育看作一种负担，产生了强烈的厌学情绪。这种传统教育制度培养出来的人已不能适应社会发展的要求。在这种形势下，教育面临着前所未有的变革，各种批判传统教育的新教育理论应运而生，这些教育理论无疑是我国体育课程改革的理论基础。

（一）进步主义教育理论

20世纪初，以杜威（John Dewey）实用主义哲学为基础的进步主义教育理论成为新教育运动的主要代表。杜威提出"从做中学"的方法，重视学生的活动和经验的获得，而教师的作用则是在一旁协助学生活动。因此，以活动教学、学生、学生的主动活动为中心的新"三中心"成为该理论的主要特征。

（二）强调"完整的人"的教育

进步主义教育理论认为，传统的教育忽视了学生的需要，限制了学生的成长，学生成为教师的奴隶，教学不能引起学生积极主动地活动。进步主义教育理论强调以实用主义为基础，认为学生所学的知识和技能必须对将来有用。也就是说，学生所学的要与现在及将来联系起来，并内化成为个人的知识。

在这样的教育思想指导下，高校体育课程标准十分强调"以学生的发展为中心"，尊重学生的情感和需要，充分发挥体育与健康课程的育人功能，在增强学生的体能和提高运动技能水平的基础上，注意发展学生的良好心理品质和社会适应能力，使他们逐步形成健康的生活方式和积极进取、充满活力的人生态度，从而得到全面、健康的发展。

（三）强调活动教学和学生的主动学习

进步主义教育理论主张通过"解决问题"的方式进行学习，提倡"从做中学"，而不是简单地灌输教材，强调教学的实践性；认为教育应当是主动的，并要与学生的兴趣联系起来，强调学生有自然发展的自由，提倡学生的学习过程不仅是由教师或教材决定的，而且应当由学生自己根据社会的需要来决定，教师应当为学生的创造性和自我表现提供充分的机会。进步主义提出，学生的兴趣与需要是教育的出发点，更是课程设计的指导思想。当然，这并不是说学生在学习过程中就可以随心所欲，他们需要教师的指导和引导。

因此，高校体育课程标准首先就明确指出了体育与健康课程的实践性，把体育与健康课程界定为一门以身体练习为主要手段的课程。同时，体育与健康课程在目标的确定、教学内容的选择和教学方法的更新上，都特别关注学生的学习兴趣、爱好和个性发展，强调学生在对运动项目的选择和学习过程中，培养运动爱好和专长，掌握科学锻炼身体的方法，提高体育实践能力，养成坚持体育锻炼的习惯，最终形成健康的生活方式。

（四）强调师生的民主与平等

进步主义教育理论认为，教师的作用不应是发号施令和监督，而是鼓励、建议和劝告。因为学生所要学习的东西是由其需要和欲求决定的，他们的发展应由他们自己来规划，教师只是引导他们学习。进步主义鼓励教师运用学生的所有感官训练其观察力与判断力，把大部分时间用于指导学生如何获得和运用各种知识上。

体育与健康课程十分强调教学过程中的师生互动过程。高校体育课程标准提出，教师的教主要是为学生的学服务的。教师应改变过去单一的灌输式教法，改变过于注重讲解、示范的教学形式，给学生的体育与健康课程学习留有充分的活动时间和空间，让学生采用适合自己的方式进行学习。

（五）后现代教育观

后现代主义非常重视人们所经历的体验，以便人们在放弃了完全依靠理性的合理方法解决问题的同时，能够寻找到新的更为合理的解决方式。这一新的思维方式对教育的影响表现为重视个人选择和参与。

（六）强调师生平等，主张学生自主学习

后现代主义认为，教育应是学习者主动获取信息和自我教育的过程，其中学习者自主的、多样性的选择是他们发展的关键性因素。该理论提出，随着数据库作为新知识的来源，特别是百科全书的知识容量足以满足学生的好奇心和求知欲，教师所使用的心智训练方法最终将被淘汰，甚至教师的角色也会被彻底取代。在教学过程中，学生像选购商品一样在网络上主动自由地搜寻和发现有用的信息与知识，而用不着处于"中心"地位的教师再做独白式的叙述。即使有教师，他们和学生之间也只存在一种持续的平等对话的关系。在这种对话过程中，教师和学生一起围绕具体的问题情境，从各自不同的立场给出自己的思考。

体育与健康课程也十分强调教学过程是师生交往、共同发展的过程。高校体育课程标准提出，在教学中教师应转变角色，摒弃"以教师为中心"的观念，努力成为学生学习的促进者，以教促学、互教互学、相互尊重、相互补充，与学生一起加强对体育与健康课程的理解，共同创设和谐、民主的教学环境。体育与健康课程还强调要充分发挥学生的独立性和能动性，让学生根据自己的兴趣和爱好选择运动项目进行学习，并鼓励学生自主设置学习目标，发展学习策略，进行自我监控和评价，培养学生自主学习的能力。

（七）强调差异性，主张因人而异进行教学

后现代主义强调发展维护个性的差异性教育方式，即在教育活动中，建立师生间多种复杂的关系，必须与不同的学生建立各种不同性质的关系，对不同学生发出不同的信息和影响，做出不同的评价。这有助于学生的完善发展，充分表现学生丰富多样的情感、意志、动机、兴趣。在这种观念的引导下，学校不应成为制造单一模式产品的工厂，而应成为塑造具有个性差异的人的重要基地。

高校体育课程标准非常关注学生的个体差异，强调教师应提供给学生个性化发展的时间和空间，根据学生的兴趣与爱好进行选项制教学。在教学评价上，高校体育课程标准明确提出，体育与健康课程的学习评价应考虑学生在体能、运动技能等方面的差异，从而充

分激发与调动每一位学生学习的积极性，挖掘每一位学生的学习潜力，促进学生的进步和发展。

（八）强调多样性，培养学生的创造性

在教育观念上，后现代主义认为所有的方法都有其局限性，没有亘古不变的教条。后现代主义主张容纳一切思想、摆脱僵化的形式理性，从个体的差异性出发建立一个开放的、多元的教育，塑造具有丰富内容和自由个性的主体，使教育成为能动的解放式的教育，把受教育者从现代理性以及与这种理性相联系的社会禁锢中解放出来。这就意味着把教育变成自主的教育，使其成为训练学生批判性思维和个性自由发展的过程。

在后现代教育观的指导下，体育与健康课程非常重视探究意识和创新精神的培养，提高学生探究学习的能力。无论是课程目标的确立，还是课程实施的过程，都表现出多元主义的思想。尤其是在教学评价上，高校体育课程标准要求体育与健康课程采用评价内容多元、评价方法多样、评价主体多元的评价体系，以强化评价的激励和反馈功能，淡化评价的甄别和选拔功能，促进学生不断进步与发展。

（九）终身教育思想

终身教育思想最早是由法国著名继续教育专家保罗·朗格朗（Paul Legrand）提出来的。终身教育思想的兴起与发展对我国的体育课程改革产生了很大的影响。首先，终身教育思想的发展为终身体育思想在我国的传播奠定了坚实的理论基础。其次，终身教育思想为我国的体育课程改革指明了方向。在终身教育思想的要求下，体育与健康课程着眼于现在和将来，精选能适应时代要求的体育与健康基础知识、基本技能和方法作为学习内容，培养学生的运动爱好和专长，促进学生体育锻炼习惯和终身体育意识的形成，从而全面发展体能和提高所学的运动技能水平，为终身体育奠定良好的基础。

（十）全纳教育理论

全纳教育理论以英国的托尼·布什（Tony Booth）教授为主要代表人物。托尼提出，全纳教育是指加强学生参与的一种过程，主张促进学生参与就近学校的文化、课程、社区的活动，并减少学生被排斥。全纳教育主张教育平等，取消特殊学校（目前的国际趋势是特殊学校在数量上大幅度减少）；主张教育多样化，要求我们的学校应根据学生的不同需求进行教学。这是一个根本性的转变，是从探讨特殊教育领域的问题转到解决普通教育的问题。因此，全纳教育的新理念对教育改革和发展具有重大的意义。

体育与健康课程非常强调学习评价的反馈与激励功能，强调通过评价促使每一位学生

进步与发展；反对学习评价的甄别与选拔功能，反对通过学习评价把学生分成三六九等，使所谓的优生得到教师的青睐，而所谓的差生消失在教师的视野之外。因此，根据全纳教育的思想，高校体育课程标准明确规定了课程的实践性，强调要让所有学生参与到体育活动之中，让所有学生在体育与健康学习活动中受益。

四、生物学基础

体育与健康课程是一门以"健康第一"为指导思想、以促进学生整体健康为主要目的的实践性很强的课程。无论是课程理念、设计思路、课程目标、内容框架，还是课程的实施方法，都受到生物学因素的影响，且存在生物学理论基础。因此，我们还应从生物科学的视角来认识体育与健康课程。

（一）体育与健康课程学习的生理效应

每个人的身体形态发育水平、生理机能水平、体能和运动能力的提高，都是很有潜力的。大量研究表明，科学的身体锻炼，可以增强体能，减少疾病，增进健康，提高学习和工作效率。

1. 增强运动系统的功能

学生正处于生长发育的高峰期，积极参加体育活动能加强骨的营养，改善骨的结构，使骨密质加厚，骨松质排列更加整齐有规律，并使骨长得更加粗壮、坚固，还能使骨长长，从而使身体增高。据统计，同年龄、同性别的青年经常锻炼的人比不经常锻炼的人身高要高出 4~10 厘米。除此之外，体育锻炼还能使关节囊增厚、韧带增粗；增强关节的牢固性、伸展性、柔细性和灵活性；使肌纤维增粗，身体变得更健美。

2. 改善心血管系统的功能

在人体的结构中，心脏是血液循环的动力器官。经常参加体育活动的人，由于心肌间毛细血管几乎全部开放，供给心肌细胞更丰富的营养，因而心肌发达，收缩有力，心脏的工作效率得到提高。比如，一般人的正常心率平均为每分钟 75 次，而运动员的心率每分钟只有 40 多次；一般人的每搏输出量平均为 70 毫升，而运动员的每搏输出量可达 140 毫升。

3. 提高呼吸系统的功能

积极参加体育活动，能加强呼吸肌的收缩力量，扩大胸廓的活动范围，增多参与气体交换的肺泡数量，增大肺活量，促进肺的发育，增强呼吸系统适应室外气温骤变的能力，减少呼吸道疾病的发生。

4. 改善神经系统的功能

体育锻炼是提高大脑皮层机能，增强植物性神经系统所支配的器官活动的积极措施。长期参加体育活动，可以使动作的速度、灵敏性和耐力等得到显著提高，对外界各种刺激的适应能力也会明显增强。

5. 促进大脑的开发

现代医学的研究表明，人的右脑的信息容量、记忆容量、形象思维能力都大大超过左脑，经常参加体育锻炼可以使右脑得到充分的锻炼，从而提高人的记忆力和形象思维能力。

基于体育活动的上述生理效应，高校体育课程标准把体育与健康课程界定为一门以身体练习为主要手段，以体育与健康知识、技能和方法为主要学习内容，以增进学生健康为主要目的的课程。学生可以通过对所选运动项目的学习，改善运动系统、心血管系统、呼吸系统和神经系统的功能，促进大脑的开发，增强体能，为实现整体的三维健康奠定良好的生理基础。

（二）体育与健康课程的生物学理论基础

传统观点认为，体育是伴随着人类的起源而诞生的。人类自站起来的那一天起，就从生物学意义上为体育的萌生埋下了种子。因此，从现代生物学理论发展的角度来探讨体育课程的改革，具有重要的意义。

1. 行为遗传学理论

行为遗传学家主要研究种属内个体之间差异的生物基础，即研究每一个人所遗传的特定基因组合怎样使其具有个体差异。根据行为遗传学的观点，不同物种之间的显著差异源于不同的遗传，同一物种不同个体之间的显著差异主要是个体对生存环境是否适应。他们强调每一个体从亲代遗传中继承了一系列不同的基因，这些基因的特定组合影响着个人的气质、人格和心理健康。

根据行为遗传学理论对个体差异的反思，我们在设置体育与健康课程时，非常关注学生在学习需求上的个体差异及其个性发展。高校体育课程标准提出，体育与健康课程采用选项制教学，学生在水平五阶段，可以根据自己的条件和爱好在学校确定的范围内选择运动项目作为学习内容，从而减少运动技能学习的项目内容，以形成运动爱好和专长，满足学生个性化学习和发展的需要。同时，考虑到不同学生在运动天赋上的差异，高校体育课程标准除了在水平五规定了每一位学生通过自己的努力都应达到的学习目标外，还设置了水平六，作为部分学有余力的、运动天赋较好的学生的发展性目标，以便每一位学生都能从体育与健康课程的学习中受益。

值得一提的是，行为遗传学增加了我们对自身的了解，但其目的不是宣扬遗传决定论。我们强调个体差异的行为遗传学取向时不应排除其他取向，如社会化取向或文化人类学取向。

2. 行为生物学理论

体育活动是体现人类自然属性最直接的行为方式之一。体育活动的"行为生物学"属性源于人类的所作所为均是在漫长的生物进化过程中形成的。根据行为生物学理论，行为模式的发育具有阶段性。一般地说，简单行为比复杂行为起源得早，所以某些平衡性、定位性要求较高，但不复杂的运动行为（如体操、技巧等），在个体发育的早期比较容易学习和掌握。对于复杂性较大的行为动作，以及需要较多的知识和经验参与的体育活动（如成套动作的创编、复杂的球类技战术等）则应在大学阶段进行学习。如果过早地接触复杂行为和器械无疑会拔苗助长，如果在大学阶段仍泛泛地去学习一些基本技能则难以引发学生的学习兴趣，对学生的健康发展也没有帮助。

此次基础教育体育课程改革，主要根据学生的身心发展特征划分学习水平，并根据各个学习水平循序渐进地设置不同的学习目标和要求。

3. 人类生态学理论

根据人类生态学理论的观点，环境生态有两方面的含义：一是人类活动可以为其自身的生存和发展创造适应性最佳的、处于动态平衡的环境，即良性循环的生态环境，这是人类所追求的环境目标；二是由人为污染和生态破坏，导致与其不适应的环境变化，即生态失调，这是人类致力于治理和改善环境的内容。

任何体育活动的开展都离不开生态环境因素，只有与生态环境充分地协调，才能使所有效能趋向优化。体育与健康课程的性质决定了其教学主要是在环境（自然环境和社会环境）这一广阔的天地间进行的，学生在体育与健康课程的学习中必然会受到环境的干预和制约。如果学生的体育活动行为破坏了体育生态系统的结构和功能，就会受到环境的制约。因此，高校体育课程标准非常注重培养学生的社会责任感，强调学生参与体育与健康活动的权利和义务，要求学生在体育与健康活动中做出负责任的社会行为，如爱护公共体育设施与器材、保护运动场内外的环境卫生等，培养为自己和他人参加体育活动创建健康环境的意识。

第二节　高职体育与健康课程的性质和基本理念

随着我国学校教育中素质教育的不断推进以及国际基础教育课程和体育课程的不断改革和发展，我国传统的体育课程将受到巨大的冲击并将发生变化。新体育课程无论在课程性质、课程的基本理念、课程目标，还是课程内容、教学方式和评价方法等方面，都将体现新的教育教学思想。其中，课程性质和课程基本理念的确立至关重要，因为它们影响体育与健康课程的发展方向，并对指导体育与健康课程实践具有重要而又深远的意义。

一、体育与健康课程的性质

高校体育课程标准将体育与健康课程定义为"是一门以身体练习为主要手段，以体育与健康知识、技能和方法为主要学习内容，以增进学生健康为主要目的的必修课程，是实施素质教育和培养德智体美全面发展人才不可缺少的重要途径"。

（一）身体练习是体育与健康课程的重要手段

体育与健康课程的定义决定了体育与健康课程与其他文化课程具有本质的不同。其他文化课程主要是在室内对学生进行知识教育，重视的是学生知识的积累和认知的发展；体育与健康课程主要是在室外对学生进行身体教育和运动教育，强调的是体能的增强、技能的掌握和态度行为的形成等。这就决定了体育与健康课程的教与学的主要手段，是体能的练习、运动技能的学习及参与运动的行为。当然，在体育学习中，也有知识的学习、心理健康的教育和道德品质的培养等，但这主要是贯穿于身体练习的过程中，并通过身体练习来完成的。

（二）体育与健康知识、技能和方法是体育与健康课程的主要学习内容

体育与健康课程有别于一般性的闲暇活动或健身活动。前者更多体现学生是一个接受体育教育的过程，在这一过程中，需要学生较为系统地学习和掌握自己所选择的运动知识和技能，旨在形成运动的爱好和专长，为终身体育奠定良好的基础，而且在体育学习中还有教师的指导与帮助，强调教学过程的组织性；后者更多体现活动者是自主参与活动，无须系统地学习什么活动内容，对掌握活动的水平的要求也不高，也无活动时间的控制，只要能参与活动就行，更多体现活动的随意性、轻松性等。此外在体育与健康课程中，还要求学生较为系统地学习健康教育的内容。

（三） 增进学生的健康是体育与健康课程的主要目标

学生会不会打篮球、排球等并不是最重要的事情，最重要的是学生要有健康的体魄，因为国家需要的是通过体育课程将所有学生培养成为社会主义现代化建设的高素质的健康人才，而不是将所有的学生培养成运动员。因此，增进学生的健康才是体育与健康课程的主要目标。

传统的体育课程将提高学生的运动技能水平作为主要目标，因此，在体育教学中，基本上是沿袭了竞技运动的内容，照搬了竞技运动的方法。由于竞技运动的教学内容和方法过于成人化、竞技化，远离学生的生活经验和生活实际，不符合学生的身心发展规律，因此，传统的体育课程不但没有提高学生的健康水平，而且导致了学生健康水平的下降。近两次全国大规模的体质健康调查显示，青年的体质健康水平呈全面下降的趋势。体育课程竞技化教学倾向严重，学生的运动兴趣未得到激发，学生参与体育活动时间太少等是导致学生体质健康水平下降的主要原因。

二、体育与健康课程的价值

在现代教育形成的过程中，体育作为一种有效的教育手段进入学校并在学校中逐渐发展。同时，人们也日益深刻地认识到，体育与健康课程对于增强学生体质，提高学生健康水平，促进学生全面和谐发展，培养社会主义现代化建设需要的高素质劳动者，具有极为重要的作用。

（一） 增进身体健康

体育课程学习对学生成长的最直接、最显著的价值，是促进身体的正常发育和身体健康水平的提高。这种价值主要以两种方式体现出来：一方面体现在身体形态和机能的变化方面。在教师指导下参加体育活动，学生能够增强体能，使身体健康水平得到提高。另一方面则体现在体育意识和行为的变化方面。通过长期的运动实践和体验，学生不但能形成对身体、身体活动和健康的正确观念，增强自我保健的意识，而且将逐步养成健康的行为习惯和生活方式。

（二） 提高心理健康水平

作为社会的存在物，人的运动实践行为不仅始终影响、改变着自身机体，而且随时影响着人们的情绪和各种心理感受。体育运动过程是不断面对挫折和克服困难的过程，在这个过程中，学生将反复体验挫折和困难，从而提高抗挫折能力和情绪调节能力，培养勇敢顽强的意志品质。在不断超越昨天、超越自我的过程中，学生会体验到进步或成功的喜悦，从而形成客观评价自我的习惯和能力，增强自尊和自信心，形成积极向上、乐观开朗的人生态度。

（三）增强社会适应能力

由于与他人和群体的联系是体育活动的必要条件，体育成为人的社会化的重要方式，对青年成长的意义尤为突出。因此，本课程的学习将帮助学生逐步理解并习惯于在一定的社会规范中生活，根据社会规范约束和调整自己的行为。热爱体育活动是青年的天性，学生对通过游戏和体育规则所体现出来的社会规范的学习，常常表现出乐于接受的态度。学生通过体育与健康课程学习所获得的社会适应能力，包括理解个人健康与群体健康的密切关系，对自我、群体和社会的责任感，合作精神与竞争意识，对他人的尊重和关心，良好的体育道德和团队精神。同时，体育与健康课程对于培养学生的创新能力和学习能力也具有显著的作用。

（四）获得体育与健康知识和技能

长期以来，存在着这样一种对体育的认识，似乎体育就是运动，没有什么知识学习的问题，这种认识失之偏颇。体育与健康课程主要是一种技能性的课程，它的许多内容是不能够或不完全能够通过语言或其他符号系统传授学习的。本课程中的知识学习内容有这样两个特点：一是本课程学习中的知识主要是一种操作性、技能性的知识，它不同于其他课程中以认知、理解为特征的知识；二是本课程中的知识学习，包括技能性知识和认知性知识的学习，主要是通过运动实践而不是通过读书或课堂传习而实现的。

体育与健康课程学习中的知识和技能主要包括以下内容：为促进身体健康和终身体育所必需的运动技能；关于体育与健康的基本知识和科学锻炼的方法；正确的体育与健康观念；欣赏运动的能力；安全运动的能力；与运动有关的野外生存技能；运用体育与健康的资源、信息、产品和体育与健康服务的能力。

三、体育与健康课程的基本理念

（一）坚持"健康第一"的指导思想，促进学生健康成长

体育课程的目标是培养学生健康的体魄，以便他们将来能够精力旺盛地为社会和国家做出更大的贡献。之所以在学校中设置体育课程，是期望通过体育教育，增强学生的体能，提高学生的健康水平，培养学生成为社会主义现代化建设的健康人才，而不是期望通

过体育课程的教学，培养高水平的运动员。

因此，体育与健康课程将摒弃竞技运动的教学观念，淡化竞技化的教学方法。无论是课程目标的确立、课程内容的选择，还是教学方法和评价方法的采用，都应围绕"健康第一"的指导思想来进行。

体育与健康课程重视健康整体观的确立，力图通过体育教学，不仅促进学生的身体健康，而且提高学生心理健康水平和社会适应能力，培育学生健康的意识和体魄，以充分体现体育课程的育人功能。

体育与健康课程重视将身体练习活动与健康教育的学习相结合，这样能更有效地促进学生形成健康的意识和良好的生活方式，提高学生的整体健康水平，因为仅仅靠身体练习的活动是不可能承担在学校教育中贯彻和落实"健康第一"的指导思想的全部任务的。

（二）改革课程内容和教学方式，努力体现课程的时代性

体育与健康课程在继承优良传统的基础上，大胆改革，开拓创新，在课程内容和教学方式上努力体现时代性。

（三）课程内容的改革

体育与健康课程将大大突破传统的竞技运动教学内容的模式，体育课堂的教学内容不再完全是"清一色"的田径、球类、体操、武术等竞技运动内容，民族民间体育活动内容和新兴运动项目将被引入体育课堂，同时竞技运动项目也可能被改造成符合大学生身心发展特点、深受大学生喜爱的运动项目。换言之，体育与健康课程的内容将呈现百花齐放、千姿百态的局面。

1. 教学方式的变化

体育与健康课程将改变传统、单一的灌输—接受的课堂教学方式，倡导学生进行自主学习、探究学习和合作学习，实现学习方式的多样化，以促进学生知识与技能、情感、态度与价值观的整体发展。

体育与健康课程强调改变传统的灌输—接受教学方式，并不排斥教师的指导作用和学生的模仿和接受学习，教师仍需要在体育教学中进行示范和讲解，但不是满堂灌，不要花费过多的时间在示范和讲解上，要对学生给予点拨和启发，给学生尽可能多的活动时间和空间，使学生能有充分的时间进行自主学习、探究学习和合作学习，以培养学生分析问题和解决问题的能力。

2. 强调以学生发展为中心，重视学生的主体地位，帮助学生学会学习

传统的体育课程比较忽视学生的心理感受和情感体验，教师主要关心的是运动知识和

技能的传授，关注的是学生的运动技能掌握得如何，至于学生是否愿意学、学得是否愉快，教师很少关心。结果，学生在上体育课时"身顺心违"、不喜欢体育课的情况较为普遍。由于学生学习很被动，且无愉快体验，这种教学方式很容易让学生感到厌倦和反感。

传统的以教师为中心的教学模式也许有利于学生对现成运动知识和技能的掌握，但不利于学生探究意识和创新精神的培养。鉴于体育课程的特殊性质，充分体现学生在体育学习中的主体地位显得尤为重要。因此，体育与健康课程标准在构建课程体系的时候，十分关注满足学生全面发展的需要和学生的心理感受及情感体验，从课程设计到评价的各个环节，始终从有利于学生主动、全面地发展出发，要求教师在教学活动中特别注意体现学生在学习活动中的主体地位，以充分发挥学生的学习积极性和学习潜能，提高学生的体育学习能力。

（四）注重学生运动爱好和专长的形成，奠定学生终身体育的基础

兴趣和爱好不但对学生的学习过程具有重要的意义，对课程最终目标的实现也具有积极的作用。只有激发和保持学生的运动兴趣，促进学生形成运动爱好和专长，才能使学生自觉、积极地进行体育锻炼，并将体育活动作为生活中不可或缺的重要组成部分，形成终身体育的意识和能力。从终身体育的角度来讲，关注学生运动爱好和专长的形成以及养成坚持体育锻炼的习惯，与关注学生一时的运动技能表现相比更重要。

传统的体育课程，虽然也能完成教育的基本任务，但在培养学生的运动兴趣和爱好方面，很难说有多少积极的作用。学生在走向社会后不能主动积极、自觉自愿地参与体育锻炼的原因很多，但他们对体育活动兴趣的淡漠和缺少爱好是主要原因。这种情况说明，强调学生学习兴趣和爱好在体育课程改革中具有特别重要的意义。

体育与健康课程将激发和保持学生的运动兴趣以及培养学生运动爱好和专长放在中心位置。我们认为，学生多学或少学一些竞技运动技能、掌握的运动动作是否很规范（当然最好是动作规范一点）并不十分重要，如何培养学生的运动兴趣、爱好和专长，才是体育课程和教学中最重要的事情。体育与健康课程提倡根据学生的兴趣和爱好，让他们有选择地学习一项或几项运动项目，主要是为了培养学生的运动专长，因为学生有了运动专长，才可能体验到成功感、愉快感和自我价值，进而提高参与体育学习和活动的积极性，形成终身体育的意识和习惯，也才可能将体育活动作为生活中不可或缺的重要组成部分。

第三节　高职体育与健康课程的设计思路

一、根据课程目标与内容划分学习领域

体育与健康课程标准改变了传统的按运动项目划分课程内容和安排教学时数的方式，根据素质教育的要求和体育课程的目标，从身体—心理—社会适应三维健康观及体育的特点出发，充分考虑了国外体育课程发展的趋势，并吸取我国体育课程建设的经验教训，将体育与健康课程的学习内容划分为运动参与、运动技能、身体健康、心理健康和社会适应五个学习领域，根据各个领域的特点并结合体育活动内容构建了相互关联的内容体系。过去是以运动项目来确定学习领域，现在是以体育的功能来确定学习领域。这样做主要是为了强调以下几点：

第一，学生的运动表现。运动参与行为和运动技能状况仍然是体育与健康课程学习的主要形式，但掌握运动技能并非体育与健康课程学习的唯一内容和目的，改善学生参与体育的态度和程度，同样是本课程学习的目标。

第二，学生的健康，包括身体健康、心理健康和社会适应能力的发展是课程学习的主要目标和重要内容。

第三，学生的运动行为表现，包括运动兴趣、爱好、习惯及其对自身健康和社会健康方面的责任感和能力，也是课程关注的重要问题。

须强调说明的是：一是五个学习领域构成了体育与健康课程的内容体系，它们相互联系、相互影响，某一学习领域不能脱离其他学习领域而独立存在；二是身体健康、心理健康和社会适应三个学习领域的目标，主要是通过运动参与和运动技能的学习而实现的，而不是通过"知识教育"方式来完成的。

（一）课程目标与课程内容的关系

课程目标是对学生通过课程学习预期应达到的要求的陈述，它一般是由国家的课程标准或课程指导纲要明确规定的。课程目标是通过课程学习而最终实现的，是课程内容和全部教学活动的出发点和归宿。体育与健康课程目标与课程内容存在着以下关系：

第一，课程目标为体育与健康课程内容和教学方法的选择提供依据，它对"什么样的知识和教学方法最有价值"做出判断，并界定了课程的内容范围。

第二，课程目标为体育与健康课程和教学活动的组织提供依据，它决定了课程的性质

和类型，也决定着课程内容的结构方式以及教与学的组织形式。

第三，课程目标影响着教与学的方法与策略。

课程目标为体育与健康课程评价和教学评价提供依据，它构成了对课程内容和教学活动进行价值判断的基本标准。

为了扬长避短，在确立体育与健康课程的目标体系时，高校体育课程标准尽可能充分地考虑了体育学科自身的特点和社会对体育与健康课程学习的需要。一方面，在设计课程时以体育的学科体系和学科特点为基础，把构成学科基础的基本知识（包括认知性知识和操作性知识）作为课程目标的基本内容，并按照学科知识体系的逻辑结构来确定课程目标体系。例如，把田径和健康教育的内容作为学习高职体育与健康课程的共同基础就是基于这样的考虑。另一方面，也充分考虑了体育对于改进社会、满足社会需要的作用，因而把个人在体育与健康方面的社会权利与义务、终身体育意识和习惯等列入课程目标，并据此确定了相应的课程内容。

（二）体育与健康课程的目标分类和课程内容

根据高校体育课程标准所确定的课程目标和设计思路，高校体育课程标准只是确定了体育与健康课程的内容框架和选取原则。在课程实践中，应精选既受学生喜爱又对促进学生身心发展有较大价值，有利于为学生终身发展奠定基础的体育与健康基础知识、基本技能和方法作为学习内容，并根据高校体育课程标准的要求和体育学习的规律组织课程内容，组织教学，保证学生在身心健康发展的基础上能够学有专长，并能加以运用，以充分体现课程内容的基础性特征。学校可以根据国内外体育的发展趋势，按照高校体育课程标准的精神随时补充新的教学内容，以充分体现课程的时代性特征。

二、根据学生身心发展的特征划分学习水平

根据学生身心发展的特征和学习内容的可接受性程度，确定不同年龄段学生的学习任务，是一切课程在具体设计时都必须考虑的首要问题。但是，与心理和智力发育相比，青年在身体发育方面表现出更大的个体差异性，更加不受社会环境因素的影响。因此，如果按照学生的自然年龄来确定学生的学习任务，按严格的技能尺度去要求和评价每个学生的体育学习，势必造成学生学习差距的扩大。这种差距不但未能真实全面地反映学生的发育和体育学习状况，而且不利于学生良好体育行为和兴趣的形成。因此，高校体育课程标准没有采用按年级划分学生学段的方式，而是根据学生身心发展的规律和体育学习的特点，将大学生的体育与健康课程学习划分为六级水平，并设置相应的水平目标。

水平目标的构建采用三种不同的方式：第一种方式为递进式目标，即在不同的水平对

同一内容的学习逐步提高要求；第二种方式为侧重式目标，即在某一水平侧重学习某些内容，但在其他水平也需要学习这些内容；第三种方式为完成式目标，即在某一水平阶段学习完某些内容后，在其他水平阶段不再出现这些内容。这样做的目的主要是适应学生身体发育的个体差异，更好地照顾发育较迟缓、运动能力较差的学生和有运动天赋的学生的体育学习需要，以便更好地贯彻面向全体学生、使每一个学生都受益的原则。

三、根据可操作性和可观察性要求确定具体的学习目标

（一）体育与健康学习目标的性质与取向

体育与健康课程目标指向的是体育与健康学习中不同领域的"一般反应模式"，体育与健康学习目标则指向体育教学过程中的具体行为方式。体育与健康学习目标来源于体育与健康课程目标，是预期的学生学习结果或学习活动预期应达到的标准。

体育与健康学习目标是课程目标的进一步具体化，体育学习目标由教师根据有关教育法规、高校体育课程标准和各方面实际情况制定。它是指导教学活动设计、实施和评价的基本依据，对教学活动具有导向、指引、操作、调控、测评等功能。学习目标通常在"单元"或"课"的教学计划（方案）中按照课程目标分别陈述。

美国课程论专家舒伯特（W. H. Schubert）认为存在着表现出不同价值取向的四种典型的课程目标模式：普遍性目标模式、行为目标模式、生成性目标模式和表现性目标模式。这种区分也同样可以用来对学习目标进行分析。

1. 普遍性目标模式

普遍性目标是一种古老的学习目标取向，它建立在一般意识形态或社会政治需要的基础上，表现为具有某种哲学或伦理学倾向的一般教育宗旨或原则，是这些一般原则或宗旨在教学中的直接应用。它的优点是具有普适性，便于教师创造性地在教学中加以应用和解释；其缺陷主要是不够科学、严谨，容易受经验局限或流于形式。

2. 行为目标模式

行为目标是将学习目标表述为具体的、可操作性的行为。布卢姆（Bloom）的教育目标分类学被认为是行为目标取向的一个范例，行为目标模式也因此成为20世纪课程与学习目标设计的一种主流模式。

行为目标模式具有三个典型的特征：目标具有层级结构；目标以学生具体的、外显的行为来陈述；目标超越了单一学科的内容。这种目标模式创造性地处理了教育学和心理学的关系，为教育及课程理论与实践提供了富于启发性的框架结构。批评者则认为这种目标

分类模式存在着如下一些缺陷：把本来是紧密联系在一起的认知、情感和动作技能三个领域人为割裂开；行为目标的分类还存在着一些逻辑方面的矛盾；还有人对行为目标模式超学科性和目标层级结构的科学性提出怀疑。为之辩护的学者则认为，这些现存缺陷在一定程度上正好为教育目标分类学的未来发展提供了新的思路。

在我国过去施行的各个"体育教学大纲"中，其"基本部分"即对运动技能目标的陈述基本上属于这种行为目标模式。

3. 生成性目标模式

与行为目标主要表现为先于教学过程而制定的课程教学文件或指令不同，生成性目标是教育情境的产物和问题解决的结果。它是在教育情境中随着教学过程的展开而自然生成的学习目标，是问题解决的结果和学生经验生成的内在要求。过程性是生成性目标模式的最大特点。

生成性目标模式消解了教学过程与结果、手段与目的之间的二元对立，学习成为学生自己的事，它有助于终身学习。但批评者认为教师无法胜任这种互动式班级教学，而且学生有时并不知道学习什么是对他最好的，也很难产生对于语法、数学等比较困难的知识的学习需要。

4. 表现性目标模式

表现性目标是作为教学性目标的补充而提出来的，其代表人物是美国学者艾斯纳(E. W. Eisner)。他对教学性目标的描述与行为目标的描述十分接近，他认为教学性目标旨在使大多数学生掌握现成的文化工具，它规定了学生在完成一项或几项学习活动后应该习得的具体行为。表现性目标旨在培养学生的创造性。这种目标模式类似我国教育界的主题教学。

（二）高校体育课程标准中的学习目标取向

高校体育课程标准采用的是一种综合的课程学习目标取向模式。根据体育与健康课程的实践性特征和体育知识的操作性特征，它对学习目标的描述以行为目标模式为主，同时根据学习内容性质的不同，采用了其他三种目标取向模式的方式。具体地说，就是将学生通过体育与健康课程学习之后应该达到的目标，表示为具有层级结构、以学生具体的和外显的行为为主要特征的综合的目标体系。这是对体育与健康课程和学习目标描述的一种全新尝试，其目的是使学生的预期学习结果，特别是过去比较难以处理的在情感态度等方面的变化尽可能外显，以促进体育与健康课程目标的全面实现。

（三）体育与健康学习目标设置和表述的原则

为了确保学习目标的达成和学习评价的可行性，学习目标必须是具体的、可观察的。高校体育课程标准中的有关部分根据学生的年龄特征和行为科学、社会心理学的有关原理，分析了学生通过体育与健康课程学习后相应在情感、意志、行为等方面的预期表现，并将它们作为相关方面的学习目标，这就使学习目标由隐性变为显性，由抽象的原则性要求变为可以观察、测试的行为表征。同时，对学习目标的陈述，也注意尽可能采用科学的方式和准确的术语，以便让学生在学习时自我认识和体验，也便于教师对学生进行观察和评价。

高校体育课程标准的课程学习目标主要有两类：一类是结果性目标，一类是体验性目标。结果性目标指向可以结果化的课程学习目标，主要用于"运动技能"和"身体健康"学习领域。体验性目标或表现性目标指向无须结果化或难以结果化的课程学习目标，主要用于"运动参与""心理健康"和"社会适应"学习领域。

高校体育课程标准列举了一系列的行为动词来描述结果性目标和体验性目标，以区分学习结果的层次性。教师应根据高校体育课程标准对不同层次学习结果的要求，选择恰当的行为动词来描述学习目标，加强教学设计的可操作性和教学质量的可测性。

四、根据三级课程管理的要求加大课程内容的选择性

对课程实行分级管理，加大地方和学校在课程建设中的自主性，是近 20 年来课程建设和改革的一项重要成果。高校体育课程标准在继承有关做法的基础上，加大了按照三级课程管理的要求推进课程建设的力度。这主要体现在以下三方面：

第一，高校体育课程标准重视"一标多本"的原则，即各地甚至一切具备资格的人士，都可以按照高校体育课程标准的精神和要求，经适当程序获批准后组织编写、出版教材，这有助于编写出更能适合不同地区需求的、学术观点多样化的、风格更丰富多彩的教材，从而促进体育与健康课程建设的发展。

第二，高校体育课程标准对教学内容的选取做了特别灵活的处理。在此前不断加大选修教材比例的基础上，高校体育课程标准彻底放弃了对具体教学内容的规定，而只是规定了学习内容选取的原则和范围，而且这个范围是开放的、动态的、发展的。具体学习内容的确定，则要由各地学校根据体育与健康课程标准的精神和要求以及各方面的实际情况自行决定。这就使各地学校在实施高校体育课程标准时有了更大的自由度和更多的灵活性。

第三，高校体育课程标准确定了逐步减少运动项目学习的原则。在一年级阶段，学生要学习的内容比较多，一方面是因为这个阶段的学生需要进行全面锻炼，以促进身体的全

面发育；另一方面是因为这个阶段的学生天性好动，多接触一些运动项目有利于他们对体育的全面了解，以培养对运动的广泛兴趣。到了二年级阶段，学生的兴趣开始趋于定向集中发展，即逐渐形成爱好。根据这个特点，学校可以按照内容标准中各水平的规定，根据各方面的条件和学生的兴趣，在每一类运动项目（如球类、田径等）中选择若干项目作为教学内容。在三年级阶段，大多数学生已经形成了各自的爱好或志趣，学校应引导学生在学校确定的范围内，选择一两个项目作为重点学习的内容，以提高他们的运动能力和发展他们的爱好、习惯。

那么，如何根据课程目标来组织课程内容呢？高校体育课程标准所采用的是在确立部分必修内容之外，主要以运动技能的内在逻辑为中心，同时完成五方面课程目标的结构体系，但每个学生运动技能学习的具体内容则由学校和学生个人共同决定。这在表面上类似过去按运动项目分类的课程结构，但由于学校和学生参与了课程建设的过程，目前的这种课程结构实际上与过去有本质的区别。这种区别表现在：

第一，过去学生在大学阶段要学习的内容不是由学校和学生自己决定的，而是由课程专家决定的，因而在适应学生的需求和兴趣方面，两者之间存在着极大的差异。

第二，过去学生学习的内容结构是先验的，即田径、球类、体操等的学习顺序是由课程专家事先决定的，这种先后顺序对于体育学习过程而言事实上并不具有严格的科学意义。而现在学生一旦按照高校体育课程标准选择了技能学习的内容即运动项目，则课程的结构将由运动项目学习的内在逻辑性决定。

在考虑课程结构的时候，实际上还有两个不容回避的问题，即如何认识竞技运动在体育与健康课程中的地位和课程的内容、比例问题。

（一）关于"竞技运动"问题

按照高校体育课程标准的要求，每个学生，特别是在大学阶段的学生，所学运动项目的数量明显减少，学生选择学习的运动项目可能只有两三项，最多五项，但用于每个所学项目的总学时则大大增加。大学生可以把整学期甚至整学年的体育课时用于系统学习其自主选择的运动项目，这将极大地促进学生运动水平技能的提高。新课程反对的是采用竞技化的方式进行体育教学和评价，丝毫没有反对在体育与健康课程中进行运动教育。

（二）关于"课程内容和比例是否应更明确具体"的问题

在高校体育课程标准的研制过程中，曾经有人对课程内容的陈述和结构方式提出质疑，认为高校体育课程标准缺乏对课程内容的具体规定，对各方面内容的比例也缺乏明确规定，因而建议"提出明确的内容体系"或编写"高校体育课程标准分纲或分项资料"。

提出这个问题的主要原因是，高校体育课程标准不像历次教学大纲那样详细规定每学年应完成的运动技术教学项目的课时比例、技术动作、战术动作、考核项目和方法，甚至技术教学的辅助练习，而是要求任课教师根据高校体育课程标准的要求和本校及学生的实际情况选择适当的教学内容。事实上，高校体育课程标准对课程内容的范围和程度要求等均有明确、具体的规定，有完整的内容标准，且只规定模块化的内容标准而不明确规定不同课程内容的比例。这是为了便于教师能在教学时根据学生的学习进程和要求进行灵活调整，使学校、教师和学生都有更大的选择权。

第四节　高职体育与健康课程的目标体系

体育与健康课程目标是指高校学生通过体育与健康学习与活动所要达到的预期学习结果，是大学教育目标在体育与健康课程中的具体体现，是体育与健康课程编制、实施、评价的准则和指南。体育与健康课程的实施必须首先制定符合新时期大学培养目标、体育与健康课程设计的理念和体育与健康课程的目标。体育与健康课程目标是选择体育与健康课程内容与方法的重要依据，它将对什么样的体育与健康知识和技能最有价值以及什么样的体育方法最有价值提供判断，为体育与健康课程的组织（包括体育课程组织的类型、体育教学的组织形式等）提供依据，为体育与健康课程的实施指明了基本的方向，同时为体育与健康课程评价提供依据。

一、体育与健康课程总目标

（一）制定体育与健康课程目标的依据

1. 现代社会发展的需求

体育与健康课程目标始终是与社会发展的需要紧密相关的。身心健康是国家发展、社会进步和个人幸福的重要物质基础之一，因此，人类的健康已成为21世纪世界各国关注的焦点，而增进青年一代的身心健康成为现代社会发展对体育与健康课程改革的迫切需求。

面对社会的发展与变化，《中共中央国务院关于深化教育改革全面推进素质教育的决定》指出："实施素质教育，必须把德育、智育、体育、美育等有机地统一在教育活动的各个环节中……健康体魄是青年为祖国和人民服务的基本前提，是中华民族旺盛生命力的体现。学校教育要树立健康第一的思想，切实加强体育工作，使学生掌握基本运动技能，养成坚持锻炼身体的良好习惯。"因此，体育与健康课程作为大学生的必修课程，其课程目标必须全面贯彻教育方针和素质教育的要求，为培养高素质的人才发挥重要作用。

2. 大学生身心发展的特征

学生是体育教学过程构成的基本因素。学生既是体育教学的对象，又是体育学习的主体。学生的身心发展特点、学习潜能、学习积极性直接制约与影响体育与健康课程目标的制定。我们只有以学生的身心发展特点和规律为依据，同时结合学校的具体情况和学生学习、生活、锻炼的具体条件，才能制定出科学的、可行的体育与健康课程的目标。学生的身心特征具有一定的阶段性和个性差异，因此，体育与健康课程目标的构建应以学生对现实的认识、对生活的体验、对精神的感悟和对未来生活的憧憬为依据。

3. 体育与健康课程的特点和功能

体育与健康课程的特点和功能是制定课程目标的内部依据。体育与健康课程制定的目标除受社会发展、素质教育要求、学生身心发展特征的制约外，在很大程度上是由体育与健康课程本身所具有的特点和功能所决定的。

体育与健康课程的主要特点是：

第一，体育课程是运动认知性课程。人们的认知可以分为三种：概念认知——主要是通过语言等形成的认知；感觉认知——主要是通过感官系统形成的认知；运动认知——主要是通过人体本体感觉形成的认知。体育课程在很大程度上属于第三种认知。体育课程主要是进行运动活动与身体练习，并通过这些运动活动与身体练习实现体育课程的目标。

第二，体育课程是生活教育课程。体育课程主要不是为学生将来从事某一专业或职业直接提供认知基础，而是为了学生现在与将来能够快乐、健康、幸福地生活，充分感受人的旺盛生命力，体验丰富的情感，增强意志力服务。体育课程是学生现实生活的一个重要组成部分，是学生未来生活的重要准备。

第三，体育课程是情意性课程。情意性课程是指通过课程体验改造人的主观世界的课程。体育课程对人的情感与意志力的培养具有其他课程无法取代的作用，学生在进行运动性认知的过程中大量地涉及情感、情绪、态度、价值观等，学生的主观世界主要是通过活动的体验，在一系列的情感与意志冲突中不断升华。这些过程对人格的发展、个性的形成具有重要的影响。

第四，体育课程是综合性课程。体育课程是一门涉及体育、生理卫生、心理健康、环境、娱乐等领域的理论与方法，还涉及身体发展、人际关系、运动技能技巧等实际活动方面的内容，因此具有鲜明的综合性。

体育与健康课程的主要功能有健身功能、教育功能、个体社会化功能、娱乐功能、竞技功能等，其中健身功能和教育功能是体育与健康课程的本质功能。体育与健康课程的目标是以人们对体育与健康课程功能的认识为基础的，体育与健康课程的目标只有以体育与健康课程功能为依据才有可能实现。

（二）体育与健康课程的目标

能否正确制定体育与健康课程的目标是课程目标能否充分发挥指引、导向作用的关键。体育与健康课程的目标对于体育教学实践的指引主要表现在：课程目标应十分明确，应让不同的人从课程目标中对所期望的结果获得相同的理解，这样目标才能发挥作用。高校体育课程标准中对体育与健康课程目标的表述，改变了以往模糊、含混、笼统的表述方式，将行为目标与表现性目标有机结合起来。所谓行为目标一般是可以观察、可以测量或可以示范的，它清楚地阐明了学生应该干什么、达到什么程度。行为目标通常包括四个要素：行为主体、行为动词、行为条件和表现程度。如"掌握常见运动创伤的简易处理方法"。所谓表现性目标不是规定学生在完成学习活动后所习得的行为，而是描述教育中的"际遇"：指明学生将在其中作业的情境、学生将要处理的问题、学生将要从事的任务，但并不指定学生将从这些"际遇"中学到什么。如描述经过一段时间体育锻炼后健康状况的变化。行为目标与表现性目标结合运用，有利于引导教师将体育与健康课程学习的结果和过程有机结合起来，也有利于学生将显性的学习与隐性的学习有机结合起来，真正实现体育与健康课程目标、内容、过程、评价的统一。

1. 课程的目标体系

体育与健康课程目标是体育与健康课程的重要组成部分，其具体目标共包括五方面：增强体能，掌握和应用基本的体育与健康知识和运动技能；培养运动兴趣和爱好，形成坚持锻炼的习惯；具有良好的心理品质，表现出人际交往的能力与合作精神；提高对个人健康和群体健康的责任感，形成健康的生活方式；发扬体育精神，形成积极进取、乐观开朗的生活态度。

上述五方面的目标构成了体育与健康课程的整体目标，它们之间是互相联系、互相融合的。从体育与健康课程目标可以看出，本课程不仅要求学生增强体能，掌握基本的运动知识和运动技能，而且期望学生形成坚持体育锻炼的习惯、健康的生活方式和积极进取、乐观开朗的生活态度等。

体育与健康课程标准主要根据课程目标划分领域目标，根据领域目标划分水平目标，从而构成了课程目标—领域目标—水平目标三个递进的目标体系。

2. 课程的具体目标

第一，增强体能，掌握和应用基本的体育与健康知识和运动技能。

第二，体能是指人体各器官系统的机能在身体活动中表现出来的能力，良好的体能可以保证人们正常地生活和学习，不易感到疲劳，并且有余力享有休闲和应付所遇到的压力。体能包括与健康有关的体能和与运动技能有关的体能。前者包括心肺耐力、柔韧性、肌肉力量、肌肉耐力、身体成分等，后者包括从事运动所需要的速度、力量、耐力、灵敏、柔韧等。增强体能是体育与健康课程的重要目标。

第三，掌握和应用基本的体育与健康知识和运动技能，是体育课程文化传承的目标。课程目标不仅要求学生掌握体育知识与技能，更重视学生体育知识与技能的应用，即将所掌握的知识、技能应用于体育锻炼实践和生活实践。

第四，培养运动兴趣和爱好，形成坚持锻炼的习惯。形成坚持锻炼的习惯是体育与健康课程要达到的重要目标，学生只有真正形成了锻炼习惯，才能自觉地坚持锻炼，才能切实地为终身体育奠定基础，才能使体育锻炼成为生活中一个不可或缺的重要组成部分。

第五，具有良好的心理品质，表现出人际交往的能力与合作精神。

第六，体育与健康课程不仅要增进学生的身体健康，而且要增进学生的心理健康和社会适应能力，促使学生身心健康全面发展。体育活动对于提高学生的心理健康水平和社会适应能力具有重要的促进作用，这是由体育活动本身的心理特性和社会特性所决定的。因此，在体育教学中，如何有效地通过体育实践活动来促进学生心理素质和社会适应能力的提高，是每一位体育教师应重视的问题。

第七，提高对个人健康和群体健康的责任感，形成健康的生活方式。

第八，健康的生活方式对每一个学生的生活质量和身心健康都具有长远的意义和作用。虽然健康生活方式的形成受到学校教育多门课程的综合影响，仅靠体育与健康课程是不够的，但体育与健康课程可以结合本门课程的特点来努力促进学生形成健康的生活方式。另外，应使学生将个人的健康和群体的健康看成是一种社会责任，因为个人的健康不仅是个人幸福的需要，也是国家和社会进步的需要。在使学生关注自己健康的同时，还要学会关注他人的健康。发挥体育的育人功能是体育与健康课程十分重要的目标，体育与健康课程的育人目标必须结合体育的特点，通过体育教学过程来实现，使学生在这一过程中形成积极进取、不畏困难、敢于拼搏、乐观开朗、热爱生活的积极态度和爱国主义、社会主义、集体主义的观念。

总之，体育与健康课程的目标重视对人的培养。

二、体育与健康课程五方面的课程内容的具体目标

体育与健康课程改变了过去按运动项目划分课程内容和教学时数的框架，根据三维健康观、体育本身的特点以及国外体育课程发展的趋势，将不同性质的学习目标与内容划分

为运动参与、运动技能、身体健康、心理健康和社会适应五方面。这五方面主要是由两条主线构成：一条是运动主线，包括运动参与和运动技能。运动参与和运动技能是其他方面目标与内容学习的基础，同时运动参与和运动技能的学习又必须以有利于实现其他方面的目标为前提。另一条主线是健康主线，包括身体健康、心理健康和社会适应。

课程内容五方面的划分是相对的，只是为了更深入地理解和把握体育与健康课程学习的目标与内容，实际上五方面是一个有机联系的整体，每一方面都不能脱离其他方面而独立存在。如水平五的心理健康目标"在不断提高运动能力的过程中体验成功的感觉"、水平五的社会适应目标"正确处理体育活动中竞争与合作的关系"等，它们必须通过运动参与和运动技能这两个学习载体才能真正得以体现。这就要求同一个学习内容要兼顾多种学习目标，运动技能的教学要改变过去只是传授运动技术的方式，应成为完成多种学习目标（包括心理健康和社会适应的目标）的手段。

五方面的具体目标是指期望学生在各个学习方面达到的学习结果，课程总目标通过各方面目标的达成而得以实现。高校体育课程标准将课程总目标细分为五方面的具体目标，从而使课程对每一方面的学习要求进一步明确化。下面我们主要以大学阶段水平五的目标为例做进一步说明。

（一）运动参与目标

运动参与方面的学习目标是：具有积极参与体育活动的态度和行为；用科学的方法参与体育活动。

运动参与是学生发展体能、获得运动技能、提高健康水平、形成乐观开朗的生活态度的重要途径。运动参与的目标提示我们，课程非常重视通过形式多样的体育教学手段和丰富多彩的体育活动内容，培养学生参与体育活动的兴趣和爱好，形成坚持锻炼的习惯和终身体育的意识。不仅如此，还要使学生掌握科学锻炼身体的方法。

大学阶段，要着重让学生体验参加体育活动的乐趣；大学阶段，要注重让学生形成终身体育的意识和能力。

这一方面目标的提出表明：体育与健康课程非常强调培养学生参与体育活动的兴趣和爱好，从一定意义上讲，甚至可以认为积极参与的态度与行为比仅仅学习某一运动技能更重要；体育与健康课程强调学生积极参与体育锻炼的同时，还要求学生懂得科学锻炼身体的方法，提高在体育实践中运用科学锻炼理论的能力；体育与健康课程应面向全体学生，充分考虑学生的身心特点和兴趣爱好，注重凸显学生学习的主体地位，给学生参与活动留有充分的时间与空间，鼓励学生进行自主学习和探究学习，以形成坚持锻炼的习惯，培养终身体育的意识与能力。此外，运动参与目标充分体现了体育与健康课程的性质，有助于体育与健康课程其他目标的实现。

（二）运动技能目标

运动技能方面的学习目标是：获得运动基础知识；学习和应用运动技能；安全地进行体育活动；获得野外活动的基本技能。

运动技能目标是体育与健康课程的主干学习目标，运动知识与运动技能的学习、改进、巩固与提高是体育与健康课程学习的中心，并贯穿在体育学习过程的始终；同时，运动技能的学习又是实现其他方面学习目标的载体。

大学阶段，学生将学会多种体育游戏和身体活动方法；大学阶段，应充分尊重学生的不同需要，引导他们根据自己的具体情况选择一至三项运动项目进行较系统的学习，发展运动能力。

（三）身体健康目标

身体健康方面的学习目标是：形成正确的身体姿势；发展体能；具有关注身体和健康的意识；懂得营养、环境和不良行为对身体健康的影响。

身体健康目标强调，体育与健康课程在重视引导学生积极参与体育活动、发展体能的同时，还要注意使学生了解营养、环境和不良行为对身体健康的影响，形成健康的生活方式，有效地提高学生的身体健康水平。

根据学生身体发展的规律，本领域要求学生在某一水平学习时侧重发展某些体能，并在其他水平学习时注意促进这些体能的发展。此外，在大学阶段还应要求学生着重了解营养卫生和青春期卫生保健常识；大学阶段要求学生形成良好的生活方式。身体健康目标还强调学生的身体健康水平要与其体能状况紧密相关，要求体育教师根据学生体能发展的特征来确定目标、安排教学内容，全面发展学生的体能。

（四）心理健康目标

心理健康方面的学习目标是：了解体育活动对心理健康的作用，认识身心发展的关系；正确理解体育活动与自尊、自信的关系；学会通过体育活动等方法调控情绪；形成克服困难的坚强意志品质。

大学阶段，应侧重使学生了解和体验体育活动对心理状态的影响，敢于展示自我；大学阶段，应侧重发展学生运用体育活动等方法改善心理状态的能力。

（五）社会适应目标

社会适应方面的学习目标是：建立和谐的人际关系，具有良好的合作精神和体育道德；学会获取现代社会中体育与健康知识的方法。

社会适应目标表明，体育与健康课程十分强调体育活动对于发展学生的社会适应能力的独特作用。大量的研究与实践证明，经常参与体育活动的学生，其合作和竞争意识、交往能力以及对他人、集体和社会的关心程度都会得到提高，而且他们在体育活动中所获得的合作与交往等能力能迁移到其日常的学习和生活中去。这就需要在体育教学中特别注意营造友好、和谐的课堂氛围，采取有效的教学手段和方法，培养学生的社会适应能力。

第七章 高职体育与健康模式

第一节 学校体育与健康教学模式

体育与健康教学过程是实现教学目的、任务的基本程序，是学生在教师有目的、有计划的指导下，通过一定的媒介方式、方法，掌握体育教学大纲所规定的教材内容，锻炼身体，增强体质，培养良好的个性和思想品德的过程。体育教学过程由以下几个基本要素构成：一是体育教师，即教学的组织者与管理者；二是学生，即教育的对象、学习的主体，教材的选择、教学方法的制定均指向于学生；三是传播媒介，即教学过程中将教材内容传递至学生的各种方法、形式或工具；四是体育教材。可见，这四个要素构成了体育教学过程的基本因素，它们相互作用形成体育教学的各种矛盾，解决和处理好这些矛盾是提高体育与健康教学质量的关键。优化体育教学过程就是要科学合理地处理好教学过程的基本矛盾，形成最佳的教学模式。

一、改革传统的教学模式以适应素质教育发展的需要

传统的模式不适应现代青少年心理和生理的发展需要，传统的教学模式在应试教育的教学过程中发挥了重要作用，尤其是对 20 世纪七八十年代的青少年，形成了一定的效应。但是，我们的教学对象是随着时代而不断地变化进步的。现实中，我们面对的是在优越条件下成长起来的学生，他们好奇心强，对新鲜事物易产生兴趣，思维敏捷，活泼好动，爱上体育课，却不愿意参加剧烈或难度较大的活动，更不愿意在活动中受到太多的约束。再加上班级人数多，肥胖人数多，克服困难的意志品质弱，给我们的体育教学带来了很多困难。我们本来可以利用这些因素有针对性地加以突破，但是传统教学模式的条条框框无形中影响了教师的创造性，使课的形式单调，同时也把学生的主动性和创造性限制住了，影响了学生个性的发展。

传统的授课模式不能和素质教育所要求的教学目标相适应。现代教育注重学生的个性发展，我们的任务不仅是要让学生的身体好，更重要的是面向全体学生，把学习和锻炼的

方法教授给他们，通过正确的身心教育培养良好的道德品质，养成良好的行为规范，发展人际关系，开发学生认识事物的能力，掌握对美的认识和理解。而传统的教学是在应试教育的理论与实践中生长并形成的一种固定模式，片面强调身体锻炼，忽视了对学生的全面培养和教育，不能以大多数学生为主要教学对象，这与时代所赋予教育的历史任务是不相符的。现在，素质教育是教育改革的主旋律。体育是素质教育的重要内容，又是素质教育的重要手段，体育课堂教学更是实施素质教育的关键环节之一。因此要全面推进素质教育，必须转变观念，改革传统的教学模式，要在实践中充分利用体育教育自身的优势，转化限制条件为有利条件，正视自己，解放思想，拓宽思路，大胆突破。既尊重传统，又不要被传统所拘束；既学习国内外先进的教学方法，又要创造适合本校实际的方法，优化体育课堂教学过程，使每节课都做到教法新颖、措施有力。

二、体育课教学过程中存在的几个问题

第一，继承体育传统与改革创新不能有机结合的问题。优化课堂教学，既要打破传统，又要继承传统，在继承传统的基础上有所创新。就是说既要打破传统教学中不利于学生生动活泼发展的教学方法和模式，又要继承传统教学中优良的教学形式并大胆改革探索创新，力求达到最优化的教学。比如传统的体育教学顺序一般是在准备活动后进行新教材的教学，要优化课堂教学，充分调动学生的积极性，就应该打破这种固定不变的教材安排顺序，根据教材的难易、气温的高低等因素来安排新旧教材的先后，主要是看是否能够尽快使学生进入角色。又如课堂开始部分的学生站位问题，有些教师就让学生站成弧形或干脆围绕教师散点站位，看似充分尊重学生主体地位，实质呢？如弧形站位，整队向右看齐，看谁呢？如果不进行整队和队列队形练习，又谈何培养学生的组织纪律性呢？显然，仍以几列横队站位为佳，这就是继承传统教学中合理的教学形式。

第二，体育教育的目的功利化问题。由于现在的学生毕业升学要进行体育考试，于是有些学校体育教学就走入另一种"优化"的误区，认为训练出学生的体育成绩就是优化了教学。为了考试得高分，他们置体育教学大纲的教学计划于不顾，"考什么，教什么，练什么"，一节体育课就成了"强迫强化训练"的驯兽式活动。不是立定跳远，就是掷铅球，再不就是50米跑，三者轮换进行。谈什么身心全面发展？又何谈重视学生主体地位？何谈优化教学？现在实施素质教育，应克服这种应试体育教学思想。

第三，"放羊式"的"学生中心论"问题。优化课堂教学，要重视学生主体地位，但并不是一切由学生说了算。重学轻教，进行"放羊式"的体育教学，还美其名曰"纯开放式"教学，这是不对的。教学应该着眼于发展学生的能力，让学生得以生动活泼地发展。只有教师开动脑筋，更好地发挥了主导作用，才能把学生引上正轨，实现课堂教学的

最优化。

第四，现代化教学手段的装饰性问题。体育教学中运用现代化教学技术手段，如图片、投影、摄像、计算机等多媒体，既是媒体，又是桥梁，不能只图花架子，摆得热闹，要力求实用。试想如果一节课大部分时间用来操作计算机和摄像放映去了，学生实际学习和锻炼时间就太少了，整个课堂教学效果就不理想。这些问题，需要深化改革，提高认识，优化体育教学过程模式。

三、优化体育课教学模式的策略

第一，树立正确的师生观，充分发挥学生的主体作用优化体育课教学过程。体育教学是教师教与学生学共同参与的交互活动过程。在这方面，"教为主导，学为主体"。然而，目前体育教学中大多数是以教师为中心，学生处于被动从属地位，"教者发令，学者强应"，由此造成学生厌烦体育课的现象。要优化体育课教学过程，全面推进素质教育，必须有正确的教学指导思想。唯物辩证法认为，外因是变化的条件，内因是变化的根据，外因通过内因起作用。在体育教学中，教师教是学生学习的外因，学生本身则是学习的内因。并且在教与学的矛盾中，矛盾的主要方面在于学，而不是教，因为教学过程的存在和发展，主要不是因教师教而是因学生学而存在和发展。因此，体育教学要适应素质教育的要求，培养 21 世纪所需的身心全面发展的人才，就必须强调学生的主体地位，重视调动学生学习的主动性和积极性，树立学生主体性教学思想，真正落实"教为主导，学为主体"，来优化体育课教学过程。

第二，优化体育教学内容，优选教学组织形式，在遵循体育教学大纲的前提下，尽量把每一节课的教学搭配得合理、有趣或编设各种不同的方式方法。从体育课的基本组织形式来看，采用的大都是班级授课制，有不分组教学和分组教学两大类。后者又分为不同组教学轮换和不轮换几种形式。课的组织形式是根据课的任务和部分教材的特点和条件确立的。教学中如不从具体情况出发，简单地采用单一班级授课模式，往往造成片面强调教学内容和要求，却忽视了学生体能及体育基础、特长爱好上的差异，使教学形式和手段表现为较强的强制性，而把学生局限在封闭式的小组中活动，这样必然导致学生"吃不了"或者"吃不饱"的现象发生。试想连续两周满堂课的长跑，学生的兴趣何在？因此，在教学中我们应根据不同性质的教材和训练内容、不同单元及课时目标、不同学生的身心特点等因素进行优化分组，如体能分组（分层次训练）、（伙伴分组）（能力训练）和兴趣分组（强化训练）等等，此为分组教学。还可以采取如游戏、组织竞赛等方式，克服单一运动技术教学，向运动技能迁移运用方面转变，让学生有新鲜感。这样就容易调动学生学习、锻炼的积极性。

第三，以启发式教学为主导，多种教学方法综合运用与相互配合。早在 2000 多年前，大教育家孔子就提出了"学思结合，启发诱导"的教学思想。因此，要优化体育课堂教学，必须废除"填鸭式"教学，进行启发式教学，同时综合运用多种教学方法如语言法、直观法、完整与分解法、练习法、游戏和比赛法、预防纠正错误法等，让学生在教学过程中真正处于活跃状态，充分发挥其积极性，不但知其然，更知其所以然，改变教师死板教、学生被动学的尴尬局面。

第四，多种教学模式的综合运用。20 世纪 80 年代中期至今，我国出现了多种教学模式的研究和实验，如成功体育教学模式、快乐体育教学模式、情感体育教学模式等。要优化体育课教学，应注意多种教学模式和方法的综合运用和相互配合，因为各种教学模式都有其优点和不足之处，只有集各家所长，结合自己和学生的实际情况，创造一种有个性特色的教学方法，才能更有利于调动学生学习的积极性，使学生迅速进入角色，全身心投入学习活动中去，提高体育教学效果。

第五，高度重视现代化教学媒体的研究开发和使用。在近几十年中，西方发达国家把先进的科学技术引入教学领域，从照相、幻灯、录音、投影到摄像机，从电影、电视到计算机，这些现代教学媒体的使用，把有声与无声、有像与无像有机结合在一起，使抽象的概念外化、物化，减轻了学生认知上的难度，并容易激发学生的学习兴趣。体育教学也可以利用现代化教学媒体来优化课堂教学。组织学生观看动画或者电影，从视觉角度欣赏运动员力量和技术之美，从而提高运动自觉性，自觉进行锻炼。从互联网上查阅运动史、运动技术等所需要吸收的资料，扩大视野，充实自己，为终身体育打好基础。

第六，改善体育课堂教学氛围。学生是有生命、有好恶、有主观意识的人，在教学中如果时时处于被动、压抑状态，谈何主动性和能动性，更谈不上创新精神。因此在体育教学中，教师要尊重学生的人格与权利，与学生建立民主平等的师生关系，形成健康、美好、愉快的气氛与情调，使学生在和谐、融洽、宽松的环境下学习锻炼，并不失时机地对学生在教学过程中显现出来的审美意向和创造性进行形成性和激励性评价，加以鼓励赞扬，使学生获得心理满足，激发学习的积极主动性。

第七，积极引进美育教育机制。要优化体育教学，还应在体育教学中适时进行美育教育，用体育中各种美的现象去激发学生体育动机，调动其积极性，使其倾心投入。体育教学中引进美育机制促进课堂教学优化，可以从如下几方面着手：一是讲究教师的仪表和教态美、示范动作和语言艺术美；二是讲究场地器材布置美，场地干净、清洁舒适、粉线清晰，运动器材放置有序等。

总之，优化体育与健康课教学模式是一个复杂的问题，每位体育教师都应对此做出积极的努力，投身到教学改革的大潮中去，积极探索体育课教学中如何有效地组织好教学活动，充分调动学生学习的积极性，激发教学过程中师生双边活动的共同参与性，重视课堂教学过程的优化，把课堂教学创造得丰富多彩、生动活泼，使学生愿学、乐学、会学。这样才能真正深化体育教学改革，全面推进素质教育的发展。

第二节 高职体育与健康教育模式

一、改革高职体育与健康教育的内容体系

体育教育内容是教师进行实践教学的重要依据，也是学生获得体育与健康知识和技能的主要来源。自改革开放以来，体育教育内容改革一直是高职体育教育改革的重点和研究的课题之一。至今，竞技体育内容体系与传统体育内容体系的不同观念，仍在讨论与碰撞中求发展。那么高职体育教育内容改革的现状如何呢？当前高职体育教育内容仍以竞技项目为主体，但在认识上仍有差异。多数人认为：竞技体育是学生喜爱的体育活动，对学生有较大的激励和教育作用，也是国际体育交流的需要，所以要以竞技体育项目作为教育的主体。有一部分人主张学校体育不同于竞技体育，不能在学校体育教育中搞竞技体育，有个别人甚至认为要把竞技体育赶出校园，从而发展休闲与健身体育。还有少部分人认为，体育教育内容要多样化，什么体育都要开展，才能满足不同学生的需要。显然，当前高校对体育教育内容的选择在观念上有差异，反映出对教学素材、教材、教学内容的认识不足，对竞技体育与传统体育或健身体育的认识差异，仍是影响体育教育内容选择的重要原因。从理论上说，竞技项目与竞技体育、传统项目与传统体育、教学内容与教学素材等是不同层次的概念：竞技体育是以极限负荷为主要特点的运动，竞技项目是竞技体育活动的形式，它可以是大负荷，也可以是小负荷；传统体育与传统项目也一样，可以成为极限运动，也可以作为休闲活动；它们的分界线是活动的目的不同，而不在于什么项目。教学素材是广泛的体育教学材料，教学内容是从教学素材中精选出来的，为完成一定教学任务而确定的教学材料。因此，竞技项目、传统项目及其他体育活动都是体育教育的素材，都可以精选为体育教育内容，只要能更好地达到体育教育的目标就行。构建高职体育与健康教育内容体系。它包括体育健身理论与方法、体育保健理论与方法、体育康复理论与方法、心理调节与卫生方法、体育娱乐与休假方法、体育文化与欣赏等方面的内容。在具体选编教学内容时，还应从学生适应社会发展的需要出发，分层次有重点地选择经实践反复证明有较高价值的体育与健康方面内容，使之形成具有教学指导性和终身健身与保健性的工具书。

二、改革高职体育与健康教育的组织和方法体系

体育教育的组织与方法是完成教育任务的重要途径和实施办法。目前高职体育教育的组织形式改革不大，仍然以传统授课形式为主；选修体育课设置不够，仍有一些高职院校无体育理论课，这不利于大学生获得应有的体育与健康知识教育；课外体育俱乐部组织有所发展，但需要进一步完善；男女生分班分专项教学比例较高，但是否分班教学也有待进一步研究。我们从访问调查和现场观察了解到，目前高职体育教学方法，仍然是以运动技能传授法和体能锻炼法为主体，创新改革很少，反映出当前体育方法研究滞后，亟须深化改革高职体育与健康教育的组织和方法，适应体育课程改革和素质教育发展的需要。那么如何改革呢？

现代教学理论认为：课程教学应该把显性课程和隐性课程有机结合起来，重视隐性课程的教学作用。行为科学认为：人的行为习惯来自人的兴趣爱好的培养和长期活动的体验。体育教学特点也反映出学生养成体育习惯，是一个长期的、反复的"知、情、意、行"的过程。因此，体育教育的组织形式应把课内与课外、实践与理论结合起来，充分利用学校的体育环境和氛围，重视学生在体育活动中学习与体验。体育教育时限应该坚持课内、课外不断线，但课的组织、学时、学分安排要结合实际灵活运用；课的类型应该采取理论传教课、实践练习课、学生活动课三种形式；课的组织应采取相对稳定班组、相对松散班组、完全自愿参与班组三种方式；教学方法应把讲授法、练习法、环境感染法、氛围体验法、宣传诱导法、心理咨询法、自我锻炼法等有机地结合起来，形成体育与健康教育的教学组织和方法体系，在实践教学过程中形成多种多样的具体教学办法。

三、完善高职体育与健康教育的管理与评价体系

要搞好体育工作的管理，应该建立健全组织和管理制度，选好用好管理人员，完善监督机制，才能提高管理效益。现代管理科学认为：任何事物的管理都应该以系统原理为先导、人本原理为核心、效益原理为目标，三者有机结合贯穿在管理过程的始终。因此，高职体育与健康教育的管理，首先要树立正确的管理思想，把系统观念、以人为本的思想、效益目标落实到教学管理过程的各个环节中去；其次要采取科学有效的管理方法，把组织形式、管理规章、实践操作办法统一到质量评价与监测体系上来，形成一套灵活高效的管理机制。

第三节 学校快乐体育的教学模式

体育教学模式是为完成教学任务而采取的教学方法的组合，是根据一定的教学思想而设计的教学程序。快乐体育教学模式就是以快乐体育思想为指导而进行设计的教学方略与程序。因此，我们研究学校快乐体育教学模式，对推进学校体育教学改革，提高学生身心素质，培养学生体育健身意识和习惯等具有积极意义。

一、学校快乐体育教学改革思路

体育教学活动原本是项快乐有趣的师生活动，然而，我国学校体育课程教学自执行全国统编教学大纲以来，以"三基"为教学目标，以竞技体育项目为主要教学内容，以技术传授为主要教学手段，形成了体育课程教学"讲解—示范—分组练习—巡回指导—终结评价"的机械性教学形式。这种教学形式以教材为中心，将教材比作"图纸"，力求将学生加工成"标准件"，其教学过程以教师为中心——"教者发令，学者强应，身顺而心违"。它存在着教学目标单一、组织教学僵化、忽视学习方法、学生处于被动状态等不足，使不少学生讨厌这种缺少主体乐趣、枯燥乏味的教学活动，并与素质教育的基本特征——教学目标的全面性（多元性）、教学内容的基础性（非体育专业性）、学生个体发展的动态性、教学过程的主体性（学生参与）、教学方法的多样性、教学对象的主体性相差甚远。在大力推进素质教育发展的今天，充分发挥学生主体作用的快乐体育教学改革就显得非常必要。

选择性是自主性存在的条件，自我评价是自主性发挥的动力，这为我们体育教学改革提供了基本思考依据。绝大多数的体育项目（作为教学手段）都可以促进学生身体的全面发展，使身体不断向良好的方向发展，满足基础教育对体育学科的要求。在基础教育的学科门类中，体育是为数不多的可以允许学生选择教学内容的学科之一。

长期以来，我国基础教育体育教学大纲选定的教材，包括必选教材（国家选择）、限选教材（地区、学校规定时数限制选择）、任选教材（学校利用限选时数选择的传统项目或乡土教材）三类。基本上实施的是国家、学校两级选择或国家、地区、学校三级选择。其中，学校选择是通过体育教师或体育教研室制订的学年教学计划实施的。这种选择制体现了体育教学大纲的统一性和灵活性，有利于发挥地区和学校的积极性，有利于结合学校体育教学条件的实际，有利于形成学校的体育特色。但是这种选择制，作为教学对象的学生，对教学内容没有选择权。

目前，我国学校体育尚不具备供学生选择教学内容的条件。体育运动项目可以作为练习手段供学生选择的教学内容有上百种，而通过国家选择——体育教学大纲选定的教材只有田径、体操、球类、韵律体操与舞蹈和民族传统体育中的极少数项目。因此，在课堂教学过程中实现学生选择是对体育教学选择制的完善。

在课堂教学这一特定的过程中，为学生提供自己选择练习手段、练习难度、练习伙伴，可以转变练习的机制，创设自主练习的氛围；设计不同层次的学生自我评价标准，实现形成性评价，使课堂教学体现素质教育的发展性、全面性、全体性和主体性，实现主导性与主体性相结合的快乐体育教学理念的转变。

二、学校快乐体育教学模式分析

教学模式是按照一定的原理设计的一种具有相应结构和功能的教学活动的模型或策略，教学模式是教学系统—教学过程与教学形式—教学方法的中介和桥梁。因此，体育教学模式是在体育教学原则和体育教学方法的基础上，通过教师分析教材，对教材进行再创造，在教学过程中，针对课堂练习的组织、教法、学法而设计的相对稳定且具体的教学活动结构。它包括学生自己适应选择、自主实施练习、自我评价与调控三个相对独立而又相互交叉、相互制约、相互促进的动态的教学过程。

学生自己适应选择学习是指同一教学内容，学生练习时，可根据个体的实际，对练习手段、练习难度、练习伙伴进行选择。学生自主实施练习是指通过自己适宜的选择，把课堂练习的机制，由原来按教师指令练习，转变为学生有一定自主权的自主行为练习。自我评价与调控是指依据教师设计的评价标准，参与教学大纲的终结性评价（考试标准），对技术水平、运动能力、学习效果进行教学过程中的形成性评价。这种由学生"自己适应选择、自主实施练习、自我评价与调控"的教学模式，具有三因素互为因果、形成结构完整的程序化教学过程。它有利于教师的主导作用的发挥，具体表现在学生自己选择的切入点是否合理、设计的自我评价标准是否恰当，以及在学生自主练习时如何发挥指导作用。

三、运用快乐体育教学模式的原则与要求

原则是有效地指导教学实践科学进行的依据和保证。因此，运用适应素质教育改革的体育教学模式也就要遵循如下原则，有利于我们理解和应用它。

首先是价值性原则：树立素质教育的价值观，重新审视教材，根据体育教学以体验为主的认知规律，改革按技术环节分析教材的方法。根据教材的性质处理教材，实现教材显性内涵（技术）与隐性内涵（素质、原理、战术、规则、心理）的组合，构建适应学校素质教育改革的体育教学模式，使之有效地培养学生体育意识和锻炼习惯。

其次是个性化原则：在体育教学中要承认学生个体差异，充分发挥学生个体的作用，通过个体选择将课的教学目标分层次处理，成为不同层次个体（群体）的学习目标，来调动激励学生个体学习的积极性、自觉性，达到提高教学效果的目的。

再次是综合优化原则：体育教学是由教师、学生、教学内容、组织方法、场地器材、环境等诸因素互相影响的教学过程。核心是发挥教与学两个积极性，为学生创设"自主练习"的空间和时间，实现教师主导下的主体全面参与，优化课堂教学的各因素，综合实现体育教学目标，达到素质教育良好的综合效应。

最后是分层递进原则：体育教学程序的组织实施过程应该逐步完成、逐渐提高。在设计"自我评价"标准时应力求简单易行（量化的或直观的），是学生在运动中可以掌握的；使之在单元教学中应该是一个与教学进度递进的变量，逐步提高要求，最终达到体育教学改革的意愿和目标。

第四节　学校健康教育的实践模式

长期以来，学校教育受应试教育的影响，健康教育往往被忽视，导致对学校健康教育的认识不足，实践中缺乏科学理论的指导，停留在卫生宣传的水平上，成为素质教育的薄弱环节，影响着人才培养质量。因此，我们通过调查研究，对学校健康教育模式进行研究，构建学校健康教育的目标体系、内容体系、方式方法体系以及管理机制，对深化我国学校健康教育改革，明确健康教育目标及其理论体系，适应素质教育发展的需要，促进学生健康素质的提高，具有重要的理论和实践意义。

一、学校健康教育的认识分析

当前我国学校对健康教育的认识存在较大的差异，大多数人群仍认为健康教育是一门课程和或是一种健康宣传活动，认识较为肤浅，与"健康第一"的学校教育指导思想的要求有较大的差距。究其原因：一是学校教育受传统教育思想影响太深，不重视学生的健康教育。二是很多人都不知道"健康第一"的教育指导思想，或者理解上有偏差。因此，我们从国家素质教育改革文件和有关专家学者的论著来分析健康教育的概念有广义和狭义的含义。从广义上来说，健康教育是一种新的教育思想，把培养健康的人才作为教育的目标，要求学校的各项教育教学活动都要围绕有益于学生的身心健康和适应社会可持续发展的能力来开展。在这一点上需要加强宣传学习，提高学校教育工作者的认识。从狭义上来理解，在一些健康教育课本中类似的解释为：健康教育是一种有目的、有计划、有组织地传授卫生知识、预防疾病、培养卫生意识和行为习惯的教育活动。这种表达基本正确，但还不完善，没有准确反映"健康"和"教育"的真正含义。根据世界卫生组织对"健康"的解释和教育理论对"教育本质"的认识，我们认为较准确的定义是：健康教育是学校通过一系列活动，使学生掌握身心健康知识、培养健康观念、发展健康个性、提高适应社会发展能力。

二、学校健康教育体系的建构

针对目前高校健康教育的现状，构建大学健康教育的目标、内容、方式方法体系，对指导学校健康教育的改革有着重要的现实意义，并且是当务之急。发展大学健康教育，明确目标是关键，优化内容是核心，科学的方式方法是桥梁，有效的组织措施是保证。

首先，明确学校健康教育的目标。专家教授座谈认为：构建健康教育的目标体系，应明确两个主要问题：一是健康教育的定位问题，二是健康教育的内涵理解问题。师生座谈调查认为：健康教育的目标应该具体化、体系化，使人清楚明白，便于实施操作。关于健康教育的目标定位，既要贯彻"学校教育要树立'健康第一'的指导思想"，又要符合学校健康教育的实际，不同于其他教育工作。关于健康教育内涵的理解问题，它具有十分丰富的含义。健康教育不只是向学生传授卫生知识和方法，提高健康能力，还对培养正确的健康观、生活观、价值观，以及适应社会发展的能力、素质等有着重要的意义。根据世界卫生组织对"健康"的解释，就涵盖了身体、心理、社会等方面健康与适应的状态。可见健康教育是对学生进行身体健康、心理健康、社会健康的教育；这样才能理解健康教育的内涵。据此，学校健康教育的目标应是：按照党的教育方针和"健康第一"的教育思想，通过一系列的健康教育活动，使学生掌握生理、心理、社会的健康知识和方法，提高自我健身保健能力，培养健康的意识和个性，养成良好的健康行为习惯。然后根据各校教育实际，形成学段、学年、学期、单元、课时等课内和课外的微观健康教育目标体系。

其次，优化学校健康教育的内容体系。目前我国学校健康教育的内容还不够完善，多数学校的健康教育停留在卫生知识和预防疾病的宣传教育上，内容单一。师生座谈认为：学校健康教育的内容不应重复学习卫生常识，它应进一步深化内容改革，选择符合不同学生身心特点的健康教育内容，否则，就没有实际意义。专家教授座谈认为：构建学生健康教育的内容体系，应该以上级教育指导文件为依据，从学生适应社会发展应具有的身体、心理、社会适应能力健康发展着眼，精选符合学生特点的健康教育内容，并形成教育教学内容体系。据此，从实现健康教育的目标出发，根据教育部有关健康教育的指导文件和现代课程理论，来构建学校健康教育的内容体系。它是从学生应具有的健康生活、健康学习、健康工作以及健康发展的需要出发，从人体健康与性教育、心理健康与调节、社会交往健康与调节、环境健康与调节、体育健身与终身保健、饮食营养健康与调节、常见病防治与康复、健康教育管理与自我健康评价等方面来精选实用性的健康知识和方法，形成健康教育内容体系。

最后，科学组合健康教育的有效途径和方法。要落实健康教育工作，必须从健康教育的显性课程和隐性课程两方面着手，完善各种健康教育组织措施。专家教授座谈指出，落实学校健康教育工作，一要加强健康课程建设，二要强化校园健康环境的优化，把两者有机地结合起来，渗透到学校教育教学全过程之中，形成一种健康文明的教育氛围，才能达到健康教育的目标，培养合格的高素质的健康人才。据此，我们以课程教育的方法论为指导，来构建学校健康教育课程的途径和方法体系，它是由显性课程和隐性课程两方面构成，从课内教学到课外的多种健康活动，从校园健康文明规范到学生个体健康行为等多种途径，来形成具体有效的健康教育方式方法体系。

三、学校健康教育的管理运行机制分析

管理机制是指工作管理的组织及其制度的体系，恰当的组织和有效的制度是推进学校健康教育工作的保证。然而，我们调查了解到：当前学校健康教育工作都由学校卫生部门管理，似乎各学校都有卫生组织，也有一定的卫生管理条例，但实施健康教育工作很不到位。多数学校只是开展一些卫生宣传教育活动和不定期的健康检查工作，健康教育工作的效果让人担忧，影响着学生健康素质的提高。这反映出当前学校健康教育工作的组织和制度的建立还很不完善，需要进一步优化组织结构，完善制度体系，形成有效运行机制。健康教育工作是培养人的工作，在管理上应该纳入学校教务部门管理，卫生部门参与管理。教师认为：健康教育工作应该纳入教学计划，各部门协同管理。学生认为：健康教育应该把课内与课外两方面统一起来安排组织。这说明改革学校健康教育的管理方式，形成有效的运行机制是大家的共识。因此，我们在调查的基础上，根据大家的建议和现代管理理论，来构建学校健康教育的管理体系：它由管理组织、管理法规制度、学生健康监测与评价标准三方面构成。健康教育的管理组织应以校教务、医院、系部、学生组织等形成校、系、学生的三级组织，分工负责目标明确，协同配合统一工作；健康教育的管理制度应把教育部门的法规和文件要求，形成学校健康教育管理的各项制度，如健康教学规定、课外健康教育活动规定、文明卫生管理规定、健康检查规定等；健康监测与评价应把健康教育工作与学生的健康状态统一到培养合格人才上来，形成健康教育质量的测评体系。这样才能有效地激发各方面的工作热情，充分发挥工作潜能，推进健康教育工作的发展，提高学生的健康教育素质，达到国家倡导的"健康第一"的教育要求。

第八章　高职体育与健康课程改革

第一节　高职体育教育课程的改革

一、对高职体育教育思想的认识分析

有什么样的思想，就会有什么样的行为。可见，体育教育思想是影响体育教育全过程的首要因素，决定着体育教育工作的质量和效率。因此，我们先来看看当前高职体育教育思想的认识状态。教育思想是对教育现象、教育规律、教育问题等的总体认识和看法；体育教育思想就是对体育教育的总体认识和看法。当前高校流行的这些体育教育思潮，应该说都有其积极意义，从不同的角度提出了体育教育改革要求；但是，作为整体观的教育思想，就要充分反映体育教育的现象、规律、问题和要求，指明其发展方向。就这些体育教育思想的内涵来看：健身教育强调的是体育教育的生物作用；全面发展反映的是体育的多功能要求，但太笼统没有体现体育教育的特殊性；终身体育强调的是离开学校后继续参与体育活动的习惯；快乐体育注重的是体育教育的心理效应；它们都没有充分认识体育教育的整体现象和规律，因而不能作为总体认识的教育思想，否则，会使体育教育偏离正确的发展方向，导致实践中强调一面而忽视另一面的后果。只有"健康体育"能较好地反映体育教育现象的本质及其问题的总体认识。世界卫生组织对健康下的定义就包括了生物效应、心理效应、社会适应的要求。这说明健康体育思想涵盖了上面多种体育教育观念的内涵，也符合当今世界教育改革发展的潮流和我国要求树立的"健康第一"教育指导思想，因而它作为体育教育思想是比较恰当的。

二、对高职体育教育目标体系的分析与构建

明确了健康体育教育思想，接下来分析高职体育教育目标体系。高职体育教育目标要反映大学生的特点和要求，使体育教育目标既有明确的宏观方向性，又要有微观的层次性和操作性，应起到引导和激励作用。高职体育教育的方向性目标是：使学生掌握体育文化

知识，增强体质，养成健身习惯，成为社会主义祖国的健康的建设者和接班人。基本任务是：进一步学习体育与健康的基础知识、基本技术、基本技能，提高学生的体育能力；全面锻炼学生身体，增强体质，提高健康水平；发展学生的体育个性，培养体育意识和精神；进行体育道德意志品质教育。完成体育教育目标任务的要求是：从提高学生的体育能力入手，从增强学生的体质和健康着眼，将培养体育意识和精神以及体育道德教育贯穿全过程。并要根据高职体育教育实际，形成学段、学年、学期、单元以及课时的体育教育具体要求，从而构成高职体育教育的目标体系。

第二节　体育校本课程个性化改革

个性化是当代社会发展的新思路，在社会各个领域都强调个性化发展，如：人的个性化、产品的个性化、管理的个性化、教育的个性化等。个性化学习也就成为学生适应素质教育发展的必然。个性化学习是以促进每个学生身心全面、充分、和谐发展为目标而制定的适应学生个体差异为特点的学习方式。每个学生的个体差异较大，个体的发展需求、接受能力、原有水平等不同，安排统一的学习是不能适应学生个性发展需要的，因此，个性化学习就成为现代教育理论所倡导的新理念，受到国内外教育界的普遍认同。

关于个性化研究，在许多学科理论中都有涉及。在哲学意义上，主要是指事物的个性或特殊性的发展变化，形成事物的特有性质或状态。在社会学上探讨个性化，主要是指在社会结构中的社会现象的典型性发展变化，如群体、个体等典型性显现或特色发展。在心理学上研究人的个性倾向性发展，心理过程依赖于个性心理特征，使人以不同的态度和不同程度的积极性组织自己的行动，有目的、有选择地对客观现实进行反应。在教育学上探讨人的个性化发展，可以将个性化教育理解为一种教育思想，即强调尊重人的个性、提倡个性潜能的发掘和良好个性优势的发展，主张培养良好个性和谐发展的人，弘扬教育教学的特色化。

我们研究学生的个性化学习也是教育个性化发展的主要内容。我国学者对个性化学习有多种解释，一般认为个性化学习是确定主体学习意识、培养独立人格、发展个性才能的教育。个性化学习还可作为一种教育方式来理解，要求教师要分析每一个学生的爱好和性格特点，应当使学校所教内容和所提要求尽可能符合学生个人的需要。

高职体育课程面对的是全体学生，使大学生人人享有体育教育的权利，得到个性充分发展和人格健全，是学校实施素质教育的基本要求，也是学生个性化体育学习的目标要求。长期以来，我国学校实施的体育课程是以国家课程为主，按国家制定的体育教学大纲进行教学，不适应学生学习的状况十分明显。因而，校本课程地位在国家课程改革中得到确立，并倡导实施三级课程管理体制（国家、地方、学校三级课程管理），校本课程建设由此受到学校教育的广泛重视。体育校本课程是指学校在保证国家和地方课程的基本质量的前提下，通过对本校学生的体育需求进行科学评估，充分利用当地社区和学校的体育课程资源而开发的多样性的、可供学生选择的体育课程。体育校本课程是反映学校体育特色的课程，也是学生个性化学习的体育课程。因此，我们基于个性化学习的背景来研究高职体育校本课程体系问题，就是要建设适应高校学生个性化学习的体育课程新体系，促进每个学生身心健康发展，具有重要的理论价值和实际意义。

一、体育校本课程个性化学习的目标体系分析

目的性是人类从事实践活动的固有特性，人类活动都是有目的、有意愿要求的。体育课程学习活动是人类教育特有的活动，也是有目的、有意愿的活动。我们研究体育校本课程学习目标对明确体育教学方向，激励学生学习，指导体育教学工作，评价体育教学效果，促进体育课程改革发展等具有重要意义。然而，在以往的体育课程目标制定中仍存在目标结构单一，目标内容抽象模糊，学习针对性不强，实践中不好操作、不好检测等问题，影响着体育课程学习效果；需要加强体育校本课程目标的有效性，促进学生体育课程个性化学习。

体育校本课程目标开发依据：一是要提高对体育课程功能的认识；二是要依据体育课程的价值取向；三是要服务于学生个性化体育学习。体育课程功能是体育课程活动所固有的作用。研究表明，体育课程具有本质功能和衍生功能。体育课程的本质功能有健身作用、教育作用、娱乐作用、休闲作用；体育课程的衍生功能具有多样性，包含经济功能、政治功能、文化功能、促进体育发展功能等。作为体育校本课程学习功能主要反映在体育课程的本质功能上，它是确定体育校本课程目标的基础。体育课程价值是指体育课程功能被人们选择应用的取向，它反映了一定社会要求和体育教育的需要，是确定体育校本课程目标的重要依据。服务于学生个性化体育学习是确定体育校本课程目标的针对性要求。

个性化学习的体育校本课程目标，是在充分了解学生个性特点基础上，制定符合每个学生体育学习的目标。这个目标是由学校、教师、学生来制定的目标体系。一是学校要依据上级教育部门要求和本校实际条件，确定本校体育课程总目标和年级学期分解目标；二是体育教师要依据学校体育目标要求确定学期、单元、课时教学目标；三是学生要依据学校教师的体育教学目标，确定自己在学年、学期、单元、课时的体育学习目标。这样就形成多层次、多元化的目标体系。这个目标体系由纵向的目标时间系列、横向的目标内容要素组成。这个目标的纵向系列由学校目标、学年目标、学期目标、单元目标、课时目标构

成；横向系列由运动参与、运动技能、身体健康、心理健康、社会适应等领域目标要素构成，在此基础上，进一步形成学生个性化学习的体育校本课程目标体系。

二、体育校本课程个性化学习的类型设置分析

体育课程类型是指学校体育教学的组织方式或设计的课程种类。以往学校体育课程设置的种类有普通体育课程、运动专项提高课程、体育保健课程等类型。体育教学实践证明，这样设置的体育课程类型仍然不能满足学生学习的需要。因此，加强学生个性化学习的体育课程类型适应性研究，就显得十分必要。现代课程理论认为：课程设置是影响学生学习、培养学生质量的重要因素，开发课程种类，优化课程结构，是发挥体育课程功能，实现体育课程目标的重要路径。学生学习兴趣，是从选择课程开始的，不同学生有不同的兴趣，也有不同的课程选择，这就要求设计适合学生个性化需要的体育课程，来促进学生身心健康发展。

体育校本课程类型设计，首先要调查分析学生个性需求，课程种类设置就要尽量适应学生要求；其次要充分利用学校的体育教学条件和社区体育环境开发体育课程种类。据此我们设计体育校本课程种类的思路是，可按学生性别设置为男生课、女生课、男女混合课；可按学生身体素质设置为力量、速度、耐力、灵敏、柔术等课；可按学生运动水平设置为基本技术、中等技术、较高技术水平等课；可按学生运动兴趣设置为篮球、排球、足球、田径、体操、武术等课；可按学生学习目标设置为健身、健美、保健、休闲娱乐等课；可按学生人数设置为小班、中班、大班等课；还可以交叠开发设置更多个性化的体育课程类型。

三、体育校本课程个性化学习的内容体系分析

体育课程内容是根据学生发展需要和教学条件进行选择加工的，在体育课程教学环境下传授给学生的体育健康知识、运动技术和体育锻炼方法等。体育课程内容是体育教学活动的载体，也是师生活动的依据，选择适合学生个性化学习的体育课程内容，对激发学生体育学习动机，培养体育学习热情，养成体育健身习惯，促进学生身心健康发展有重要意义。

体育校本课程内容是以学校师生为主体，在具体实施国家课程内容和地方课程内容的前提下，通过对本校学生的特点和需要进行科学评估，充分利用当地社区和学校的体育资源，依据学校办学思想而开发的多样性、可供学生选择的体育课程教学内容。因此，开发体育校本课程内容，首先要学习研究国家课程和地方课程的要求，领会上级课程精神，采用国家课程和地方课程的体育教育精华，有益于促进学生健康发展。国家课程毕竟是经过

专家团队选择和体育实践证明了对学生身心健康有积极作用，在全国有普遍意义的课程内容，因而忽视国家课程和地方课程的教育价值。其次要深入了解分析本校学生体育学习特点，根据学生的实际需要选择和加工体育课程内容。最后要调查了解本地社区体育课程资源，并充分开发利用学校体育课程资源，来丰富体育课程教学内容。根据这个思路，我们构建个性化学习的体育校本课程内容体系。在体育基本知识中选择加工适应学生学习的内容体系；在健康知识中选择加工适应学生学习的内容体系；在竞技运动项目中教材化开发适应学生学习的内容体系；在传统体育项目中开发适应学生学习的内容体系；在运动竞赛活动中教材化开发适应学生学习的内容体系；在体育休闲娱乐活动中开发适应学生学习的内容体系；在学校特色的体育活动中进行教材化改革，形成适应学生学习的内容体系；在地方社区活动中选择适应学生学习的内容体系；在充分利用自然环境条件中开发适应学生学习的内容体系等；形成学生个性化学习的体育校本课程内容体系。

四、体育校本课程个性化学习的教学方法体系分析

体育课程教学方法是指师生为了实现教学目的，完成教学任务，而采取的不同层次、教与学相互作用的活动方式的总称。体育教学方法是教学过程的重要因素，知识的传授、技能的学习、健康的教育、习惯的培养、目标的达成等都要依靠科学合理地选择适宜的教学方法。体育教学方法十分丰富，有以语言传递信息为主的方法，如讲解法、讨论法、问答法等；有以直观感知为主的方法，如动作示范法、演示法、纠正错误法等；有以身体练习为主的方法，如分解练习法、完整练习法、领会教学法、循环练习法等；有以情景和竞赛活动为主的方法，如游戏法、竞赛法、情景教学法等；有以探究活动为主的方法，如发现法、小群体教学法等。并且随着体育教学改革研究的发展，许多新的体育教学方法会不断出现，将更加推动体育课程改革发展。但是，不同教学方法各有不同优缺点，最优的、万能的教学方法是没有的，学无定法，贵在得法。因而，在体育教学实践中，体育教师正确地、有针对性地选择适合的教学方法是教学方法发挥最大作用的前提，成为影响体育教学质量的关键问题。

虽然体育教学方法的概念、分类等理论认识还有不同的观点，但如何选择运用教学方法才是体育教学实践中亟须研究的重要问题。为此我们探讨个性化学习的体育教学方法问题，就是要推进体育教学方法选用的科学性、针对性，促进体育教学改革深入发展。个性化学习是教学方法发展的一个重大进步，对传统班级教学统一性的改革，强调针对学生个体差异进行教学，有益于学生个性充分发展。这个教学方法选用的思路是：首先从学生个性特点出发，调查了解学生的特点，有针对性选用教学方法；其次根据教师个性特点、教学水平、教学风格选用教学方法；再次根据教学目标、内容、条件、环境等特点选用教学

方法；最后是分析教学方法优缺点，综合运用。根据这个思路对各类体育教学方法进行个性化设计，并形成个性化学习的体育课程教学方法体系。

五、体育校本课程个性化学习的组织管理体系分析

体育课程组织管理是指教师为了保证体育教学秩序和效益，对体育课堂教学过程的教学环境、人际关系、教学纪律、教学反馈等方面进行组织调控活动。体育课是以动态的身体练习为主的教学活动，教学好坏在很大程度上取决于课的组织管理水平，要把学生从无序的课前状态，变为有序的课内教学活动，就得依靠教师的教学组织管理能力。可见，加强体育课的组织管理研究，对提高教师的组织管理能力，促进体育教学改革等有重要意义。

体育校本课程组织管理的内容有许多，概括起来有九个主要方面的组织管理：一是教学纪律的个性化管理。一堂课的纪律很重要，是保障教学顺利进行的前提、师生协调配合的基础。如何进行课堂纪律管理？我们认为教师应建立科学的课前、课中、课后常规，对教学过程进行规范，并严格执行，有利于教学纪律管理。二是体育课结构的个性化设计安排。课的结构是指体育课教学组成部分，以及学生课上活动安排；它对教学质量影响较大，需要进行科学设计与安排。课的结构设计重点不是大体结构，而是微细结构的活动安排，需要体育教师在积累教学经验的基础上，认真设计与安排，保障教学过程有序进行。三是体育课堂教学活动的个性化组织。体育课是以实践活动为主，需要把学生组织起来进行有序的教学活动，就要依靠有效的组织工作。四是体育课基本矛盾的人性化处理。体育教学的基本矛盾有讲解与练习的矛盾、约束与自主的矛盾、师生关系的矛盾、成功与挫折的矛盾等。这些矛盾的合理解决，是上好体育课的重要基础。这就需要体育教师在解决这些矛盾过程中形成个性化的教学方式，提高教学效果。五是体育课身心负荷的个性化调控。学生在体育教学活动中需要承担一定的身体负荷和心理负荷，才能有效地完成学习任务，达到身心健康发展的目的，关键是要针对学生特点来科学安排体育课负荷，有效地促进学生健康发展。六是体育教学评价个性化。体育教学状态需要进行及时的反馈、激励、督导，促进学生的体育学习，这就需要有客观合理的个性化评价。七是体育教学突发事件的正当处理。体育课上往往会出现一些意想不到的突发问题，如学生违纪行为、运动损伤、交往争斗等，需要体育教师恰当的个性化处理。八是体育教学环境的个性化管理。体育教学都是在特定环境中进行的活动，这就需要体育教师安排好教学环境，避免或排除干扰，利用环境进行有效教学活动。九是体育教学设施、器材的管理。体育教学活动都要有一定的教学设施、器材条件，如果安排不当，影响教学活动和质量，也就需要体育教师进行合理的管理安排，促进体育教学顺利进行。以上九方面的教学组织管理活动，都需要体

育教师进行科学安排，针对学生的特点，以及不同的教学目标、内容、方法、条件等，进行具体组织方式的设计，形成个性化学习的体育教学组织管理体系，促进体育教学的有效发展。

六、体育校本课程个性化学习的评价体系分析

体育课程教学评价是依据教学目标和教学原则，对体育教学过程及其结果所进行的价值判断和测评工作。认识体育教学评价，一是要理解判断教学活动的价值和优缺点的过程：体育教学活动的价值反映在学生身心教育影响上，开展的各项体育教学活动对学生的知识技能掌握、身心健康起到什么作用，以及教学活动有哪些优缺点等进行判断。二是理解判断的依据是体育教学目标及教学原则：体育教学目标是教学的预期结果，也是教学活动的出发点和归宿；教学原则是教学规律的反映，也是教学活动的基本原理和要求，评价就要以教学目标和原则为依据。三是理解通过系统的测量与调查手段来收集教与学信息材料进行评定和调整的过程：体育教学评价必须通过科学测量和系统调查，获得客观实践信息，保持评价的科学性、真实性，评价又是通过反馈机制来评定和调整教学活动的方法和方向，促进体育教学进入评定—调整—再评定—再调整的不断发展的教学过程，体育教学质量就会不断提高。因此，搞好体育教学评价工作对获得教学状态信息的反馈，强化学生的体育学习，考查与评定师生教学活动水平、优缺点，促进教学改革提高等具有非常重要的意义。

体育教学评价种类和方式有许多，如综合评价与单项评价，学生评价与教师评价，内部评价与外部评价，主观评价与客观评价，相对评价与绝对评价，诊断性评价、形成性评价和终结性评价等；各种评价都有优缺点，在教学评价实践中必须有针对性地综合运用。因此，我们以个性化学习为背景来分析综合运用体育课程教学评价体系。首先，评价理念的个性化、人文化。体育课评价要以学生人文关怀为本，以促进每个学生健康成长为己任；要有益于深化素质教学改革，确立体育课教学在素质教育中的作用；要明确体育课教学目标与评价目标的一致性，建立科学的个性化评价体系。其次，评价内容的多元化、扩展化。体育课教学效果是多方面的、综合的，这就要求评价内容体系应不断扩展，从学生的参与活动状态、体育知识技能掌握、身心健康发展、社会交往互动等多个学习领域来考查学生学习效果。最后，评价方法方式的针对性、综合性。评价的具体方式方法有许多，各有优缺点，就需要综合应用评价方法；学生学习个性化明显，个体差异较大，就需要建立针对学生学习性的评价方法体系。

七、体育校本课程个性化学习的环境条件优化分析

体育校本课程环境条件是指体育教学活动需要的各种场地、器材、时空等物质条件和

体育风气、教学心理、管理制度等人文环境的总和。体育课教学活动都是在一个特定的教学环境中进行的，没有教学环境就没法开展体育教学活动，所以说教学环境是体育教学过程的重要因素，它既影响着教，也影响着学。

优化教学环境对陶冶学生的情操，净化学生的心灵，培养他们的审美情趣；激励学生体育学习的热情和动机，保障学生身心健康发展，养成体育健身习惯等有着重要作用。体育课教学环境是一个复杂系统，由多要素构成，有物质的，也有人文的；有显性的，也有隐性的；有动态的，也有静态的；有室内的，也有室外的等。这就需要我们优化设计，科学合理地充分利用课程资源，创造好教学环境，促进体育课教学工作顺利进行。

个性化学习的体育课程教学环境的优化。首先对体育课程物质环境进行优化。体育教学的物质环境有体育场地、器材和设施，教学时间空间，校园绿化、自然条件等。科学合理地设计与安排好体育教学物质环境，应从学生的个性特点和学校实际条件出发，挖掘学校体育课程物质资源，对体育教学场所、教学器材利用、教学信息运用、班级教学分组、教学时间空间的充分利用，自然环境的利用等方面进行个性化设计与安排，以利于体育课教学过程的、更好培养学生体育活动能力和运动素质。其次对体育课程人文环境进行优化。体育教学人文环境有学校体育传统和风气，体育课堂氛围，体育教学的人际关系，体育信息传递，体育教师人格、行为、领导方式等。体育教学人文环境是一种无形的环境，似乎看不见摸不着，但又客观存在于教学中，对体育教学顺利进行，对师生心理健康发展等，发挥着不可忽视的重要影响。因此，要加强体育教学人文环境优化设计，提出体育人文环境建设方案。对学校体育传统、校风、学风建设，体育课堂规范建设，师生心理氛围培养，人际交往互动优化，体育教师仪态设计等，都要进行精心设计与培养，形成有益于学生个性化学习的体育课环境。

八、体育校本隐性课程个性化改革分析

第一，体育校本隐性课程建设要有目的、有计划、有组织地进行。体育隐性课程与显性课程关系是非常密切的，伴随着显性课程而存在。虽然隐性课程一时看不见、摸不着，但它实实在在地存在于学校体育工作中，影响着体育教育的健康发展。因而，体育隐性课程建设就要有目的、有计划、有组织地进行，充分发挥隐性课程的潜移默化教育作用。

第二，体育隐性课程建设要与校园文化建设相结合。体育隐性课程的表现形式多以校园文化现象显现出来，学校体育文化具有多样性，对学生身心健康具有重要影响，加强校园体育文化建设就能促进体育隐性课程建设。

第三，体育隐性课程建设要以体育活动氛围为重点。体育活动氛围具有很大的影响力，对学生参与体育活动、培养体育兴趣、养成健身习惯等都有潜移默化的影响。因而，

应加强校园体育氛围的塑造，促进体育隐性课程建设。

第四，体育隐性课程建设要与显性课程结合进行。隐性课程与显性课程是相辅相成、相互依存、相互促进的。因此，在建设显性课程时要加强隐性课程建设，两方面结合起来，促进学校体育健康发展。

第五，体育隐性课程建设要从日常体育工作做起。体育隐性课程建设要从细小的工作开始，尤其是日常体育活动、日常教学活动、日常课外活动、日常管理活动等方面要渗透体育隐性课程建设意识，强化体育文化氛围，促进学生身心健康发展。

第三节 学校体育与健康课程改革

一、体育与健康课程的教学目标分析

课程目标是体育教学工作的方向，也是体育教学的归宿。它决定着学校体育教学改革的走向和过程，也是评估体育教学工作的根本依据，对体育教学工作的开展起着导向和激励作用。长期以来，学校体育理论界对原有体育教学目标进行过不少的讨论，提出过一些改进意见，文字上进行过一些修改，但始终没有摆脱原有的目标框架，仍然存在着教学思想不够明确、课程目标定位不够准确、教学实践不好操作等现象。究其原因，主要是传统思维方式的局限性所致，仍停留在"体质论"与"技能论"相碰撞中，加上现在引进了不少国外体育教学新思潮，使教学实践工作更乱了阵脚，摸不着方向。那么如何确定体育与健康课程的教学目标呢？首先必须明确教学思想。体育教学的价值在于学生可持续发展的需要，表现在学生身体和心理发展的本位价值与社会价值的融合，也就是现今提倡的科学主义和人文主义价值的体现，反映在体育教学培养学生的生命性、未来性、社会性的三维体育观上。其次要准确把握教学目标的定位。体育课程目标作为一门课程的教学目标，与学校体育目标属于不同层次。现代教学理论认为，课程教学就是要让学生在已有的文化成果的基础上发展和创新，这样体育与健康课程的教学目标应定位于让学生在主要掌握体育和健康的文明成果的基础上发展身心素质和创新个性，这与三维体育观的教学思想相一致。最后要符合体育与健康课程的教学特点。体育与健康知识、技能、意识的形成是一个"知、情、意、行"的过程，又是一个多种感受下长期实践体验的过程。因此，课程教学目标既要有宏观的方向性，又要有微观的层次性和操作性，才能真正起到目标的作用。这样体育与健康课程的教学目标可确定为：让学生掌握体育健身和健康生活的基本知识与方法，培养学生适应社会所必需的体育与健康调理的意识和能力，发展学生的体育素质和创新个性。这个目标定位准确、方向明确、内容一致、合乎逻辑，便于在实践教学中形成学段、学年、学期以及课时等层次教学目标体系。

二、体育与健康课程的教学内容分析

课程内容是教师进行实践教学的重要依据，也是学生获得体育与健康知识和方法的主要来源。自改革开放以来，我国学校体育教育内容改革仍然存在两种观念的碰撞：一是重竞技项目轻传统项目；二是重传统项目轻竞技项目。我们在现场观察与调查中也了解到，不少学校的体育教学内容选择受"竞技与传统观念"之争的影响。其原因主要是缺乏辩证思维所致，在理论认识上混淆了"竞技、传统、项目、内容"等不同概念的含义，忽视了任何项目都可以用来竞技，也可以用来健身的本质。那么作为新型的课程的内容体系，如何从丰富的体育与健康素材中精选教学内容？不少学者提出了一些有建设性的意见：有的认为体育教学内容应该根据教学目标来选择有健身价值、实用性强的体育素材，使学生熟练掌握，能够终生练习健身；也有的认为各项体育活动都有健身价值，教学内容就应该广泛些，让学生去选择适合自己的健身方法。因此，在总结经验和征求大家的建议的基础上，基于两点考虑来构建新的课程内容体系：一是现代课程理论认为，教学内容应该是具有时代特点，又有实践运用价值的知识结构体系；二是现代体育教学思想和教学目标的要求，即培养学生可持续发展所需要的自我健身保健知识、方法、能力、意识。它包括体育健身理论与方法、体育保健理论与方法、体育康复理论与方法、心理调节与卫生方法、体育娱乐与休假方法、体育文化与欣赏等方面的内容。在具体选编教学内容时，还应从学生适应社会发展的需要出发，分层次有重点地选择经实践反复证明有较高价值的体育与健康方面内容，使之形成具有指导性和终身健身与保健的工具书。

三、体育与健康课程的教学组织与方法分析

课程的教学组织与方法是完成教学任务的重要途径和具体办法。以往学校体育教学中在课的类型上以实践课为主、理论课为辅；在教学组织上主要是课内教学、课外放羊；在教学方法上主要是技能教学的形式。这对于新课程的教学要求是远远不够的，也难以适应新时代教学改革与发展的要求。那么体育与健康课程的教学组织与方法如何选择呢？现代教学理论认为，课程教学应该把显性课程和隐性课程有机结合起来，重视隐性课程的教学作用。行为科学认为人的行为习惯来自人的兴趣爱好的培养和长期活动的体验。体育教学特点也反映出是一个长期的"知、情、意、行"过程。因此，课程教学组织形式应把课内与课外、实践与理论结合起来，重视学生在健身活动的氛围中学习与体验。课的教学时限应该从低年级到高年级四年不断线，但课的组织、学时、学分安排要结合实际灵活运用；

课的类型应该是采取理论传教课、实践练习课、学生活动课三种形式；课的组织应采取相对固定班组、相对松散班组、完全自愿参与班组三种方式；教学方法应把环境感染法、氛围体验法、讲授法、练习法、宣传诱导法、心理咨询法、自我锻炼法等有机地结合起来，形成体育与健康课程的教学组织和方法体系。在实践教学过程中形成多种多样的具体教学办法。

第四节 体育教育专业的课程改革

一、更新体育教育专业的人才观

"人才观"是人们在一定社会和时代的教育实践活动中直接或间接形成的对教育培养人的认识或看法。它集中反映在培养什么样素质的人的问题上，对教育目标及其教育过程有着非常重要的影响。回顾我国多年来的专业教育，由于其受专业分化和学科分化以及社会用人制度的影响，使培养人才的专业面过窄，专业互通性不强，导致学生适应社会发展的素质和能力较差。而且，现代社会的发展对人才素质的要求越来越高，岗位竞争激烈，职业选择与流动越来越多样化。我们体育教育专业就必须改变原来针对中学体育教师岗位培养人才的观念和模式，拓宽培养体育人才的思路，使学生既能胜任各级学校体育教师的岗位，也具有从事其他社会工作的能力，尤其是提高学生适应社会发展的能力。国外高等教育实践也表明，淡化专业，重视基础，理、工、文科交叉渗透兼修，这样培养出的人才适应社会能力较强。从我校十几年来体育教育专业毕业生就业方向可以看出：一是现代社会对体育人才需求的多样性，反映出各级各类学校需要体育教育人才，不同社会单位也需要体育人才，说明体育人才就业市场在不断拓宽。二是学生选择职业的多样性，并且随着社会的发展，这种职业选择和流动的社会发展必然趋势将会加快，一个人一生在一个单位从事同种工作的情况将会越来越少，使体育人才向社会各方面渗透已是必然趋势。因此，我们必须转变体育教育专业培养人才的观念，树立牢固的素质教育思想，重新构建体育教育专业人才质量结构，使学生基础扎实、知识面宽、能力强、素质高，能更好地适应新世纪社会发展和我国加入 WTO 的新环境中求生存、求发展的需要。

二、体育教育专业教育内容体系的设计

教育内容是指给学生传授的知识和技能、灌输的思想和观点、培养能力和行为习惯的总和。教育内容中最根本的问题是课程设置，是否搞好课程设置是专业教育内容体系的核

心问题，关系到学生素质能否提高和培养目标能否实现。长期以来，我们体育教育专业的课程设置局限在体育运动学科内，使学科分布单一，教育内容覆盖面过窄，内容也显陈旧，重复过多，脱离实际等，这与现代科学技术飞速发展、知识更新加快和新成果层出不穷的矛盾越来越突出，影响着学生综合素质的培养。体育教育专业的课程设置应从淡化专业、强化综合基础、拓宽学生的知识面、提高适应社会发展的综合能力出发。为此，根据现代综合课程理论，从跨学科领域中精选教学科目，重新构建体育教育专业的教育内容体系。在有限的学时内扩大学生的知识面，提高综合适应能力，防止课程量盲目性增多，影响学生个性和自学能力的发展，按照培养目标有层次地搞好课程比例关系。在课程设置时还应根据知识体系的结构，可灵活设置单学科和综合性学科以及专题讲座等。再要优化专业实践教育环节的安排，培养学生实际运用知识的工作能力。体育教育专业的实践环节应该从三方面落实：一是强化学科教学实验；二是加强课外实践操作活动；三是重视集中实践教育环节。三者有机结合，形成学生实际能力培养体系。这样有利于学生知识结构、能力结构、素质结构的培养。

三、科学安排体育教育专业的教育进程及方式

教育进程是对学生教育教学过程及课程科目的具体安排；教育方式是指对学生教育教学的组织安排的实施形式。科学合理有效地安排教育进程和方式是提高教育质量，实现教育目标的重要保证。我国高校体育教育专业教学安排方式改革，已经引起广泛关注，形成了基本的教学安排模式。它采取的主要方式和教学安排是主—辅修制和学分制，即体育教育为主修，其他方向为辅修，按学习累积学分达到专业教育规定学分为毕业。具体教育形式采取一二年级主修，3 年级辅修，实践教育三年不断线，即计算机运用不断线、外语学习不断线、运动技术课外训练不断线等。其次是课程教学进程以学科之间知识结构的系统性、逻辑性以及前后基础关系进行科学安排，以确保骨干学科、重点学科的教学，同时兼顾一般学科的学习，分为必修课、限选课、任选课三种类型，确保必修课的教学，扩大和放开任选课的范围和灵活性。调查中还发现，有不少学校实施的力度和持续性还不够。因此，应加强科学管理，克服实践中的形式主义，同时进一步结合学校自身条件规范各环节的教学管理，使之更好地为培养综合性体育教育人才服务。

第九章　高职体育健康课程教学优化

第一节　高职体育健康课程教学方式优化

一、高职体育健康课程的教学模式优化

（一）体育健康课程教学模式概述

教学模式是课堂教学的一种客观存在。我国《教育大辞典》把教学模式定义为"反映了特定教学理论逻辑轮廓的，为保持某种教学任务的相对稳定而具体的教学活动的结构，具有直观性、假设性、近似性和完整性"。中华人民共和国成立初期，中国教育界引进的苏联凯洛夫的体育健康教学模式被大家称作"传统的体育教学模式"。这种体育教学模式是以掌握体育的基本知识、基本技术和基本技能为基本任务来设计的体育教学过程模式。凯洛夫（N. A. Kaiipob）将整个教学过程分为感知、理解、巩固、运用四个基本阶段，即"开始部分、准备部分、基本部分、结束部分"，也被称为"四段式"或"三段式"教学程序。这种传统的教学程序的优点在于有利于学生比较灵活地学习运动技术，并在掌握运动技能的过程中使身体能够得到相应的锻炼。这一类型的体育教学组织比较严谨，能够发挥教师的教学作用。缺点在于忽略了学生心理活动的规律，过分强调一切教学活动以教师为中心，无视学生主体的地位，以及以"学科中心论"为主导的、僵化的过于强调教学内容系统性、完整性、竞技性的教学思想，使课堂教学过于呆板，缺乏生气。

随着时代的发展，人们的教育思想、教育观念发生了巨大的变化。教育改革与学校体育改革不断深化，广大一线体育教育工作者深刻地体会到，学校体育教学要进行改革，必须在思想理念、教学内容、教学模式、教学方法等方面赋予新的内容、新的活力。广大体育教师依据各种新的体育教学思想和体育教学理论，针对体育教学中存在的主要问题，积极开展了体育健康课程教学模式（简称"体育健康教学模式"）研究，提出一些富有时代气息的体育健康教学模式。

我国开展体育健康教学模式的研究已有 20 多年的时间。初始阶段，许多学者对体育健康教学模式的解释不尽相同，理解也不一致。近年来，随着对体育健康教学模式的研究不断深入，在理论层面上许多问题已经开始逐渐清晰，对概念的定义和模式结构的认识也趋于统一。

1. 国内外不同学者对体育健康教学模式的定义

当代首次系统研究教学模式的是美国教育学者乔伊斯（Joyce）和韦尔（Weil）。他们在《教学模式论》中认为，"教学模式是构成课程和作业、选择教材、揭示教师活动的一种范型或计划"。

我国学者进一步指出，教学模式是按照一定原理设计出来的一种具有效应结构和功能的教学活动的模式和策略。教学模式可以看作教学系统—教学过程—教学方法的桥梁，是教学系统和教学过程的引申。但与前者不同的是，它是提供如何最有效地达成既定教学目标的程序和策略，更具有实践意义。

对比国内外学者对教学模式的定义可以看出，体育健康教学模式的定义应关注如下几个要点：任何教学模式首先都应以现代教育思想为理论依据，把理论与实践、观念与行为结合起来；任何教学模式都应有它的上位概念，这个概念可能是思想，也可能是规律或原理；任何教学模式都应该是为完成某些教学目标的系统的、相对稳定的、典范的形式；任何教学模式都为教学结构的设计、教学方法的实施提供指导；教学模式应是一个历史的概念。因此，体育健康教学模式的基本定义应该是：在某种教学思想和理论指导下建立起来的体育健康教学程序，包括相对稳定的、独特的教学过程结构和相应的教学方法体系，主要体现在体育教学单元和课程的设计和实施上。

2. 体育健康教学模式研究的意义

（1）有利于体育教学的改革与发展

体育健康教学模式来源于实践，是在具体的体育教学实践活动中形成的体育教学理论，反过来又指导体育教学实践活动。体育健康教学模式的合理运用是课程改革的可视因素之一，是沟通教学理论与教学实践的桥梁，能够加速理论与实践的相互转化，促进体育教学改革的发展。

（2）有利于提高课堂教学效率

体育健康教学一般由教育思想、教学目标、操作程序、师生角色、教学策略、评价等诸多要素组成。它在实践中形成，为教师提供了实现教学目标的条件与程序，使教师能够取得预期的教学结果，即能揭示出"如果运用……教学模式，就必然会产生……的教学结果"这样一种逻辑上的联系。因此可以说，只有选用了适合的教学模式，才能取得较好的课堂教学效果。

（3）有利于简化教学问题

教学模式的研究是现代科学方法论中一种很重要的方法，研究的特征就是抓住事物的主干和本质部分，排除事物的次要和非本质部分。因此，体育健康教学模式研究就是将复杂、烦琐的体育健康教学过程变得简化、明了，让体育健康教学中的重要因素更加突出，便于大家对教学模式进行概括的观察、总结、参照和模仿。

（4）有利于促进广大体育教师的教学研究工作

广大体育教师面临的日常工作就是对体育健康教学进行设计，而教学模式的实质就是对体育健康教学过程的设计。教师根据自己已掌握的教学理论来精心设计和改造教学过程和教学方法就是对教学模式的研究。因此开展体育健康教学模式研究最能和体育教师的教学工作结合起来，也是最实际、最具可行性的研究。

3. 体育健康教学模式的基本结构

根据系统科学的原理和体育健康教学模式的概念和特征，我们把体育健康教学模式的结构分为教学指导思想、教学程序、相应的教学方法体系和教学过程结构及教学条件四个层次。

（1）教学指导思想

任何教学模式都是在一定的教学指导思想下被提出的。各种理论依据、功能目标和应用范围，都是建立教学模式的理论基础，同时反映了模式的内在特征。

（2）教学程序

一种教学模式要让人参照和模仿，除了要说明操作目标和条件之外，更重要的是要有明确的操作程序。操作程序指体育教学在时间上展开的逻辑步骤以及每个步骤的主要做法等。每个体育健康教学模式都有一套独特的操作程序和步骤。

（3）相应的教学方法体系和教学过程结构

教学模式不同于教学方法，因为它是从更高的理论层次对教学现象进行抽象的概括。一种教学模式往往是多种教学方法的运用和体现。教学方法体现了教学模式的直观性和可操作性。教学过程结构主要描述教学规律的不同形式，是教学过程中各要素的组合。教学过程结构是教学模式的支撑骨架，体现了教学模式的稳定性。

（4）教学条件

教学条件指的是促使教学模式发挥作用的各种条件。要成功地完成一次课，须具备的条件包括很多方面，如教师、学生、教学设施、体育器材以及教学内容、方法、时间、空间等。教学条件是实现教学模式的客观保证。

上述四个层次是构成体育健康教学模式的主要变量，它们相互联系、相互制约，完整地构成了体育健康教学模式，体现了教学过程中的主要变量以及这些变量之间的规律性联系。

4. 体育健康教学模式的基本属性

（1）体育健康教学模式的理论性

所谓理论性是指任何一个比较成熟的体育教学模式都是在某种体育教学思想指导下建立起来的，都是一种体现了某个教学过程理论的教学程序。只有以明确的教学指导思想和理论为基础的教学模式，才有可能比较完善和清晰，才更具示范、指导和推广价值。体育教学模式与教学思想及理论是相互依存的。

（2）体育健康教学模式的综合性

所谓综合性是指单一的教学模式是不存在的，应是多种模式的有机组合，是"复合型"的。

（3）体育健康教学模式的稳定性

体育健康教学模式的确立实际上是一种新型的教学过程结构的确立。因此，无论何人、何地、何时运用某个教学模式，基本的程序和主要环节都不应有大的变化，应保持在基本框架结构之内，具有相对的稳定性。

（4）体育健康教学模式的可操作性

教学始终是处于动态之中的。体育健康教学模式不是空洞的理论，它的构建以实践为基础，是对复杂的教学过程、组织形式、教学手段加以概括、提炼形成的，因而可操作性很强。

（5）体育健康教学模式的适应性

任何体育健康教学模式都不是万能的，一般都有各自的适应范围，如适应什么样的教材、什么年龄阶段的学生、什么样的场地设施条件。由于各种体育健康教学模式的特点不同，适应的范围也不同，如情境教学模式就不太适合大学生的体育教学。

（6）体育健康教学模式的可评价性

任何一个成熟的教学模式，必须有与该模式相适应的评价方法体系。评价不仅能反映其教学过程结构，也能对其相应的教学方法体系进行客观评价。对体育健康教学模式进行综合评价，既能体现教学指导思想，又能体现教学模式的价值观，也能体现体育教学组织过程的可操作性。无论哪种教学模式都可以对施教者给予明确的评价，从而使体育健康教学模式的形成过程更符合自身的特点和规律。

5. 体育健康教学模式与其他教学因素的关系

（1）体育健康教学模式与教学指导思想的关系

体育健康教学模式与教学指导思想关系密切，但又不雷同。通常讲，一种教学指导思想会有一个相对应的教学模式，但有时会出现一种教学指导思想有几种教学模式，或一种教学模式受几种教学思想指导的现象，教学指导思想和教学模式就是一种指导与被指导的关系。例如，主张培养学生的团队精神的教育思想必然存在于小群体体育健康教学模式中，通过小组间的学习、交流、比赛、总结，增强学生的合作意识与团队精神。

（2）体育健康教学模式与教学目标的关系

体育健康教学模式的选择要与教学目标相一致。由于体育教学活动受教学目标制约，不同的教学目标要求采取与之相适应的教学模式。例如，教学目标要求系统地传授体育知识与技能，可以采用传统的"技能形成式的体育健康教学模式"。一种体育健康教学模式总是最适于实现某种教学功能。例如，要培养学生的主动性、创造性，当然是发现式体育健康教学模式、主体教学模式为佳；要培养学生的社会适应能力，自然是合作教学模式、小群体教学模式为好。

（3）体育健康教学模式与教学方法的关系

体育健康教学模式不同于教学方法，因为它是在更高的层面上对教学现象抽象的概括。一种教学模式往往是多种教学方法的运用和体现。体育教学方法是体育健康教学模式的重要组成部分，某种教学方法的改变不能称为一种新的教学模式，甚至几种新方法的结合也不能称为教学模式。

（4）体育健康教学模式与教学组织的关系

从广义上讲，体育健康教学模式是一种体育教学组织方法，但体育健康教学模式与我们现在所讲的狭义的教学组织还有很大的区别。一般所讲的教学组织是指体育健康课的组织形式，包括课堂常规、分组教学等，是所有的体育课都可以通用的教法的组织。而体育健康教学模式是对应某种体育教学指导思想，对单元和课的结构进行整体改造的方略，具有独特的构造和功能，不能为所有教学单元和教学课所用。现在有很多体育工作者把一节课组织方法的改善也称为新的体育健康教学模式，这是一种误区。

（二）较为成熟的体育健康教学模式

近年来，有关体育健康教学模式的研究非常活跃。在国内外的体育健康教学实践中已经形成了一些相对比较成熟、可行的、具有新意的体育健康教学模式。下面就几种比较成熟的教学模式进行介绍。

1. 技能掌握式的体育健康教学模式

该模式常被称为"传统的体育健康教学模式"。这种模式主要受苏联教学思想的影响，比较注重系统的运动技能传授，这是一种系统的教学理论。这种教学模式是以人们对运动技能的认识规律和事物形成规律为主要依据，其作用是能够有效促进学生对体育技能、方法的学习和掌握，有利于学生终身体育观的形成。教学单元的设计以某一项运动技术教学为主，单元教学内容的排列顺序主要参照动作技术的难易程度；教学课的安排与设计以技能学习和练习为主，主张精讲多练，注重对运动技能掌握效果的评价。

基本教学程序：整体认识—分解练习—完整练习—熟练巩固。

2. 发现式体育健康教学模式

发现式体育健康教学模式主要遵循学生的认知规律，在教师的启发引导下，让学生主动参与各种有效的组织和练习，学生在体育活动中发现并加深对体育课的认识、理解，在这个基础上积极参与体验，发展创造能力，提高解决问题的能力和对体育运动的认识。这种教学模式在设计时，将教材相关知识和原理进行了归纳和整理，设置成若干问题并合理地设计在各节课中，通过设疑、提问、取证、探究、讨论、归纳等科学方法将运动学习和练习紧密地结合起来。

基本教学程序：问题假设—实验性学习—验证性学习—结论评价。

3. 小群体体育健康教学模式

小群体教学模式也称小集团教学模式。基本的教学指导思想是试图通过体育健康教学中的集团因素和学生间交流的社会性作用，通过教师与学生、同组内学生与学生、小组与小组之间的交流、切磋、观摩、比赛、评价以达到提高课堂教学质量、发挥学生的学习自主性、适应学生的个体差异、促进学生社会适应能力的提高的目的。教师根据学生的年龄、性别、素质、兴趣爱好和教学需要，将全班学生分成若干个异质或同质的学习小组。这种小群体教学模式有利于交流感情与信息；有利于增强小组的凝聚力，形成团队精神；有利于合作与竞争意识的培养；有利于教师因材施教，使每一名学生都受益。

基本教学程序：分组—设置问题—寻求解决方案—协调合作—竞赛—体验合作乐趣。

4. 快乐体育健康教学模式

快乐体育源于日本。我国的快乐体育教育起步于20世纪80年代，是为适应终身体育思想而发展起来的。主张让学生在掌握运动技能和进行身体锻炼的同时，能够体验到运动和体育学习的乐趣，从而逐步形成学生终身参加体育实践的志向和习惯。快乐是一种心理体验，包含学生从身体健康发展中体验到的快乐、战胜困难成功后体验到的快乐以及得到信赖和尊重后体验到的快乐。这些体验运动和学习乐趣的教学环节，相互连接，层层递进，使学生能够体验到学习、运动、挑战、交流和创造的多种乐趣。这类教学模式多采用自主性学习法、游戏法、比赛法、讨论法和小集团学习法。

基本教学程序：初步体验运动的乐趣—理解运动乐趣—再学习—得到赞许和运动成

就感。

5. 情境教学模式

在体育健康教学中，通过创设一定的情境或设置一定的故事情节，让学生在玩中学、学中玩、玩中乐、乐中玩。情境教学用潜意识调节意识，用情境和审美来调节意识。情境教学模式能够有效提高学生的学习兴趣，使学生的身心在不知不觉中得到发展。

基本教学程序：设置情境—引发运动兴趣—体验—运动乐趣—获得新知。

6. 自主学练体育健康教学模式

自主学练体育健康教学模式类型比较多，概念比较广泛。"自主式教学""自练式教学""自主探究教学""先学后教式教学""学导式教学"等都属于该类模式。新课标强调以学生的发展为中心，重视学生的主体地位，始终把学生的主动、全面发展放在中心位置。该模式主张尊重学生的自主性和自发性，强调给学生自主学习的时间和空间，充分利用情境、动作、会话等教学要素，使被动的学习转化为主动的、生动活泼的学习，全面调动学生参与活动的积极性、主动性、创造性和学习潜能；提高学生的体育学习能力，形成终身体育锻炼的意识。激发学生主动性的途径和方法很多，但它们的共同点就是都有让学生发挥主动性的教学环节，从准备活动、学习方法到教学评价等都以学生自主学习为主，教师只是组织者、引导者。其采用的方法有小组学习、自练和探究学习等。

基本教学程序：自主准备活动—自选学习内容、方法—自我监控—评价—反馈与调整。

7. 成功体育健康教学模式

成功体育健康教学模式亦称"赏识教育模式"，是近年来我国在成功体育教育思想指导下逐步形成的教学模式。在日本、澳大利亚都有类似的体育教育思想和相近的体育健康教学模式，其共同点是关注存在不同差异的学生，让每一名学生都能体验到运动学习的乐趣和成功，培养学生的学习自信心和参与体育运动的志向。成功的体验，不仅是快乐，在追求成功的道路上既充满友谊和快乐，更充满艰辛和苦涩乃至挫折与失败，只有不畏艰难险阻，登上成功的顶峰，才能真正领略和体验体育的全部乐趣。该教学思想主张学生多体验成功但不否认过程中的失败；既强调竞争又重视协同的作用；强调既懂又会的学习效果，主张引导相对评价与绝对评价相结合。教学过程主要通过"让位""相对评价"等手段将练习和比赛变成一个无论技能好坏的学生都能参加并分享成功喜悦的活动。让每一名学生根据自身的条件确立适当的目标，并通过努力不断超越自我，提高体育学习的自尊心和自信心。在这种教学模式中，教师可以根据学生的个体差异选择场地、器材和设定规则等。

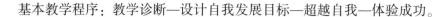

基本教学程序：教学诊断—设计自我发展目标—超越自我—体验成功。

8. 课课练体育健康教学模式

课课练体育健康教学模式在 20 世纪 80 年代被广泛采用。其在体育教学中强调以身体锻炼为主的形式达到提高身体素质、增强体质的目的。主张根据人体活动和机能变化规律来设计教学过程。以某一项运动技能为主线，并根据所教运动技术的特点，安排一定的时间和与其特点相应的一套身体素质练习作为锻炼身体的内容。每一节课的后半部分 5~10 分钟，多采用重复练习法和循环练习法。

基本教学程序：准备性活动—主项练习—副项练习—整理活动。

二、高职体育健康课程的教学过程优化

（一）体育健康教学过程的概念

体育健康教学过程是指体育教学的实施流程或为达到体育教学目标所进行的体育教学程序；是指学生在体育教师有目的、有计划、有组织的指导下，积极主动地掌握体育与健康知识与技能，锻炼身体，增进身体健康，提高心理健康水平，增强社会适应能力，形成良好的思想品德的学习与实践相结合的过程。

（二）体育健康教学过程的基本特点

1. 体育健康教学过程是教师育人育体的过程

体育教师是体育教学过程的组织者与指导者，是学生学习的促进者，是学生学习能力的培养者，是学生人生的引路人。教师不仅向学生传授知识，还引导学生沿着正确的人生道路前进，并且不断地在他们的成长道路上设置不同的目标，引导他们向前，是学生成为具有健康心理、健康体魄、健康品德的人的促进者、“催化剂”。教师在知识、技能传授的过程中，应成为学生学习的激发者、辅导者，各种能力和积极个性的培养者，从而使学生学会学习、学会锻炼，终身受益。

2. 体育健康教学过程是学生学习掌握知识和运动技能的过程

体育的学习以身体练习为主要手段，在以掌握运动技能为主的体育健康教学过程中，学生在不断的身体练习中掌握运动技能，并通过运动技能的掌握进行其他方面的养成教育。

3. 体育健康教学过程是提高运动素质的过程

运动素质是掌握运动技能的基础，良好的运动素质有利于运动技能的掌握与提高；同

时，通过一定强度的身体练习，能有效地提高运动素质。提高运动素质和掌握技能是相辅相成的，因此在体育教学过程中应将两者有机结合。

4. 体育健康教学过程是培养学生团队精神与合作学习的过程

体育健康教学主要是在团队的形式下进行和完成的。教师与学生之间、学生与学生之间的交流、沟通、互动频繁，从而让学生学会合作、学会交流，培养学生的社会交往能力、团队精神和社会适应能力。

5. 体育健康教学过程是提高学生抗挫能力和体验成功的过程

竞赛是体育教学的特点之一，在竞赛的过程中有成功者势必就有失败者，很多项目就是以失败而告终的。例如，跳高，人们总在最后一个高度以失败而结束。学生在心理上伴随着失败、痛苦来磨砺自己坚忍不拔的意志品质和耐挫折能力；在生理上伴随着累、苦、伤痛，是身体经受生物学改造的过程。学生在战胜自我获得胜利时，从中体验到成功的快乐。这种经历挫折、体验成功的快乐是体育运动生命力的体现，是体育教学的目标和重要内容，是培养学生的体育参与意识和终身体育意识不可缺失的路径和手段之一。

（三）体育健康教学过程的基本规律

体育健康教学的规律是在体育教学过程中客观存在的必然现象。除了要遵循其他课程应遵循的一般规律外，还要遵循动作技能形成的规律、人体机能适应性规律和学生身心发展规律。

1. 动作技能形成的规律

体育教学就是让学生通过学习学会和掌握一定的运动技能，在动作技能的形成过程中逐步由不会到会、由不熟练到熟练、由不巩固到巩固。实践证明，动作技能的形成与提高大致可分粗略掌握动作阶段、改进与提高动作阶段、动作的巩固与运用自如阶段。在体育健康教学过程中，运动技能形成的三个阶段是相对而言的，逐渐过渡，相互渗透，相互衔接，有机联系。它既反映了学生掌握动作的逐步深化过程，又反映了学生身体机能和体质不断变化和提高的过程。受相关因素的影响，如运动技能的难易程度，学习运动技能的总时间，体育教师的教学经验和教学能力，学生的神经类型、体育基础、身体素质和主观努力等，三个阶段的特点各有不同，所花费的时间各有长短，因此三个阶段的划分并没有明显的界限。但动作技能形成的三个阶段是客观存在的。教学中必须遵循运动技能形成的基本规律，在不同的阶段采取相应的教学手段和方法提高教学的针对性，做到有的放矢，才能取得良好的教学效果。

（1）粗略掌握动作阶段

这是学习某一个新动作的初始阶段。这一阶段的生理特点是大脑皮层兴奋与抑制扩散，处于泛化阶段，内抑制不够，因而表现出做动作僵硬，很费力，紧张而又不协调，控制力差，并伴随一些多余动作和牵强动作。心理上表现出对所学动作缺乏信心、情绪易波动、注意力分散等。这一阶段，教学的主要任务是使学生建立对动作的正确表象和概念，防止和排除多余动作和错误动作，使学生在重复练习过程中粗略地掌握动作。根据这一阶段的特点，重点应加强对主要动作的教学，淡化和不必过多地强调动作细节和规格要求。教学方法以分解练习为主。在教学的初始阶段，一般先采用分解法，逐步过渡到完整学习动作的过程中，逐步掌握动作的某个主要环节。例如，在广播体操和韵律操教学中，学习重点应在单节动作技术上，以使学生逐个克服困难，建立信心，加速掌握动作的进程，由分解逐步到动作组合。其次要正确、充分地运用语言法和直观法，通过讲解、示范、演示教具，尤其是现代化教学媒体的运用，使学生明确动作的意义、结构、规格、要领，动作的过程和完成的方法，并注意使讲解、示范与练习有机结合。讲解、示范相对可以多一些，但要保证学生有足够的练习时间和次数。要使学生通过肌肉本体感受、体会动作要领和整个动作过程，处理好动作与动作之间、空间与时间之间的关系。同时，可以多采用辅助性学习和诱导性学习，降低动作难度，适当给予帮助，使学生获得肌肉感觉，抓住学习的重点，以掌握动作技术的基础为主，淡化动作技术的细节。

（2）改进与提高动作阶段

该阶段的生理特点是大脑皮层兴奋与抑制过程处于分化阶段，兴奋相对集中，内抑制逐步发展巩固，并初步进行动力定型，且能较精确地分解与完成动作。在心理上表现为对动作技能学习的信心不断增加，但时有反复，动作学习过程中的紧张感逐步得到克服，注意力比较集中，有较强的学习欲望。在运动技能的练习过程中，大部分错误动作得到纠正，多余动作逐步消除，动作开始变得准确、协调和轻快，能比较顺利地、连贯地完成动作技术，但动作还不够熟练，还不能运用自如，遇到新的刺激时多余和错误的动作可能重新出现。因此，根据这一阶段的特点，主要教学任务是使学生在粗略掌握动作的基础上，进一步消除牵强、紧张和错误的动作，加深理解动作各部分之间的关系，进而掌握动作的细节。教法上以完整练习法为主，纠正某一错误动作或加强某一动作环节的教学可采用分解法。运用讲解、示范，主要是为了更好地解释动作的内在规律以及某些难点与关键，启发学生思考，通过反复练习、抓住动作的细节进行教学，发现错误，及时纠正，以免形成错误的技术动作。让学生进行分析、比较，使学生了解动作的内在联系，进一步加深学生对动作的理解，促进他们的大脑皮层兴奋。

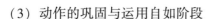

（3）动作的巩固与运用自如阶段

该阶段的生理特点是大脑皮层兴奋过程高度集中，内抑制相对牢固、精确，形成了牢固的动力定型。心理上情绪稳定，自信心强，注意力分配合理。运动技能方面，能准确、熟练、美观、省力、轻松地完成动作，并能灵活自如地运用，动作达到自动化的程度。例如，人们在散步时谈话、看报等，无须有意识地思考应如何迈步、如何维持身体平衡；熟练的篮球运动员在比赛时的运球动作，往往也是自动化的。当然，随着动作的不断重复和动作细节的不断改进，动作的准确、熟练和自动化的程度越来越高。但是，动作技术的发展和巩固不是一劳永逸的，如果不断练习，可以精益求精，质量更加提高；反之，如果长期中断练习，形成的动力定型就会逐步消退。越是技术复杂、难度大的动作，消除得越快。因此这一阶段的主要教学任务是巩固发展形成动力定型，使学生能熟练、省力、美观、轻松地完成动作，并能在各种复杂变化的条件下灵活自如地运用。教法一般采用完整法为主的重复练习，严格要求动作的完整性和连贯性，不断巩固定型，提高动作质量。

2. 人体机能适应性规律

人体在运动开始时，加速了体内物质能量的消耗，促使异化作用加强，于是引起疲劳和暂时的身体机能的下降。这一阶段，称为"工作阶段"。经过休息和调整，体内的能量储备逐渐恢复，并接近或达到运动前的水平，这是"相对恢复阶段"。再经过合理休息，物质和能量超过了原来水平，从而提高了机体的工作能力，称为"超量恢复阶段"。超量恢复的状况依赖运动负荷的大小和身体新陈代谢能力的不同而有所变化。如果间隔时间过长，失去了负荷后的痕迹效应和最佳时机，机体工作能力就会降低到原来的水平，即"复原阶段"。

因此，根据这一规律，为了使学生达到增强体质的效果，后一次课应尽量安排在上一节课后的"超量恢复阶段"，这样才能产生体育练习的效果积累，从而提高学生身体的功能水平。

3. 学生身心发展规律

在体育健康教学过程中，要组织学生进行反复练习。学生在反复练习和休息的交替过程中，生理机能活动能力会发生变化，并伴有一定的规律。一般情况下，当人体开始运动时，由于机能惰性的影响，人体各器官系统机能活动能力首先从相对的较低水平逐渐上升；然后达到并在一定时间内保持最高水平，保持在一个起伏不大的范围内，即"稳定阶段"；最后人体机能活动达到一定的程度，出现疲劳，身体机能活动能力下降，经过休息、调整，身体机能活动能力又逐渐恢复到相对安静时的水平，这个阶段称为"下降和恢复阶段"。

由于学生年龄特点、身体健康状况、体育基础水平，教材的性质，教学的组织与教法以及气候条件等不同，学生机能活动能力上升阶段所需的时间、上升的坡度和最高阶段的高度、稳定的时间以及身体承担急剧变化负荷的能力等均有所不同。因此，学生承受运动负荷的大小要根据实际情况酌情处理，及时进行控制和调整。

学生机能活动能力的特点是，青年的机能活动能力上升时间短而快，最高阶段维持时间较短；身体训练水平较高的学生，机能活动能力提高的时间较短，达到和保持最高阶段的时间较长，并可承受较大的生理负荷。

三、高职体育健康课程的教学方法优化

（一）体育健康教学方法概述

教学方法是体育教学过程中完成教学任务或目标所采取的教学途径和手段。体育健康教学方法受教学目的和任务的制约，直接关系学校体育教学目标的实现。随着社会经济、文化的发展，体育健康教学逐渐发展成熟，其教学方法随着时代的发展而发展，随着学科的进步而更新。学校体育的价值观在发生变化，学校体育教学不仅要向学生传授体育知识、技术与技能，还要把增进学生身体健康、提高心理健康水平、增强社会适应能力、培养学生的体育能力和终身体育的意识作为着眼点与归宿。因此，在继承与发展传统的体育教学方法的基础上（许多优秀的体育教学方法，是人们在长期对体育教学规律认识的基础上总结和归纳出来的，传承到今天有其存在的必然性和生命力），针对时代发展的特征、现代教育发展的特点，开创一些新的体育健康教学方法，与时俱进，这是历史的必然。

（二）体育健康教学方法的分类与应用

在长期的体育健康教学实践中，广大一线体育教师创造出了许多教学方法。而随着时代的发展、新课程改革的需要，近年来又出现了许多新的体育健康教学方法。为了便于体育健康教学、提高课堂教学效益，对各种教学方法进行合理分类是非常必要的。

1. 语言法

语言法是指在体育健康教学中，教师运用形象而又生动的语言，向学生传授体育知识、运动技能的教学方法。正确地运用语言法能启迪智慧，启发学生的思维，加深对学习内容的理解，促进学生运动技能的形成，培养学生发现问题、分析问题与解决问题的能力，激发学生的学习兴趣，活跃课堂气氛，融洽师生关系。

在体育健康教学过程中，常用的语言法有讲解法、问答法。

（1）讲解法

讲解法是教师运用语言向学生系统地传授体育知识、运动技能的方法。讲解法分为直陈式、分段式、概要式、侧重式、对比式、比喻式等。

在体育健康教学过程中进行讲解应注意：讲解要有明确的目的性。在教学中讲什么、怎么讲，教师必须依据教学目标、教学内容、学生的特点以及教学过程的具体情况，根据学生思想上、技术上或身体发展上存在的主要问题，抓住重点与难点，有针对性地讲解，有的放矢。

讲解的内容要正确，实事求是，并注意内容的科学性。应根据学生的体育基础和已有的知识、经验，来确定讲解内容的深度、广度和讲解方法。

讲解的语言要清晰、准确、生动、形象，简明扼要，富有感染力。要抓住教材的关键，突出重点。如快速跑的重点是途中跑，而途中跑的重点是后蹬，因此应着重讲解后蹬技术。在教学中可运用体育术语和口诀进行讲解，要精讲多练，这样有利于学生正确地理解和掌握动作技术。

讲解要富有启发性。教师可以通过提问的方式来启发学生的思维，培养学生的思考能力、语言表达能力、分析能力和解决问题的能力，使学生将看、想、议、练、评有机结合起来，让学生知其然并知其所以然，学会举一反三、触类旁通。提出的问题要符合学生的认知规律，要明确具体。教师要根据教材内容和特点，精心设计富有启发性和思考价值的问题；要创设宽松的教学氛围，让学生大胆发表自己的见解；及时捕捉教学中学生的疑难问题，对模糊不清的地方和错误之处，应及时加以纠正。

要注意讲解的时机、形式和效果。在教学中，大部分时间是学生练习，因此，要注意讲解的时机。学生正在做练习，特别是在静止用力或是做危险性较大的动作时，教师不宜讲解或一般不要做过多的讲解，以免分散学生的注意力，引起伤害事故。课中的讲解可集中进行，也可个别讲解。

（2）问答法

问答法也称"谈话法"，是教师和学生以口头语言问答的方式进行交流的方法。问答法有利于激发学生的思维，启迪学生的聪明智慧，培养学生的思考能力和语言表达能力，有唤起和保持学生的注意力和兴趣的作用，有利于教师及时了解与掌握学生对体育健康知识的掌握情况，适时地调整教学过程。

在体育健康教学中，问答法可分为传授新知式问答、巩固复习式问答、总结归纳式问答三种方式。

传授新知式问答，是教师依据学生已获得的知识经验引入新的问题，让学生在思考过程中结合运用已有的知识经验回答问题的方法。

巩固复习式问答，是教师依据学生已经学习过的教学内容，检查了解学生掌握的情况，学生回答问题的方法。

总结归纳式问答，是教师在结束一个课题或一个部分教学前，引导学生提出问题，教师进行回答；或教师设问学生回答，并在此基础上进行概括总结与归纳。

运用问答法时应注意以下几点：

第一，问题的提出要有针对性。应紧紧围绕教学目标的知识点，抓住教学的重点、难点；要切合学生的实际水平，避免提一些怪题、偏题，防止损伤学生的学习积极性和自信心。

第二，问题的提出要有一定的启发性。要善于运用设疑激疑的方法，启迪与激发学生积极思考，让学生学会举一反三；要鼓励学生提出问题，利用已有的知识经验对所提出的问题进行分析、判断、思考与回答。

问题的提出要注意方式方法，善于捕捉提问的最佳时机，精心设计好提问的程序，由浅入深，由易到难，由简到繁。多采用思考性问题，少用事实性问题。教师提问时态度要和蔼，循循善诱，以创设一个宽松和谐的学习环境；语言要精练、准确，对一些较难的问题要留给学生一定的思考与讨论时间。

正确地运用语言法。除以上两种形式外，其他的语言形式在课程中要有针对性地运用。如进行队列练习、队形变换，要运用口令；做支撑跳跃时，通过语言提示学生快推手；按教学标准对学生的行为表现、练习完成情况以口头方式进行评价等。总之，应充分利用各种形式的语言，以求达到良好的教学效果。

2. 直观法

直观法是指体育教学中，通过对事物或直观教具的演示，使学生利用各种感官直接感知客观事物或现象，从而获得知识的教学方法。此法具有鲜明的形象性、具体性和真实性。合理运用直观法，有助于学生了解动作形象、结构、要领、时空关系等，有利于建立正确的动作表象。常用的直观法有动作示范、演示法等。

（1）动作示范

动作示范是教师或教师指定的学生以自身完成的动作为范例，指导学生进行学习的方法。轻快、优美的动作示范，不仅可以让学生建立正确的动作表象，了解所学动作的形象、结构、要领和方法，还能激发学生的学习兴趣，增强学生学习的自信心。

示范要正确。动作示范是学生建立正确动作表象的重要信息源，对学生的运动技能学习具有重要的作用。教师的示范应是动作的典范，力求做到准确、熟练、轻快、优美。准确是指示范要严格按动作技术的规格要求完成，以保证学生建立正确的动作表象。轻快、优美是指动作做得生动、美观、诱人,这样不仅可以激发学生的学习兴趣,也有助于学生消除不必要的畏难情绪。

正确选择动作示范的位置与方向。示范的位置和方向如何,会影响示范的效果。示范的位置要根据学生的队形、动作结构的特点和安全要求等因素来决定。通常是动作幅度大、移动距离长、速度快的示范位置较远;动作幅度小、移动距离短或在原地展现动作细节的示范位置较近。因此,要根据不同的动作采用不同的示范面。示范面有正面、背面、侧面和镜面。

正面示范:教师面对学生站立所进行的示范是正面示范。一般用于显示左右动作,如篮球防守中的左右移动。

背面示范:教师背向学生所进行的示范。一般用于方向与路线变化较多、比较复杂的动作,以利于教师领做和学生模仿,如武术。

侧面示范:教师侧对学生站立所进行的示范。一般用于显示前后动作,如跑步中的摆臂动作和腿后蹬动作。

镜面示范:教师面向学生站立进行与学生同方向的示范,一般用于动作比较简单,便于教师领做、学生模仿的动作,如广播操及简单的徒手操。

此外,示范位置与方向的选择,还要考虑其他因素,如阳光、风向、周围的环境,不要让学生面对阳光或迎着大风,尽量避开繁华、喧闹和有特殊物体的方向,以便集中学生的注意力。

(2)演示法

演示法是教师在体育教学中通过直观教具和模型的演示,即利用挂图、人体模型、战术板、图片等道具,另外也可运用电影、幻灯、投影、电视、录像、计算机等电化教学手段,显示练习动作的结构、过程、关键和时空特征,帮助学生获得感性认识的教学方法。

直观教具和模型往往是静态的,能更长时间、更清楚地显示各个阶段的动作结构和整个过程,通过人体模型的演示,帮助学生了解动作的技术要领。采用战术板来演示各种战术配合,有利于战术教学。电化教学能够以不同的速度、不同的角度准确、完整、清楚地显现动作,有助于学生尽快建立正确的动作表象,理解动作的内在联系,对提高动作教学效果有积极的作用。在运用演示法时,要目的明确、时机恰当,注意讲解与演示有机结合。实践证明,演示法不仅能理论联系实际,为学生学习运动技能提供丰富的感性材料,还能激发学生的学习兴趣,提高教学效果。

3. 练习法

练习法是指为了达成教学目标,通过身体练习和技能学习使学生掌握、巩固运动技能进行身体锻炼的教学方法。该法对促进中枢神经系统发展和提高机体能力，发展学生的身体素质，增强体质，培养良好的意志品质具有重要意义。

常用的练习法有分解法、完整法、重复练习法、循环练习法等。

（1）分解法

分解法是把一个完整的动作技术合理地分解成几个部分，逐段进行体育教学的方法。

优点是把动作技术难度相对降低，简化教学过程，把复杂的动作清晰化，便于集中时间和精力突破教材的重点和难点，同时还有利于学生学习自信心的建立。但是如果运用不合理、动作技术分解不科学，将会破坏动作的完整结构，割裂动作与动作之间的内在联系，影响正确动作技能的形成，这是分解法的不足。分解法多用于那些动作比较复杂、可以分段而用完整法学习又不易掌握动作的情况，或动作的某部分需要较细致地练习时采用，如武术套路、器械体操、技巧。分解的方法有下列几种形式：

第一，单纯分段法。将一个完整的动作按结构顺序分成若干段落，一个一个分开教学，最后再将动作串联起来完整组合。

第二，递进分段法。将一个完整动作按时间先后分成若干段落，即先教第一部分，再教第二部分；然后将一、二部分联合起来教学，掌握后，再教第三部分；第三部分掌握后，再将第一、二、三部分组合起来进行教学。

第三，顺进分段法。将一个完整动作按时间先后分成若干段落，在掌握第一段的基础上，再将第一段和第二段组合起来进行教学，以此类推，直至完整掌握。

第四，逆进分段法。此法与顺进分段法相反，教学顺序与顺进分段法相反。

运用分解法应注意以下几点：分解动作时要考虑到各部分或段落之间的有机联系，不要破坏动作的本身结构；使学生明确所划分的部分段落在完整动作中的地位和相互联系；分解法要与完整法结合运用，减少学生学习中的困难，最后达到掌握完整教材的目的。所以，分解法使用时间不宜过长，以免影响学生对教材的掌握，一般在学生对重点部分基本掌握时，就要及时向完整法过渡。

（2）完整法

完整法一般用于动作结构比较简单，或动作虽然比较复杂但是用分解法会明显破坏动作结构的情况。完整法教学有以下几种方式：

第一，学习简单的、容易掌握的动作时，教师讲解示范后，就可以让学生做完整练习。在练习中，教师发现错误应及时纠正。

第二，进行复杂和难度较高的动作教学时，可以抓住教学重点进行突破。首先掌握动作技术的基本环节，然后再逐渐掌握技术的细节部分；或者先掌握动作的方向、路线等要素，然后再掌握动作的角度、速度、节奏等要素。

第三，对具有一定难度的教材使用完整法教学时，可降低难度，简化动作要求，再按照动作技术规格的要求进行教学。例如，学习跨栏跑时可降低栏架高度、缩短栏间距离；教投掷项目时，可以先减轻器材的重量；教篮球的投篮、排球的发球时可缩短距离。需要注意的是，降低要求必须以确保不形成明显错误动作为前提。

第四，改变练习的外部条件，采用各种辅助性和诱导性练习，如在练习前、后滚翻时由高处向低处完成动作，并借助一定的外力完整练习。

（3）重复练习法

重复练习法是指在不改变动作结构和运动负荷的表面数据，即在相对固定的条件下，根据完成动作的基本要求进行反复练习的方法。在掌握动作技术、技能和发展各种身体素质时，通常采用重复练习法。

重复练习法又可分为连续重复练习法和间歇重复练习法两种。

连续重复练习法是指没有间歇、连续不断地重复练习。通常用于等速的连续重复练习，对发展耐力素质帮助较大，可在一些非周期性项目中采用，如篮球的连续投篮、羽毛球的连续挥拍练习。

间歇重复练习法是指重复练习间有相对固定的间歇。例如，400米跑5次，规定重复跑之间的间歇时间为5~8分钟；单杠引体向上或双杠臂屈伸，规定间歇时间为3~4分钟。间歇时间的控制应取决于教学的任务和不同学生的特点。

运用重复练习法应注意，不能把重复练习法理解为简单的、机械的不变的重复。教师在学生做练习时应仔细地观察与分析，及时发现问题，注意加强监督，避免出现不正常的反应，对学生不断提出新的建议和要求。重复练习法的条件是基本固定不变的，因此学生会感到枯燥无味，尤其是学生对动作已经基本掌握时，更易产生厌烦心理，因此教师要不断地变换练习方式，提高学生的练习兴趣。例如，进行100米重复跑练习时，在一般练习之后，可以采取追逐跑或竞赛等方式进行。

（4）循环练习法

循环练习法是根据教学和锻炼的要求选择若干个练习或者动作，分设若干个作业点，要求学生在每一个作业点上完成规定的任务，做完一轮练习可重复下一轮练习。循环练习的方式多种多样，主要有分组轮换和流水式两种。

循环练习法的特点是练习手段多样，能有效地增大练习的密度和运动负荷，能全面地发展学生体能，提高运动能力。由于采用的练习一般都是学生已掌握的，简单易行，而且是轮流交替练习的内容，既有利于提高学生学、练的兴奋性，也不易感到疲劳。

运用循环练习法时应注意以下几点：选择的练习应该是动作比较简单，学生已经初步掌握的，应将发展学生基本活动能力的内容、激发学习兴趣的内容以及培养良好的心理素质和团队精神的内容有机地结合起来，以利于学生身心的全面发展；应科学合理地安排练习的重复次数、间隔时间、完成每次练习的强度（如时间、高度、器械重量），并根据学生的不同情况区别对待；练习手段、练习量、作业点以及练习方式的选择，应根据学生的运动能力、学校的场地器材实际情况以及教学任务和教学条件来确定；作业点不宜过多，也不宜太少，一般以 4~6 个为宜；合理安排各作业点的内容，在相邻的两个点，避免安排使用相同肌肉群的练习，点与点之间负荷大小不同的练习交替进行。

4. 预防纠错法

预防纠错法是指在体育健康教学中，针对学生产生错误的原因，采取有效的措施，防止和纠正错误的教学方法。在体育教学过程中，学生的技能提高是伴随着动作错误的不断出现与不断纠正而进行的。对前一个动作环节错误的纠正，就是为了预防下一个动作环节错误的产生，这为形成正确的动作技能奠定了良好的基础。

对体育健康教学中可能产生的错误要有一定的预见性，准确找出原因，采取积极主动、行之有效的手段与措施，尽量避免错误动作的产生，做到防患于未然。对已产生的错误动作要及时纠正，否则不仅影响学生正确掌握运动技能，形成错误的动力定型，还会导致伤害事故，损害学生健康。因此，在教学中及时准确地发现学生的错误动作，并能正确分析产生动作错误的原因，采取有效的方法加以纠正，对学生正确地掌握运动技能具有重要意义。

产生错误动作的原因通常有以下几种：学生学习目的不明确，练习不认真，敷衍了事，怕苦怕累，怕受伤，缺乏勇气与毅力；学生对所学动作技术认识不清，对完成动作的要领、方法不明，或者受有关技能因素干扰等；学生的能力较差，身体素质与运动能力不能适应所学动作的要求；学生在肌体疲劳、生理功能下降的情况下进行学、练，易产生动作错误；教材内容不符合学生的实际情况，安排不当，组织教法不合理；教学环境与教学条件的影响，场地、器材、设备不符合学生的实际，安全条件不好等。纠正错误的具体方法有以下几种：

第一，强化概念法。运用语言法和直观法不断强化，让学生建立正确的概念，促进学生动作表象的形成。教师要通过生动而形象的表述性语言和示范等帮助学生明确动作的顺序、要领。结合学生的知识水平进行正误对比，了解错误的症结所在，主动避免和及时纠正错误动作。

第二，转移法。学生因为恐惧和焦虑或受旧运动技能影响而形成错误动作时，应变换练习内容，运用各种诱导性、辅助性练习，来防止或者消除旧技能干扰所产生的动作错误及心理障碍，将学生从已经形成的错误动作中转移出来，并在此基础上形成正确的动作。

第三，信号提示法。当学生在练习中由于用力的时间或空间方向不清楚而出现错误动作时，应运用标志、信号等教法措施，让学生体会动作的用力顺序、节奏和幅度，掌握时间与空间的关系。

第四，降低难度法。在学习难度较大的动作技术时，由于运动能力与紧张心理可能造成动作错误，应改变练习条件，降低练习难度，以适应学生的实际水平；然后由简到繁，由易到难，循序渐进。

第五，外力帮助法。在学生由于对用力的部位、大小、方向、幅度不清楚而出现错误动作时，可采用助力与阻力，帮助学生建立正确动作的本体感觉，纠正错误动作。

另外，还应加强对学生有关学习目的的教育，有目的、有步骤、有措施地培养学生勇于克服困难的顽强意志品质，特别应注意激励、调动学生的学习积极性，提高其完成动作的自信心。

纠正学生错误动作时应注意以下几点：在指出动作错误时，教师要耐心细致，循循善诱，要充分肯定学生的成绩，多鼓励，忌讽刺和挖苦，分析原因，提高学生改错的决心与信心；纠正错误，要抓主要环节，往往主要的动作错误被纠正了，相关的错误动作就随之消除了。

5. 游戏与比赛法

（1）游戏法

游戏法是教师组织学生以游戏的方式来完成教学任务的一种教学方法。游戏法通常有一定的情节和竞争成分，趣味性强，能充分调动学生的学习积极性和练习热情，内容丰富，形式多种多样。学生在游戏中通过个人与个人之间的竞争、团队与团队之间的竞争，陶冶情操，培养良好的道德品质、集体主义精神以及良好的心理素质。

运用游戏法应注意以下几点：游戏的内容通常具有一定的情节。采用游戏法时，应按照教学的意图赋予游戏一定的形象内容。在选择游戏练习的内容时，可直接选择日常生活中的某些活动，但要注意练习内容应以全面发展学生的身体为主。选择游戏的内容与形式，应根据教学目标的要求，具有明确的目的，并采取相应的规则和要求。教育学生自觉地遵守规则，同时鼓励学生合理运用规则，在规则允许的范围内，充分发挥自己的主动性和创造性。游戏的裁判应认真、公平、公正、准确、客观地评价游戏的结果，包括胜负以及学生在游戏中的表现。要科学合理地布置游戏的场地与器材，加强安全教育，做好组织工作。

（2）竞赛法

竞赛法是指在比赛的条件下组织学生进行技能学习和练习的教学方法。竞赛法的特点是具有强烈的竞争性、激烈的对抗性，学生要承受很大的运动负荷，能促进学生最大限度地发挥机体的功能，提高合理运用动作技术、技能的能力，培养勇敢、顽强、集体主义精神等优良品质。

运用竞赛法应注意以下几点：明确竞赛法的目的，应依据教学目标、教材性质等实际情况，合理地运用比赛方法。要做好比赛的组织工作，合理配对、分组。无论个人与个人比赛还是组与组比赛，应做到双方实力均衡，这样的比赛才能激烈而富有情趣。采用比赛法进行练习，学生兴奋性较强，教师要注意调节和控制学生的运动负荷，合理地进行分组和轮换，既要使学生的练习机会均等，又要避免过度疲劳。通过比赛不失时机地对学生进行思想品德教育，使其养成良好的体育道德，自觉遵守比赛规则，学会合作，学会尊重对手，防止伤害事故的发生。

6. 自主、合作、探究学习法

（1）自主学练法

自主学练法是指学生在教师指导下，按照一定的要求，相对独立地进行学习与练习的方法。在体育健康教育过程中，学生的心理、生理、技能、体能、学习能力、兴趣爱好等方面都存在着差异，每一名学生都有自我发展、自我提高的需要，每一名学生都有达到目标的最适宜的方法。现代体育教学理论越来越关注引导学生自主学习，因此，在体育教学中应该给学生自主选择学习内容和方法的时间和空间，从而让学生学会自主学习。它是激发与调动学生学习主动性、积极性、创造性的重要途径。它能充分确立学生的主体地位，启迪学生的聪明智慧，挖掘学生的体育学习潜能，培养学生自主学习与自主练习的能力，为终身体育奠定良好的基础。

运用自主学练法时应注意，要使学生具有明确的学习目的，提高学生对自主学习的认识，确立正确的学习动机。自主学练法是体育教学与课外体育、终身体育接轨的重要环节。教师要让学生掌握自主学练的方法，学会阅读，学会观察，学会自我规划，学会自我监控，学会自我调整，学会自我评价。营造自主学练的环境与氛围，有意识地创设一些让学生独立自主学习的条件，可采用个人独立练习、分组练习、自由练习等多种形式，使学生有好的自主学练环境。创造学生自我评价与相互评价的条件。通过自我测定，达到自我了解。通过教师的提问，引导学生对自己的学习目标、心理机能、生理机能、动作完成情况、动作效果进行自我评价；要把学生的自我评价作为一种学习性、形成性评价，同时将个人评价与相互评价相结合，不断提高学生的自我评价能力。

（2）合作学习法

合作学习法是指学生以小组或团队形式共同完成某一任务，并有明确的责任分工的互助性学习方法。合作学习法将个人之间的竞争转化为小组之间的竞争，既有助于培养学生的合作精神、团队意识和集体观念，也有助于培养学生的竞争意识与竞争能力，还有助于因材施教，使每一名学生都能得到充分发展。运用合作学习法的一般教学步骤有以下几个：

第一，科学地进行组合。组内异质，组间同质，体育教师根据班级人数、学校场地器材条件和教学内容，将学生分成若干个6~8人组成的异质合作学习小组，但组与组之间同质，以便发挥各组的潜力，进行公平合理的竞争。

第二，各小组在教师的指导下，根据本单元的学习主题，由小组的全体成员共同讨论确立学习目标。

第三，选择课题，分配角色。为了达成学习目标，小组选择、讨论、确立达到目标的课题。在不同学习任务中角色可以轮流互换，这样既保证了小组互助合作、学习分工明确、秩序井然，又能使个人能力充分发挥和彼此协调。

第四，学生在小组长的带领下，根据教学要求，围绕学习的主题，开展学习讨论与交流，有针对性地进行自主学习，并进行组内的互相帮助、共同思考。小组成员做到各负其责、各司其职、各显其能，共同完成学习任务。

第五，学习成果展示、比较与评价。各小组向大家展示学习成果，相互学习交流，取长补短，分析比较，寻求最佳的学习方案，提高学习能力。学生和教师进行评价，包括学生自我评价、小组成员相互评价、小组与小组之间的相互评价、教师对学生个人或小组的评价。

运用合作学习法应注意，合作学习的设计和组织应从学生的认识水平、交流能力和体育基础出发。合作学习的设计应具有一定的可操作性，防止出现自由化和形式化的倾向。合作学习法是一种开放式、互动式的学习，要让学生有更多的学习空间和自由分配时间，这种教学思路并不是"放羊式"教学，而是通过群体的合作学习，培养学生自主学习、合作创新的能力，教学中要做到"严而不死，活而不乱""统而有法，放而有序"。教师应注意对各种反馈信息的收集、整理和分析，以便及时修正教学方案。实施合作学习法应考虑不同层次学生的学习需求，尽可能顾及全体学生，使每一名学生受益。

（3）探究学习法

探究学习法是指教师引导学生在体育活动过程中选择和确立研究主题，创设类似于研究的情境，让学生自己通过观察、验证性活动、思考、调查、讨论、收集与信息处理等途径自主地探究学习，发现问题，获得体育健康知识、运动技能，促进情感与态度的发展，培养学生的探索精神。

运用探究学习法的一般步骤：提出问题或创设问题的情境。教师根据学生已有的体育知识与技能，结合所教的具体内容向学生提出需要解决或研究的问题，使学生在这种情境中产生疑难和矛盾，带着问题去探索；学生针对教师提出的问题，分组讨论，各自提出各种假设与解决问题的方案；学生将假设与方案，通过体育健康学习活动进行实践验证，如有不同观点可以讨论与争辩，得出共同的结论；在小组探究学习的基础上进一步对解决问题的过程与效果进行评价，激发学生的探索热情，发展学生的创造性思维能力。运用探究学习法应注意以下几点：

第一，科学合理地设置问题。体育教师提出的问题首先要依据教学要求、教学内容的特点和学生的知识、能力的实际水平，把教材中的某一知识点或问题确立为学生探究的课题。要因势利导，运用已知探求未知，激发学生的探究积极性。

第二，积极引导学生探究。体育教师应有目的、有意识地提出问题，鼓励学生敢于标新立异，大胆创新。教师对学生在探究过程中出现的问题和错误要给予理解和指导。

第三，加强教学组织工作。学生的探究学习过程不是一种自发的、随心所欲的活动，而是在教师严密组织和积极引导下进行的。教师要善于捕捉、保护学生创新思维的闪光点，创造机会、创造条件组织他们去发现、去探索、去创造。学生在探究学习的过程中可能会遇到各种疑难杂症，这就需要教师不失时机地帮助学生，启发和引导他们进行联想、对比、分析，使学生的思维活动不断深化，避免走弯路，以达到最佳的学习效果。

第四，努力创设一个有利于学生进行探究学习的良好氛围。素质教育呼唤同化了的师生关系，让学生在宽松、和谐、融洽、默契的氛围中进行学习，努力为他们提供探究和发现的真实情景，使他们形成主动探索创新的心理愿望和性格特征，形成一种以创新精神吸取知识、运用知识的心理趋向。要敢于让学生大胆实践，发表不同的见解；让学生具有展示才华、表现自我的空间；让他们去发现，去探索，去创造。

在体育健康课程运动技能的探究学习中，不仅要解决理论层面的懂不懂和知不知的问题，更重要的是让学生大胆地实践，做到理论与实践相结合，解决会不会的问题，只有这样才有利于学生运动技能的形成和掌握。

（三）体育健康教学方法的选择

随着体育健康教学改革的不断深入、广大体育教师教学经验的不断积累和现代科学技术的发展，体育健康教学方法变得越来越多样。体育健康教学中教师能否科学、合理地选择教学方法是直接影响教学质量的关键，因此要根据体育健康教学的目标和各种教学因素，有针对性地、灵活地选用适当的教学方法，并能合理地相互搭配。也可以说教学效果的好与坏、教学质量的高与低，在很大程度上取决于教师是否能妥善地选择适宜的教学方法。俗话说"教无定法，贵在得法"，教学方法人人会用，但各有巧妙。对于广大体育教

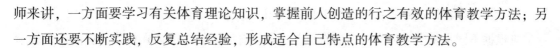

师来讲，一方面要学习有关体育理论知识，掌握前人创造的行之有效的体育教学方法；另一方面还要不断实践，反复总结经验，形成适合自己特点的体育教学方法。

1. 选择体育健康教学方法的基本要求

（1）要根据体育健康教学目标来选择教学法

体育健康教学的目标与教学任务不同，需要匹配不同的教学方法。在新授课的教学中，可多采用语言法和直观法；在复习课的教学中，更多地采用练习法和比赛法。

（2）要根据教材内容的性质来选择教学法

根据不同性质的教材内容，应采取不同的教学方法。动作技术相对简单或动作结构不易分割的可采用完整教学法，如跑步、跳跃；动作比较复杂的，对初学者可采用分解教学，如器械体操、游泳；以提高身体素质为主的练习可采用循环练习法；在枯燥项目的学习时，为了提高学生的学习兴趣和学习积极性可采用游戏教学法。在体育教学中，教师应根据教学的内容和性质，从实际出发，创造性地运用各种教学方法。

（3）要根据学生的特点来选择教学法

体育健康教学的根本目的是更好地促进学生的体育学习，因此要充分考虑学生的年龄、性别、体育基础、体育水平等因素，使其符合学生的认知规律和身体发展特征。应从学生的实际情况出发，选择那些最符合学生条件和能提高学生技能发展的教学方法。

（4）要根据教师自身的专长、特点来选择教学方法

在运用体育教学方法时，体育教师要充分发挥自身的专长和特点，扬长避短，采取与自己条件相适应的教学方法。语言表达能力比较强的，就可以多采用生动形象的语言来表达；运动技能和身体形象比较好的，可以多用动作示范的方法，使学生产生学习兴趣；年龄大的教师，动作示范有一定的困难或很难规范地展示动作技术，但他们具有丰富的教学经验，可以多采用演示法，通过精辟的语言讲解和分析，让学生获得感性认识，激发学生的学习兴趣。当然，作为一名优秀的体育教师应该做到一专多能、全面发展，这样才能具有选用各种体育教学方法的能力。

（5）要根据各种体育健康教学方法的功能有针对性地选用教学法

每一种体育健康教学方法都有独特的功能，任何教学方法都不可能是万能的，有其长必有其短。教学方法受教学过程中各种因素的影响，同一种教学方法同时施教于两种不同的教学对象（年龄、性别、运动技能、身体素质等体育基础不同），有可能会产生两种不同的教学效果，因此，在教学过程中必须认真分析教学法的功能、适用对象和条件，有针对性地选用教学方法。

2. 运用体育健康教学方法的建议

应有利于促进学生体育健康知识与技能、过程与方法、情感态度与价值观的整体发

展，充分发挥体育促进学生全面发展的重要作用。

应根据不同水平学生的身心发展特点，遵循体育健康教学的内在规律，提高课堂教学的针对性和实效性，加强对教法与学法的研究，不断创新，调动学生对体育学习的积极性。

应在运动技能的教学中，选择简单有效的练习内容，采用形式多样、丰富多彩的方法，发展学生的体能，让学生的运动技能提高与体能发展同步进行、相得益彰。

应营造良好的学习氛围，创设民主、宽松、和谐的教学情境，有机地将自主、合作、探究学习与传统的教学方法结合起来，引导学生在体育活动中，通过参与体验、探索思考、合作交流等方式学会体育学习和锻炼。

应关注个体差异。重视学生的个性发展，在体育健康教学中做到因人而异、区别对待。根据学生体育基础的不同，有针对性地采用相应的教学方法，使所有学生在原有的基础上学有所获，体验到成功的喜悦，使每名学生都有机会享受平等的体育教育，提高他们的自尊和自信，促进每名学生全面发展。

第二节　高职体育健康课程教学内容优化

一、高职体育健康课程教学内容的属性

（一）体育健康教学内容的教育共性

体育健康是学校的一门教育课程，因此它的教学内容既保持着教育的普遍性（共性），也具有本学科教育的特性。其教育共性如下：

1. 人本精神的教育性

学校教育应树立"健康第一"的指导思想，这是与时俱进体现时代精神的教育之纲。体育健康教学内容实现人本精神的教育性，主要表现在以下几方面：

思想教育：首先是以社会的和平、进步和发展为基调的热爱人类、热爱大自然的教育，这是一种追求世界大同的理想教育；其次是通过历史文化的传承和民族精神的弘扬来实现爱国主义教育，这是一种求真务实的思想基础教育。这两种教育在奥运题材和民族民间体育题材的教学内容中都有极为丰富的体现。

心理教育：保持健康的心态和良好的调控能力，不断完善自我，是学生健康成长、适应社会和自然的重要条件。授业先疏心，教书重育人，关注学生的心理健康应该是整个教

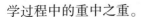

学过程中的重中之重。

2. 文化知识的教育性

体育健康教学内容是人类体育活动和体育文化的历史性沉淀，包含了身体发展、锻炼方法和运动训练的基本原理及相关的社会科学知识，具有很强的科学性。这些文化知识直接影响学生的健康成长，与其他学科一样具有普遍意义。

（二）体育健康教学内容的教育特性

体育健康教学内容是以人的身体练习为载体、以增进健康为主要目的所选编的教学素材。这里特别要强调的是，以健康为目的的身体活动是不同于人的一般生活活动和体力劳动的。其教育特性如下：

1. 身体健康的实践性

促进身体健康是体育健康教学内容最突出的一个特点。它是通过运动实践这个平台，使学生在亲身参与过程中，获得本体的感受和体验，从而使机体产生适应性变化，发展生理机能，提高健康水平。

首先，发展运动技能。一种运动技能的形成，不仅需要看清、听懂、想明白，更需要通过运动—神经系统参与，以身体练习的形式完成。运动技能形成的"泛化—分化—动力定型（自动化）"规律，只有通过身体的反复练习和训练的实践过程，才能实现对某一运动技能的掌握和运用，这与其他学科的技能形成存在着本质上的差异。不同运动技能的学习，相互间还具有渗透、互补功能。通常情况下，运动技能的储备量越大，意味着人体运动协调性越好，灵敏度越高，动作的技巧性越强，运动的时空感觉越准确，肢体语言就越丰富。同时，运动技能学练、掌握和运用的过程，也会促进运动兴趣的提升。学会了才有兴趣运用，运用的成功与失败反过来又会激励继续学习，这对终身体育意识的培养和形成具有深远的教育意义。

其次，提高身体素质，改善身体机能状况。身体机能状况是一个内显性指标；身体素质是一个外显性指标，是身体机能活动的外部表现形式。长期以来，我们利用施加生理负荷的外部条件来提高身体素质，通过身体素质的提高来促进身体机能的适应性改善，达到增强体质、增进健康之目的。在教学实践的过程中，体育健康教学除了传授运动技能以外，还内含了另一个重要的因素，就是运动负荷，通常通过课的练习密度和练习强度来反映。练习密度是指学生在一节课中实际运动的时间和全课总时间之比乘以100%；练习强度是指练习的次数、组数、时间及相关的练习要求等。这是教学内容在操作层面的量化指标，直接作用于提高身体素质，促进技能形成和改善机能状况，提高健康水平。

2. 心理健康教育的开放性

体育是一种情感的宣泄，是一种意志的磨砺。在体育运动中，人们的喜、怒、哀、乐等一切心理活动都以开放的形式外显。创设宽松愉悦的教学情境，采取灵活多变的教学方法，促进学生的个性发展，疏导学生的心理障碍，磨炼学生的意志品质，培养学生的体育道德，使学生不断战胜自我、完善自我，维护健康平衡的心态，保持良好的心理调控能力。这是体育健康课与其他学科教学内容上的重要区别，突出体现了心理健康教育开放性的特点。

3. 人际交往的适应性

三维健康观是世界卫生组织提出的现代人的健康理念，认为健康包括生理的健康、心理的健康和社会适应的完满状态三方面。身体健康和心理健康是人体自身的物质基础，是内因。社会适应能力则是人体健康的物质基础与自然、社会（外因）谋合的效果反映。在体育健康教学实践中，分组或结伴学练、游戏和比赛，都是在一种动态的环境下进行的交流和交往。无论是研究性学习、自主式学习还是接受学习等，都离不开师生互动、生生互动的形式。而这种互动形式既是情感思想的交流，又是性格与个性的交往。了解自己，了解他人，在个体与集体融合的成功与失败的经验中，体验人际交往的价值。这些在体育学习的活动中由人际关系的直接碰撞所产生的火花，对提高学生适应社会的能力具有潜移默化的效果。这是体育健康教学内容及社会适应范畴的一大特点，是其他学科的教学内容所无法替代的。

二、高职体育健康课程教学内容的类型与特点

（一）以运动项目分类

20 世纪 80 年代，以竞技运动体系为主线的传统体育教学内容的分类一直占主导地位。教材基本内容为田径、体操、武术，选修内容为篮球、排球、足球。

这个时期教学内容的特点是竞技色彩浓厚，名称和内容通俗易懂，有利于对竞技运动文化的理解和掌握，同时由于教学内容的细化（如大一年级快速跑，具体内容为中速跑 40~80 米、加速跑 40~60 米、全程跑 50 米），操作性很强。但因为它突出的是对技术教学和运动成绩的考核，尽管进行了一些教材化的改造，总体来说，竞技痕迹仍然很深，这与学校的客观教学条件、学生的实际运动能力和水平相差甚远。这种以教为主、以训为主的教学模式，忽略了学生的主体位置，漠视学生的学习兴趣和心理发展，是这个时期体育教学内容存在的弊端。

（二）以身体素质分类

20 世纪 90 年代，在原有体育教学内容的基础上，出现了一个新的分支——提高身体素质练习。

将"提高身体素质"列为体育教学内容的一大项单列，目的在于关注学生的身体健康，以身体素质的发展来促进生理机能的改善。这是体育教学内容进步的一大体现，这种教学内容分类的特点是，有利于实现锻炼身体的目的，有利于帮助学生认识各运动项目与提高身体素质之间的关系，有利于使学生学会和掌握多种锻炼身体的方法。但是，由于身体素质理性上的分类与实际有落差，各项素质不是单一的个体，相互间还存在着很紧密的内在联系，如力量与速度、速度与耐力。再加上任何一项体育活动都伴随着多种素质的综合发展，所以这种分类不够准确，而且易引起学生对体育教学内容的文化内涵认识不足。而专项练习的单一性、枯燥性不利于学生的兴趣培养和积极性的调动。

（三）以人的基本活动能力分类

这是 20 世纪 90 年代后期比较常见的一种分类方法，以发展人的走、跑、跳跃、投掷、攀登、爬行等基本动作技能为目的，来进行体育教学内容的划分。

这种分类方法的特点是贴近学生的实际，有利于提高学生的基本活动技能，突破竞技技术的限制，体现了"以人为本，健康第一"的指导思想，适合低龄学生的教学。但是由于与运动项目脱节，所以对运动项目的技能培养不利，不能激发高年级学生对竞技运动的兴趣，从而使高年级学生缺乏运动动机。

从"以运动项目分类""以身体素质分类"到"以人的基本活动能力分类"，我们可以清楚地看到这样一个趋势：体育教学内容的分类越来越贴近学生，越来越关注学生的健康成长。应该说明，这三种分类在某一时期并不是独立存在，而是在不断改革、不断实践、不断磨合中得到发展的。

三、高职体育健康课程教学内容的资源开发与优化

根据国家课程、地方课程、校本课程三级课程管理的要求，加大课程内容的选择性是课程标准为体育健康教学内容的资源开发提供的广阔空间。广大体育教师在制订课程实施方案时，可以依据课程的学习目标，从地方、本校的实际情况出发，选用适当的教学内容和教学方法。

（一）体育健康教学内容资源开发的依据

1. 必须贯彻"健康第一"的指导思想

体育健康教学内容的资源开发，必须贯彻"健康第一"的指导思想，也就是说任何一项教学内容的开发和利用，取决于它对促进学生健康成长的效果和作用。

2. 必须具备科学内涵

体育健康教学内容的资源开发，必须关注教材内容的知识、技能含量及系统性；必须突出学科教材的教育特性；必须符合学生认识、实践操作能力的适应性，以保持教材内容的科学性。要舍弃华而不实的内容，防止教育低能化倾向。

（二）体育健康教学内容资源开发的原则

体育健康教学内容资源开发的原则是指在体育健康教学内容资源开发的过程中，制约着开发活动的价值准则，是人们根据对内容资源开发过程的规律性认识而制定的用于指导内容资源开发的基本要求。

第一，适宜性原则。适宜性原则是指体育健康教学内容的资源开发必须坚持从学校的实际出发，坚持"以学生发展为本"的价值取向，适应不同学段、不同水平学生的身心特点。

第二，特色性原则。体育健康教学内容资源开发的特色性要求课程应体现区域体育特色、学校体育特色。

第三，健康性原则。健康性原则是指开发体育健康教学内容资源时，应把所开发的体育校本课程有利于学生的健康发展放在首位。

第四，安全性原则。安全性原则是指进行体育健康教学内容资源开发时，应考虑运动项目本身的安全因素。

（三）体育健康教学内容资源开发的主要渠道

1. 现有体育运动项目的改造

这里所说的体育运动项目，主要是指竞技运动项目。竞技运动项目以其独特的人体极限运动的竞争性、超越自我的挑战性、技战术运用的艺术性，备受世界人民的关注。奥运火炬的风采，足球世界杯比赛的热浪，令亿万人兴奋、疯狂、陶醉。它们的影响跨越了时空，超越了国界，从少年儿童到白发老人，几乎妇孺皆知、家喻户晓，这就是竞技体育运动项目巨大的无形资产。正因为如此，长期以来它始终占据着学校体育教学内容的主导地位。

传统教育教学将竞技运动项目移植到学校课堂，在项目分类（如体操分为技巧、单杠、双杠、支撑跳跃）、技战术要求（如动作要领的描述）、竞赛规则和相应的教学方法手段等诸多方面都保持十分浓厚的竞技色彩，但它与学校的客观条件、学生的实际水平和能力差异甚大，这是一个不容忽视的事实。

应充分利用竞技运动项目的丰富资源，适应和满足大学生的实际需要，根据青年的年龄和身心发展的特征，加强对运动项目的教材化改造——简化竞赛规则、降低技战术难度、改造场地器材设备等。

2. 新兴运动项目的引用

新兴运动项目是伴随时代的发展而诞生的，以休闲、娱乐、健身为目的的运动项目，如健美、攀岩、轮滑、滑板、现代舞，因为具有十分浓厚的时代气息，深受青年喜爱。根据地方、学校的实际条件，开发和利用这些资源，对充实、拓展学校体育教学内容，活跃、丰富学生体育活动会产生积极的促进作用。

3. 体育校本课程的研究

体育校本课程的研究是体育健康教学内容资源开发的一个重点课题，它可能是传统教学内容的延伸，也可能是新兴运动项目的推广，还可能是民族、民间体育活动的普及。无论是哪种类型，都必须具备特色。体育校本课程的研究包括内容、课程结构、课程计划等诸多方面，应能体现学校的体育传统。

（四）体育健康教学内容资源开发的对策

把握和正确认识"以学生发展为本"的体育健康教学内容资源开发的价值取向：是否有利于学生的身体健康；是否有利于学生的心理健康和社会适应能力的发展。争取学校领导对体育健康教学内容资源开发工作的支持，为体育健康教学内容资源开发提供一定的条件保障。充分发挥体育管理人员、骨干示范教师在体育健康教学内容资源开发中的领军作用。树立体育教师的课程意识，提高体育教师对教学资源的开发能力。发挥学生在体育健康教学内容资源开发中的主体作用，加强资源开发后的利用，对现有的传统竞技体育课程内容进行改造。

第三节　高职体育健康课程教学计划优化

一、高职体育健康课程的水平教学计划优化

《体育与健康课程标准》（简称《课标》）按水平划分学习阶段替代了传统的按学年划分学习阶段，水平目标的设置反映了学生通过三年的体育健康课程学习应该达到的标准。因此，以整个水平学习阶段来设计教学计划是实现教学目标的必要步骤。

（一）水平教学目标设置

《课标》是以水平来划分学段的，那么在同一个水平的各学年之间就存在一种有机联系。在制订水平教学计划时应对整个水平阶段有整体的考虑。

在设置学习目标时，不仅要理解《课标》的水平目标，更应该全面地认识《课标》的总目标和各学习领域目标，对整个三级目标体系有完整、深入的认识。然后，认真分析学生实现这些学习目标的条件与可能性，开始进行水平目标的科学划分，即把水平目标进一步具体化。

（二）学习内容的选择

体育健康课程标准以目标的达成来统领教学内容、教学方法的选择。各校师生可以选择多种不同的内容，采用多种不同的形式和方法达成课程学习目标。《课标》对各学段的各水平目标已经有了明确的表述，并且提出了一些实现目标的内容建议。这些内容建议在地方和学校将被进一步具体化，成为学生的具体学习目标。然后，教师将依据这些具体的学习目标为学生选择适合的学习内容，以单元的形式呈现，全面实现各学段各方面的目标。

（三）水平教学计划的制订要求

水平教学计划是根据各水平的具体要求制订的，是学生达成各项目标的统筹计划。水平教学计划应结合本校的实际情况，把各水平的具体目标呈现的内容标准加以具体化，并分配到每个学年中，以便从总体上把握学习内容和要求，全面达成和落实课程目标。

制订水平教学计划，第一，应在认真研究课程目标体系的基础上，根据水平四四个学习方面的水平目标以及相应的内容标准，结合学校的实际情况，确定各学年的教学目标；

第二，要认真研究内容标准，根据水平目标以学生的发展和目标的达成为中心，结合本校情况来选择和设计教学内容；第三，以学习目标的达成和学生身心发展特征为主线，合理规划教学内容；第四，根据水平四教学总时间合理预计各项教学内容的时数比例。

总之，对于各项教学内容的时数预计应根据具体教学内容的性质、作用以及难易程度来分配，更重要的是根据实际教学的情况而定。传统的教学计划中有很多优秀的内容值得我们借鉴，如根据教学内容之间的联系确定教学内容的时数、根据季节和地域特点安排教学内容。

二、高职体育健康课程的单元教学计划优化

单元是课的上位概念，即单元由若干节体育课组成。若干节体育课之所以能形成一个独立的教学单元，是因为这几节课具有内在的联系，形成了一个有机的教学内容的整体。因此，单元是一个完整的教学过程。

所谓教学单元，是一种教学时间的集合，突出了单元的概念。而单元教学是一种教学内容的集合，强调了教学的概念，即在一定的时间范围内组织一项或一组内容进行反复学习，以达成预设的学习目标。因此，两者是同一事物的两个不同方面。

从教学计划的结构体系看，水平教学计划是单元教学计划的上位概念，多个单元教学计划构成了水平教学计划。从目标体系来看，单元目标是将水平教学目标分解为一系列比较具体的学习子目标，在教学过程中只有逐个达到单元目标，才能最终达成水平目标。在水平教学计划、单元教学计划与课时教学计划之间，单元教学计划是中间环节。

（一）制订单元教学计划的意义

1. 单元教学计划是水平教学计划的细化

体育健康课程强调在教学设计过程中，既要注意水平教学计划的整体构思，又要关注学习过程中多维度学习目标的实现。在关注宏观水平教学计划设计的同时，更要注重单元教学计划的细化。在传统的学校体育教学计划中，虽然有采用单元教学的形式，但很少有教师对一个单元做出详细的单元教学计划。单元教学计划可以看作水平教学计划的元素，因此，单元教学计划是水平教学计划的细化。

2. 单元教学计划是制订课时教学计划的依据

单元教学计划在水平教学计划与课时教学计划之间，起到了承上启下的桥梁作用。它一方面是水平教学计划的细化，另一方面是课时教学计划的依据。单元教学计划的制订使体育教学具有更大的灵活性。对一个教学单元来说，要实现这一单元的学习目标需要用多

少节课来完成，可以有一定的伸缩性。不同的教师、不同的学生、不同的教学条件对同一个教学单元所设计的学习目标，都可能存在一定的差异。单元教学计划使课时计划成为一种连贯性的教学过程。

（二）单元教学计划的制订步骤

1. 单元教学计划应具备的元素

一是"基本元素"：常态课计划中应该具备的元素；二是"完全元素"：展示课计划中应该具备的元素。"基本元素"应有利于教学实践活动，有利于个人教学经验的交流和反思，有利于体育校本教研特色的铸就；"完全元素"应元素俱全，能让同行看到计划就知道怎样撰写本单元的教案、安排课堂教学并懂得如果进行单元教学评价。因此，制订单元教学计划，不能流于形式，要目标明确具体，表述简洁明了，操作实用。

单元教学计划无论采用表格式还是其他形式，都应该有以下"基本元素"：××教材、第××单元、单元课时数、单元目标、单元学习内容、单元重难点、具体课次计划、单元教学小结等；"完全元素"应包括学习阶段、学情分析、单元评价方法与标准等。具有了这些元素，制订计划就能简洁明了，便于操作。

2. 制订单元教学计划的步骤与方法

（1）确定单元目标

单元教学目标源于水平目标，它是水平目标的逐级细化和分解。单元教学目标的确立是为达成水平目标服务的。制定单元教学目标时要全面，能把水平目标的四方面分别明确地表述出来。但各方面不能混乱，行为主体与行为动词应表述明确。

体育教学专业技术性较强，技术语言表述要准确，不能用口头语或不规范的语言来表述目标。例如，"收腹"不能写或说成"收肚子"，"臀部"不能写或说成"屁股"。

（2）进行学情分析

学情分析主要是从授课对象的认识水平、技能储备、身心状况、学习能力、参与态度等方面进行。通过准确的分析，能针对性地制定教学目标，选择教学内容与方法，确定教学重点，预见教学难点，选择与制定有效的教学策略。

（3）选择教学内容

单元教学内容的选择是为促进学生更好地发展，因此，选择教学内容要依据：为实现单元教学目标服务；有利于促进学生身心发展；符合学生的身心特征和学生的学习需求以及学习能力；充分考虑学生的个体差异与不同需求，确保每一名学生受益。

（4）安排学时计划

各学时教学计划要具有概括性。概括性主要体现在制订的单元教学计划中，把各学时教学计划的教学内容、课时目标、课时重难点、课时教与学的主要策略、课时负荷预计等进行高度概括，使之成为制订课时教学计划的重要依据。

第一，教学目标的发展性。在制定教学目标中，认知目标采用"了解—理解—分析—应用"的层层递进，技能目标采用"学会—掌握—较好地运用—合理地熟练运用"的层层推进，体现目标的发展性关系，便于操作。各学时目标达到了，单元目标也就自然达成了。

第二，学习内容要具有递进性、连续性、相关联性。在完成了水平教学计划的制订后，教学单元已经形成。单元计划就是将某一学习内容或若干相关联的同类学习内容按递进、连续的关系分配课时与课次顺序，前一课次是后一课次的基础，后一课次总是在前一课次的基础上进行递进、延伸与拓展。在单元教学计划中，各课次的主要学习内容应当是连续的。

第三，教学重点的确定和难点的预见。在单元计划中，应根据教材内容和学生的实际情况，确定教学重点和预见难点。教学重点是学生学习与掌握知识、技能、方法的主要环节，计划中必须加以确定。教学难点是达成教学目标过程中可能出现的困难和遇到的障碍，对困难和障碍要有预见性。只有确定了重点，预见到了难点，才能有的放矢制定有效的策略，选择有效的方法，去促成教学目标的达成。如果不能确定重点和预见难点，再好的手段与措施都可能是低效或是无效的。

第四，教学策略的有效性。教学策略是为学生的有效学习服务的，采用什么样的方法去有效解决重点、突破难点，什么样的教学组织形式能让每名学生都得到发展，这些都要预先设计。教学策略要注重学生的主体地位，充分调动学生的学习积极性、主动性、创造性，科学运用启发式教学，注重学生的自主合作和探究等学习方式的开发和运用，避免"填鸭式"、训练式的授课方式。要充分考虑措施与方法的有效性，该"合作"时"合作"，该"探究"时"探究"，该"分层教学"时进行"分层教学"。

第五，运动负荷预计的科学性。学生身体承载一定的运动负荷是体育课程与其他课程的重要区别，也是衡量学生锻炼效果的重要指标，在体育教案中应该真实体现。运动负荷要适度，超过了这个度就会有损学生健康，低于这个度又不利于促进学生身体健康发展。要从学生的实际出发，根据教学内容和教学组织形式来预计。强度很大的练习，往往练习密度不一定会很高；强度小的练习，也有可能有较高的平均心率，因此我们对运动负荷的预计要科学、符合实际。

（5）单元教学评价

单元教学评价是单元教学计划中不可缺少的重要组成部分，计划中应制定单元评价内容、标准与方法，注重评价主体的多元性、内容的多样性、标准的客观性。既要有过程性评价，也要有终结性评价；既要有教师评价，也要有学生自评与互评。教师的评价既要有激励性评价（如表扬与激发），也要有纠正性评价（如批评与纠错）。学生自评与互评要体现客观，不能感情用事。评价标准的制定应从学生的实际出发，既要考虑绝大部分学生，又要考虑个体差异，体现评价的发展性。

（6）单元教学小结与反思

它是完整的单元教学计划不可缺少的一部分。每个教师在单元计划执行之后，将本单元教学目标的完成情况、主要优缺点及改进的方法等简明扼要书写在单元小结栏目中，以便今后制订计划时参考。小结与反思非常必要，它有利于积累教学经验，优化教学方法和手段；有利于提高业务水平，促进自身再发展。

三、高职体育健康课程的课时教学计划优化

课时计划简称"教案"。在制订好水平与单元教学计划后，教师就可以根据单元教学计划对自己的课堂教学做进一步设计。体育教案的格式和写法是多种多样的，概括起来主要有文字叙述式和表格式。随着体育教学改革的不断深入，有的教师还创造了卡片式教案、图表框架、流程式教案等。但不管采用何种教案格式，都应以清楚、简明、便于指导教学为原则。体育健康课程强调课堂教学要以学生为中心，教案的格式不拘泥于形式，课时教学计划应具有一定的弹性，备课应从备教材向备学生的方向转移。

（一）课时教学设计的特点

规划性课时教学设计实际上是对整个教学过程的各项工作做一个规划。如目标编制、教学资源的开发和利用、教学重点难点的确定、教学方法与手段的筹划。有了整体规划，教学工作才会有条不紊地运行。

第一，超前性。做教学总体设计时，教师通过思考，预测教材内容、学习环境、教师的行为可能引起的效果以及学生做出的反应，借助于想象在头脑中拟定操作蓝图，以完成教学准备工作。

第二，创造性。所谓创造性就是教学设计者要根据教材和学生实际，去设计有个性的教学方案，使课堂教学常教常新。

（二）课时计划设计的思路

课的设计应以学生为主体，教学质量不仅取决于教师教的水平，更取决于学生学的状况。体育教学不仅要追求近期效益，提高运动技术、技能水平等，更要着眼长远目标，考

虑学生的发展需要，启发学生自觉主动地参与体育活动，掌握锻炼身体的方法，养成锻炼的习惯。因此，体育教学中如何将教师的教转化为学生自主、有效地学，变过去的被动参加体育活动为自觉主动参与，是当前体育教学中要解决的根本问题之一。

体育健康课程坚持以目标体系统领教学内容，这是与传统的体育课程最大的区别。另外，体育课时教学计划有教学目标与学习目标的区别。教学目标是教师对教学的期望值，是教师期望通过教学后达到的结果，而学习目标是学生在课堂学习中努力实现的目标，是学生个人的期望值。由此看来，教学目标是一种整体性的期望，学习目标则是每一名学生根据自己原有的基础，选择适合自己并期望达成的学习目标。《课标》提倡的是以学生为本的主体学习，因此，我们更偏重于学习目标这种提法。

（三）课时计划设计的基本要素

1. 确定学习目标

课堂教学目标具有导向、激励、发展与评价等功能。要充分发挥课堂教学目标的功能，制定的目标就必须明确、具体、可行，就必须是可以检查、可以观察和可以评价的。

单元教学计划已经将学习目标具体化了。因此，在制订课时教学计划时，首先，依据单元教学目标来确定课时学习目标；其次，学习目标要针对本课教材所要解决的主要问题，考虑全体学生的发展需要与起点水平，制定的体育课时学习目标必须是具体的、可观察的；最后，要求学生在掌握有关知识、技能的同时，关注心理感受，并形成良好的行为习惯。另外，一节课可能会有多重目标出现，可能会涉及多个学习领域，但是，必须确定主要目标，使课的主线明确，主题落实，操作思路清晰。

为了保证教学目标的实现，在制定目标时应注意：制定的目标要符合教材的特点和教学的进度；制定的目标要符合学校的场地器材、教师的教学能力与学生的体育基础等实际；制定的目标要有具体的组织教法做保证；制定的目标重点突出、主次分明。

2. 选择学习内容

第一，教学内容要与学生的身心发展水平相适应，超越或不及都不好。超越了，学生完不成，甚至还可能对学生的身心造成伤害；选择的教学内容低于学生的身心发展水平，不能激发学生的学习兴趣，达不到应有的教学效果。

第二，选择的教学内容，要符合学生的发展需要。主要是指选择的教学内容，是学生体育发展所必须掌握的一些基本技术，能为学生未来的体育学习与终身体育打下良好的技能基础。

第三，准确把握教材的性质、特点和价值，正确地使用教材。

第四，教材具有适宜的技术难度和较强的教与学因素。

3. 教学方式

教学过程是师生交往、共同发展的互动过程。课时教学计划不仅需要设计教师如何教，而且需要设计学生如何学，只有把教师教的最优化与学生学的最优化融合在一起，才能保证整个教学过程的最优化。

要做到这一点就必须注意以下几方面的问题：教学分段要合理；教学方法有效，教学步骤清晰；要充分发挥教师的主导作用，要正确体现学生在体育学习中的主体地位；能够正确地处理好统一要求与区别对待的关系，既能做到面向全体学生，又能关注学生的个体差异，做到因材施教；正确开展课堂教学评价；运动负荷适宜；场地、器材及现代教育技术手段的利用要经济、实用，符合教学的需要。

因此，教法与学法设计就成为课时计划设计的重要工作。教师应在不断改进教法的同时加强对学法的研究，让所有学生都积极参与、主动学习，逐步形成自主、合作和探究式的学习方式。

（四）课时计划设计的基本要求

根据单元教学计划的安排，写明年级、班级、周次、课次及任课教师；确定本课的学习目标与内容；按课的结构、顺序安排学习内容，组织教法与学法；对必要的学习内容，要写清保护措施与帮助；分配各部分的时间及各项活动时间；做好场地器械的规划和课的密度以及运动负荷的预计；课后小结与反思，要及时认真填写，不断积累经验，提高教育教学能力。

第十章 高职体育卫生与保健

第一节 体育运动卫生概述

所谓"卫生"，即对卫生学中所要求的各种措施以及指标的施行，健康则是指精神上的、身体上的以及社会上各方面均呈现良好的状态。所谓健康并非人们所说的没有疾病，疾病其实是在某一致病因素的影响下，使机体旧有的稳定环境遭到破坏，从而使机体的各器官、组织以及结构和代谢均产生病理变化，使人的运动能力和健康状况都受到影响。从理论上来讲，人如果对卫生有一定的注意，可以极大程度地降低致病因素侵害机体的现象发生，其对于健康的保健和预防以及人的运动能力来说都是一种极大提高。可以说，人们可以通过体育锻炼提升自身对于病痛的抵抗力，从而使身体能够长久地维持健康状况。此外，还须强调的是，人之所以要进行卫生保健，其主要便在于通过对医学和卫生学技能、知识的运用以及向医护人员询问，才能使人的健康达到理想的效果。

一、个人卫生

（一）生活制度

众所周知，有规律且稳定的生活习惯，对于人们学习效率以及生活水平是一种极大的提高，其对于运动成绩的提升也有极大作用。所以人只要是条件允许，还是要尽量地保持自己生活规律的稳定。当然，人在学习、工作中，也会有一定的变动，其锻炼的状况也会随之而发生变化，这需要人们同时具有随机应变的能力。

（二）早锻炼

人之所以要早锻炼，便是为了及时地消解在睡眠的过程中出现的抑制状态。早锻炼可以显著提升人体各项组织器官的功能，给人们的工作和学习提供充足的能量。

（三）服装

人在穿衣上要务求整洁、舒适，这样可以一定程度上减少身体组织器官的压力。每次运动完之后要注意清洁卫生，运动鞋以及运动服要舒适，透气性好。

（四）皮肤和牙齿卫生

人体的皮肤内部有着极为发达的神经末梢，其一方面是机体保护器官，另一方面则是感觉器官。如果机体的皮脂腺和汗腺出现毛孔堵塞现象，会使肌肤出现疖肿或者毛囊炎等皮肤病。所以为了身体健康当及时用温水和肥皂清洁肌肤，尤其是脚趾等极度容易脏的区域，要着重清理，以免出现脚癣现象。此外，牙齿也要定期清理，否则容易引起口腔疾病以及其他牙齿疾病。刷牙时要小心细致，以免损伤牙龈和牙釉。

（五）饮食

为了维持相对稳定的健康，人需要定时定量地从外界吸收能量。可以说，具有丰富营养的食物是人们劳动、生活以及锻炼的必需，也是维护机体膳食平衡的必要条件。否则，人会因为膳食结构同人体所需失衡而出现营养不良或者食物中毒现象，从而出现比如说身体营养匮乏、肠胃感染疾病或者肠道出现寄生虫等现象，甚至严重起来有可能出现慢性中毒甚至恶性肿瘤等现象。此外，人如果对某一食物或者营养有过多摄入，也会出现食物中毒现象。所以，在饮食方面要科学而合理，要注重清洁卫生，要进食有营养的食物，不可过饥或者过饱。

（六）睡眠

睡眠是维持机体正常生命活动的自然休息，约占人一生时间的三分之一，它能保护大脑皮层细胞免于衰竭和破坏，恢复功能与体力。睡眠之前应保持安静，不宜做剧烈的运动，避免进食有刺激的饮料，如浓茶、咖啡等，卧室空气应流通，一般人的睡眠时间为6~8小时。白昼较长、运动量较大或学习负担较重时，应适当增加午睡时间。

（七）心理卫生

所谓心理卫生，主要是通过对人的心理活动规律来做出一定的措施，从而使人的心理健康得到增强和保护。心理健康的人，其在社会中会有较强的适应能力，且预防生理和心理疾病的能力也很强大。健康的心理要求人们做到以下几点：情绪稳定而无不安全感以及压迫感；极具同理心和同情心；有超强的环境适应能力等。当下的青年正是人格完善的黄金时期，所以要注意对情操的陶冶、对理想的树立，要注意在日常生活中关心和理解他人。

（八）用眼卫生

近视或者其他视力病变产生的因素有很多，其大多由先天因素或者后天不良环境以及学习和生活的习惯等原因引起。人如果想要在视力方面获得健康，须保证用眼的卫生。比如说，要注意书写、阅读以及绘画等方面的卫生，因为无论是书写、阅读还是绘画，眼部与纸或书等距离很近，此时如果不注意，极易损伤视力。所以学生在做上述事情时最好保持眼睛同注视物的距离为 20 到 25 厘米之间，学生要有端正的坐姿和充足的光线。每次用眼不可以时间过长，最好在用眼一小时左右便站起来向外眺望或者闭眼休息。在日常的学习生活中，最好是注意对眼部的保养，看书时尽量坐着而不要躺着或者在车上看书。最好是定期检查视力，正常视力的标准为不低于 1.0，否则为轻度近视甚至重度近视。

二、自我身体检查

自我身体检查的概念即人在参与训练或者锻炼之时，对自己的身体状况主动做出观察和记录，从而检验锻炼效果并根据锻炼效果将运动量做自由调整的过程。至于自我检查所包括的内容大致为运动者的睡眠状况、自我感觉以及食欲等主观感受以及运动者的体重、脉搏、肌肉力量等客观指标。

（一）自我感觉

所谓自我感觉，即运动员在参与运动过程中其主观方面是否积极，是否愿意锻炼并能在锻炼过程中收获到愉悦感；在生理上是否存在头晕、肌肉酸痛、腹痛、恶心等不良状况，而在锻炼之后身体疲劳与否，睡眠充足与否，进食是否正常，消化是否良好。运动者根据上述做出一一记录，并根据状况的优良来做出判断。

（二）睡眠

运动者在运动的过程中要观察自己睡眠状况是否有多梦、入睡困难等情况，睡眠之后身体是感觉轻松还是沉重，根据上述状况分别做出记录。

（三）食欲

运动者要根据自己进食状况做出记录，记录等级分为良好、一般、不良三类。

（四）脉搏

一般情况下，人在每天相同的时间段所测量的脉搏基数差不多相同，即使偶有差别，也不会差距很大。如果运动者在同一时间内所测量的脉搏出入很大，可以考虑是否出现疾病或者过度疲劳。如果出现比如说心律不齐等现象，必要时要去医院做检查。

（五）体重

一般而言，人在参与锻炼之后的一个月左右，体重会下降 4 斤到 10 斤的样子，其后人体体重随着肌肉量的增加而出现体重回升现象，再过一段时间体重会在一个水平线上持平。如果运动者在一段时间内体重持续、大量下降，有可能是因为能量摄入低于输出或者运动者过度疲累所致。

（六）肺活量

人在正常情况下肺活量都会维持在一定水平上，或者是随着运动量的增大而逐渐增高。如果运动者肺活量出现不断下降现象，则被视为不正常，说明机体已经出现不良现象。

（七）握力、背力

正常情况下，人在经过了锻炼之后，其背力和握力都会随之而增强，如果不增强反而下降，应考虑身体是否出现问题。

（八）月经

对女性运动者来说，在运动期间要关注其月经情况，比如说月经量是多是少、月经期时间长短以及经期是否存痛经现象等。

三、疲劳及消除疲劳的方法

（一）疲劳的表现

一般而言疲劳主要有神经型疲劳、肌肉型疲劳以及内脏型疲劳等几大类。如果说运动者出现肌肉型疲劳，一般现象是肌力下降、肌肉肿胀和僵硬等；如果运动者出现判断失误、反应迟钝和动作协调性差以及注意力下降等情况，则可以考虑为神经型疲劳；如果运动者出现呼吸不规律、心悸、呕吐、恶心、心律不齐等情况，则须考虑是否出现内脏型疲劳。

（二）消除疲劳的措施

对于疲劳最为有效的预防措施便是保持运动者良好的睡眠状态。此外，在运动结束后采用局部外敷、按摩或者温水沐浴等方法，也是预防或者减轻疲劳的有效措施。再者，轻松愉悦的环境、科学合理的进食习惯也是预防或者消除疲劳的有效措施。针对某些病理性疲劳，运动者必要时可以用药物辅助来消除。

四、传染病的预防

（一）常见的传染病

所谓传染病，其源头为病原体，其传播载体多为动物或者人类。其中，学校因为人员众多、密集，所以往往是传染病毒集中的地方。学校内部时常发生的传染性疾病主要包括肝炎（病毒性肝炎）、流感（流行性感冒）、菌痢（细菌性痢疾）、痄腮（流行性腮腺炎）、疥癣、蛔虫病、沙眼等。其传染有很强的季节性，一般，夏天或者秋天，人多感染肠道类传染病，春天或者冬天则以出现呼吸道传染病为大多数。

（二）传染病的预防

疾病如果要在人群中进行传播，必须同时具备传染的途径、源头以及载体，否则不会有传染现象发生。

传染病在人群中的传播，必须具备传染源、传播途径、易感人群三个基本环节。缺少任何一个环节，新的传染就不可能继续发生。为了防止传染现象出现，首先要做的便是切断任何的传播路径，比如说净化空气、饮用水和食物等，除了卫生机构采取措施之外，个人也要细心做好防护，勤洗手，拒绝随地吐痰，做好个人卫生；其次要密切注意人群里对疾病抵抗力差的易感疾病者，要鼓励他们多锻炼身体，努力提升自身抵抗力。

五、运动场地和器械卫生

（一）运动场地卫生要求

运动场地应平坦、不滑、松硬适度、不易起灰、宽大；运动场地阳光充足，周围应合理栽种树木，创造良好的体育环境。田径场跑道应结实，平坦，无浮土，富有弹性并便于雨水渗透到底层。投掷区还应有明确划分，投掷时严禁他人穿行，场地地面要平整，一个投掷区内不允许同时进行几种投掷运动，不允许面对面投掷，铁饼和链球场应设置护笼，投掷器械应符合年龄、性别及技术的要求。助跑跑道的方向应避开阳光的垂直照射，地面应平坦、坚实而富有弹性，无浮土和杂物。踏跳板应与地面平齐，跳远沙坑宜松软，厚度应有一定尺寸；跳高立架应牢固，不易倾倒，横杆应容易落下，海绵应大而厚。球类场地的四周2.5米范围内不应放置任何障碍物，以免碰伤。篮、排球场应平整、结实，地面不宜过硬。

（二）运动器械卫生要求

运动器械要安装牢固，固定器械应经常检查有无锈蚀、断裂等情况。

1. 体操运动

在练习前和练习中，应仔细检查器械连接部位是否牢固，助跳板表面及弹跳的斜坡应钉胶皮防止打滑。两块垫子之间不应有空隙，以防发生损伤。单杠应检查是否有锈蚀，在练习前进行打磨防止受伤。在上器械前，手掌可抹些镁粉，目的是加大摩擦力，以防脱手而引起事故。不能用滑石粉代替镁粉或混合使用。

2. 田径运动

投掷用的各种器械表面要光滑、无破裂处、无泥土，不要使用湿滑的铅球。器械的重量和大小要符合锻炼者的年龄和性别特点。

3. 球类运动

使用球必须符合标准，符合年龄特点。

4. 游泳运动

在江河湖泊里游泳时，要弄清水是否清洁、有无污染，弄清池底有无石块淤泥。年纪小的学生一般不能在江河湖泊里游泳，以免发生危险或造成灾难。在游泳池游泳时要先进行淋浴、洗脚、踏经消毒池，以减少对池水的污染。凡经医生检查患有肝炎、肺结核、肠道传染病、皮肤病、眼结膜炎、重沙眼、中耳炎等疾病均不得入池游泳。

六、体育锻炼卫生

（一）体育锻炼的卫生原则

1. 循序渐进原则

循序渐进原则指体育教学、训练、课余锻炼的方法和运动负荷的安排要从易到难、从简到繁、从小到大，逐步提高。一个人运动能力的提高、技术动作的掌握、体质的增强是一个渐进的过程，决不可贪快、求大。体育锻炼过程中，应牢记在对一定的运动负荷适应后，再尝试加大运动负荷；较复杂和困难的技术动作，必须有坚实牢固的素质基础和技术基础。违反循序渐进的原则，不仅不能增进健康，提高运动技术水平，反而可能损害健康，甚至造成机体损伤。

2. 全面性原则

一个运动项目，一种锻炼方法，对一个机体的影响总是有限的，正如世上找不到一个包治百病的药方一样，也找不到哪一种单一锻炼可使机体全面发展。特别是青少年正处于生长发育的旺盛期，更应该采用多种方法进行多种项目的练习，以促进青少年全面发展，健康成长。

3. 个别性对待原则

在整个体育的训练及教学过程中，学校要按照学员在健康状况、黏性、训练水平以及性别等方面的不同而进行差别性训练。此外，学员会因为上述等不同而导致生理学和解剖学上的巨大差异，所以他们在体育卫生等方面也会有不同的要求。而训练水平、健康状况以及体质等不一样的学员对身体刺激的耐受力也会有很大的差异，同样力度的刺激，有的人就可以轻松承受，有的则完全承受不了，这就要求学校在体育教学过程中要对他们采用不同的方式来对待。

（二）体育锻炼前做好充分的准备活动

运动前做好充分的准备活动，其目的是提高中枢神经系统的兴奋性，增强各器官系统的机能活动，克服内脏器官的惰性，加强心血管和呼吸器官的活动能力，使人体从相对静止的状态过渡到紧张活动的状态，预防和减少肌肉、关节和韧带的损伤。应根据教学训练和比赛的内容进行准备活动。负荷较大、易伤部位的运动，尤应做好准备活动。准备活动的负荷量，应根据个人的特点、气象条件和教学训练比赛情况而定。兴奋性较低、训练水平较高或气温较低，准备活动的强度可稍大些，时间可稍长些。体育锻炼者的年龄小、体育基础较差或天气炎热时，准备活动的强度宜小些，时间可短些。

（三）体育锻炼后要做整理活动

运动结束后做整理活动，目的在于使身体各部位从紧张的运动状态逐渐过渡到相对安静的状态。因为运动所引起的身体的一系列生理变化，不会随着运动的停止而同时消失，通过做整理活动，可以改善肌肉的血液循环，使肌肉中血液畅通，以利于偿还氧债，排出二氧化碳和消除代谢产物，减轻肌肉酸痛和消除疲劳。

七、女子运动卫生

(一) 女性体育卫生的重要性

女性日常积极参加体育项目，不但可以有利于身体的生长和发育，增强健康，提升身体各器官和系统的机能，使之能胜任身体素质要求高的工作，还能够使身体各部位的肌肉呈现均衡发展，尤其是通过体育项目的锻炼能够增强腹肌、腰背肌和盆底肌的力量。基于女性身体结构、生理机能不同于男性的原因，在进行体育指导和锻炼时，就需要依照女性身体的特点，实施合理的措施，增强她们的健康和提升运动成绩。

(二) 女子运动卫生的一般要求

女子青春发育时期，其体格发育、内脏器官机能水平及身体素质落后于男子，因此，在运动时男女生应有区别，女子应按国家规定的女子运动项目开展体育锻炼。女子肩部较窄，臂力较弱，做两臂支撑、悬垂和大幅度的摆动动作都比较吃力，学习这些动作时，要注意循序渐进和加强保护与帮助。可多从事一些增强肩带肌、腹肌、腰背肌和盆底肌的锻炼，不宜多做从高处跳下、举重和憋气的练习。女子的心血管系统、呼吸系统机能较差，运动时要掌握适宜的运动负荷。因为女子重心较低，平衡能力强，柔韧性较好，可多做些平衡动作和节奏强、富于表现力的韵律操、舞蹈等运动项目。

(三) 女性月经期的运动卫生

月经是女性正常的生理特征，月经处于稳定状态时，人体通常不会出现明显的变化。所以，月经状态稳定的女性在月经期间仍然能够进行适当的体育活动，通过参加活动可增强人体的机能，使血液循环功能改善，盆腔出血现象明显缓解。对腹肌有规律的收缩活动，可以起到缓解子宫功能，达到按摩效果，利于经血流出体外。即使这样，女子在此期间应对以下几方面特别留意：

1. 不宜安排过大运动量的体育锻炼

经期时的锻炼时间必须适当控制，如果不是经常参加锻炼的人，千万不能在经期进行大运动量的活动，应该慢慢提高运动负荷，逐渐养成运动习惯，如高强度、大运动量的疾跳、百米短跑等应避免参与，其他如腹内压显著增加的项目如投掷、俯卧撑、悬空等也应尽量避免参与，减少来自外界的压力对子宫造成伤害，否则容易引起经期大量出血，严重的会引起子宫的位移变化。

2. 月经期间不能游泳

由于子宫在月经期间与平常不同，宫腔与阴道口位置对直，如果这时候参加游泳，病菌可能侵入内生殖器官而引起炎症。

3. 注意保暖，避免受凉

身体受冷刺激容易引起子宫及盆腔内血管收缩，造成经血过少甚至突然停止，因此，月经期间不要涉水、淋雨和用冷水洗澡、洗头、洗脚等。

第二节 常见的运动性疾病

一、肌肉拉伤

（一）肌肉拉伤的形成原理与等级划分

肌肉拉伤的形成有多种方式，一般常见的有两类，即主动与被动。主动拉伤一般指肌肉在自主地猛烈运动时，由于用力过猛，超过肌肉所承受的负荷；被动拉伤多指肌肉在伸展时过于拉伸，破坏了肌肉的拉伸弹性，被动引起的拉伤。其拉伤程度也分为三级，包括纤维组织细微变化与肌纤维的彻底破坏。

一度：只有少数的肌纤维被拉长和撕裂，而周围的筋膜完好无损，纤维的断裂只在显微镜下能见到。运动时感到疼痛，但仍可以进行运动。

二度：有较多数量的肌纤维断裂，筋膜可能亦有撕裂，锻炼者可能感到啪的一声拉断的感觉。常可摸到肌肉与肌腱连接处略有缺失和下陷。在撕裂处周围由于出血，水肿可能发生。

三度：肌肉完全被撕裂。撕裂处可能在肌腹、肌腱或者在肌腱与骨的连接点上。锻炼者基本上不能再活动。受伤后首先产生剧烈的疼痛，但疼痛会很快消退，因为此时神经纤维也被损伤了，这时一般需要外科手术治疗。

（二）提前预防肌肉拉伤

对于肌肉拉伤应该积极预防，对造成不同的肌肉拉伤做出区别应对。比如，如需要进行高强度运动前必须做好热身运动，特别针对易拉伤部位要特殊保护。对平时不常参加运动的人员更要适度而为，避免过于疲倦与过重负荷，加强运动技巧的协调锻炼，不过度用力，创造适宜舒适的运动条件，关注运动场所的条件。冬天在户外运动时，一定要注意衣物多寡，适当增加或减少。对肌肉的应急反应要密切观察，如耐力、收缩力、是否过于疲劳等。如已经造成拉伤则更应保护，避免二次受伤。

（三）治疗肌肉拉伤的一般方法

应对肌肉拉伤一般采用肌肉抗阻力法，肌肉拉伤者应针对自身受伤部位做主动修复训练，负责测试者对所承受的活动施加外力影响，如果出现疼痛反应，即可对肌肉拉伤的具体部位做出判断。

对于肌肉拉伤应予以针对性治疗，纤维组织细微破坏，可以施以物理冰敷疗法进行局部治疗，提高受伤部位，配合中医施治。如果肌肉组织受到彻底破坏，则先进行压力包扎，必要时住院治疗。

二、肌肉挫伤

（一）肌肉挫伤的形成原理与级别

肌肉挫伤在球类运动中比较常见，受伤后经常形成伤病与短暂的功能问题，一般都要求较长期的休养恢复。下肢部位多发生此类病症，最常见的是股四头肌与胫前肌。病理上肌肉挫伤的早期组织变化为血肿形成与炎症反应，与肌肉拉伤不同的是，其以后由致密结缔组织的疤痕取代血肿，疤痕中没有肌纤维再生。严重肌肉挫伤可引起骨化性肌炎并发症。局部疼痛与僵硬是骨化性肌炎最常见的症状，患者有时可触及肿块。挫伤分级如下：

一度（轻度）挫伤：局部压痛，膝关节活动度在90度以上，无步态改变。

二度（中度）挫伤：压痛较重并有肿块，膝关节活动小于90度，受伤者有跛行，不能深度屈膝关节。

三度（重度）挫伤：有严重肿胀与压痛，膝关节活动小于45度，在没有帮助下受伤者不能行走。

（二）有效防治肌肉挫伤

在剧烈身体对抗中经常发生肌肉挫伤的情况，比如足球、橄榄球等项目，所以必须佩戴保护装备来进行有效防护，如在橄榄球中的护肩、护膝等装备。尤其在运动前要做一定时间的热身运动，在做运动时不能过于用力，避免造成肌肉等部位的强度损失。

（三）肌肉挫伤的具体治疗方法

不应忽视肌肉挫伤带来的危害，需要立即停止运动，针对发生情况的不同分别处理，如果有出血状况，则先要进行必要的消毒，可以采用消炎药物，用药用纱布包扎出血部位。如损伤部位发生肿胀，可选择冰水冷敷，先将出血控制住。24 小时之后，还要热敷，使伤口瘀血散开，同时减缓疼痛。按摩也是治疗损伤的必要手段，适当用一些酒精效果更好。

治疗后一定要在适当条件下参加轻微的运动，以缓解受损部位伤痛并渐渐恢复运动能力，比如慢走、蹲起、上肢训练等，避免造成后遗症，甚至功能退化。

三、韧带损伤

（一）韧带损伤的形成原理与级别

由于力度伸展太大，经常性的拉伸造成程度不等的韧带组织与纤维的撕裂。韧带的位置在相邻的两个骨关节上，作用是联结固定并附着有滑膜等表面组织。一般韧带具有抗扩张功能，使得关节在一定范围内可以自由行动，但不能出现不正常的组织结构。此时外力稍加作用，超过其承载能力时，便极易发生韧带损伤情况。韧带损伤经常发生在经常用力且组织较为软弱的地方，损伤情况依据外力的作用大小而发生不同，外力的力度不大、时间不长则对组织的损伤较小，只会造成组织纤维的折断，发生韧带扭伤；如果外力作用大，造成伤情严重，大量的韧带纤维受到破坏，组织功能遭到大量破坏；如果非常严重，甚至会发生整个韧带的功能完全消失，使关节的正常运转受到损害。发生损伤时常常伴有部分肿胀，情况严重时也有出血情形。韧带损伤较难痊愈，很难完全恢复，如果不加强治疗，韧带会发生形变退化，失去韧带应有功能，并极易发生二次受伤，造成关节不稳定而导致关节的退行性病变或创伤性关节炎。临床上，韧带损伤分为三级。

一度（轻度）损伤：韧带只有小部分被拉长或拉断，没有明显的功能丧失。

二度（中度）损伤：大量的韧带纤维被撕裂和分离，有明显的疼痛、水肿，可能发生肌肉僵硬。会产生轻微的疼痛和局部水肿，关节有较小的不稳定或有一定程度的功能丧失。

三度（重度）损伤：韧带完全撕裂和分离，并完全丧失其功能，引起关节的极大不稳定，由于神经可能受损，疼痛很快会消失，有严重的水肿。

（二）预防韧带损伤的各种方法

各种关节部位是韧带损伤的多发部位，尤其是手肘各部位，在运动时有必要对敏感部位进行特别保护。如各种球类运动员佩戴的护肘、护腕等防护设备，佩戴这些设备都有效地减少了韧带损伤的发生。运动时也应选在平整规范的场地上进行练习，控制猛烈的身体撞击，平时加强拉伸活动，保持关节的张力。

（三）医治韧带损伤

一般轻微的韧带损伤，首先就是要消除肿胀与疼痛，在发生实际损害后进行冷敷处理，将受损部分高高抬起。一到两天之后再散血化瘀，并配以按摩治疗。几天之内重复这一过程，效果会初步显现。如果损伤稍微严重，则避免运动是关键，使韧带不能再次受到牵引外力，而如果是重度损伤，则需要立即对韧带断裂处进行接合，并配以其他物理疗法。

四、胫腓骨疲劳性骨膜炎

（一）胫腓骨疲劳性骨膜炎的形成原理与临床表现

此种病症对于不经常参与运动的人群较普遍，一般认为这种病的产生原因是在运动过程中，运动时间太长而造成小腿肌肉在胫腓骨附近受到过大力的牵引，进而造成一种炎症的表现。对于第一次运动的人群，由于下肢力量没有充分发展，没有运动员的韧性，在做运动时不能收放一致，在从空中着地时，不会借助反冲力量，使得骨膜不断受到外力作用。天气情况也具有较大影响，天气太冷造成肌肉发硬，常在硬地上运动也极易受伤。

在强烈的运动锻炼后经常发生胫腓骨疲劳性骨膜炎，在硬地上运动时加速跑、变向跑等锻炼时更容易出现伤害。胫腓骨疲劳性骨膜炎的具体症状是疼痛、压痛、骨膜下水肿等。

（二）胫腓骨疲劳性骨膜炎的预防

可以从以下三个角度观察胫腓骨疲劳性骨膜炎的情况：

第一，第一次进行运动时，尤其是进行跑跳运动时，要一步一步慢慢进行，不能过度用力，避免形成极度劳累。

第二，跑步时交替运用脚掌与脚尖，多方位练习后蹬跑与其他方式结合，可以跑一会儿、歇一会儿，通过渐进的锻炼来增加耐力与韧性，逐渐适应运动强度。

第三，在强烈运动前，一定要做好各项热身运动，使肌肉与各关节充分调动起来。脚掌要利用一定反作用力来减缓压力，在硬场地练习时，避免时间过长。

（三）治疗胫腓骨疲劳性骨膜炎的方法

第一步先要终止运动练习，强烈的运动对胫腓骨损害极大，坚持用50℃温水清洗热敷患处，保持一定时间，最好为 30 分钟，也可以用绷带进行处理，多加休息会有明显好转。第二步可以利用热手巾对受伤部位进行物理疗法，加快血液流动。最后如果炎症特别严重，必须等待完全康复才能再进行运动。

五、腰扭伤

（一）腰扭伤的形成原理与主要表现

腰扭伤在需要用到腰部力量的运动项目中经常发生，从构造上来看，在人的腰部中间存在脊梁骨，它总共由五个脊椎骨构成，一般称为腰椎。在腰椎骨之间又具有许多小的韧带与肌肉组织，人体的周围运动包括腰部伸展收缩的时候，对腰部肌肉都有力的牵引。通过肌肉伸展，使腰部组织保持相当的伸缩性，但都具有一定承受能力。对某些锻炼来讲，腰部负荷很重，突然急剧地用力使肌肉组织过度伸展，经常发生腰扭伤。

（二）预防腰扭伤的措施

首先，在猛烈的体育运动之前，热身运动必不可少，尤其对于腰部需要做特别对待，包括腰部前后左右上下等全方位的活动，将腰部组织间的循环打开，微微发热后可以适当增加活动量。其次，在体育运动中要留意运动要领与正确的运动姿势，均衡用力，逐步加强腰部的受力，在运动中始终不要猛然用力。最后，平常多注意腰部肌肉的训练，加强训练腰部肌肉力量的单独项目，使脊椎骨得到充分锻炼，增强弹性与张力，腰部肌肉通过训练更加坚韧，发生过大力的负载之下，也能有承受力，不易受伤。

（三）治疗腰扭伤的常见方法

确认发生腰扭伤时，一定要先停下休息，如果不注意，盲目坚持继续运动，极易留下后遗症，转成慢性病症，极难治愈。在躺下休息时也要让腰部完全舒展，也可以在腰下加垫软物，缓解疼痛感觉。选择用毛巾等热敷也是不错的办法，同时做一些背部肌肉活动，去专业疗养医院康复治疗也是一种选择。

六、骨折

（一）骨折的发生机制与症状

一般而言，骨折大致分为以骨头出现螺旋骨折或者横断骨折等完全断裂的完全性骨折，以及骨头出现裂缝骨折或者柳枝骨折等没有完全断裂的不完全骨折两大类。人在锻炼的过程中有可能出现骨折，其原因大致如下：首先，运动员在踢球等运动时有可能会因为直接撞击而导致胫骨骨折或者髌骨骨折。其次，运动员有可能会因为从单杠摔下或者其他原因而导致骨折。再有就是，运动员有可能会在举重等需要巨大牵引力等运动过程中，因为肌肉的收缩过于强烈而出现撕脱骨折等现象。还有一种是积累性暴力，因劳损的积累导致疲劳性骨折（如胫骨疲劳性骨折）。人在发生骨折时，一般都会出现比较剧烈的比如说肿胀、疼痛、器官功能丧失或者皮下瘀血、强烈的阵痛或者压痛等严重症状。

（二）骨折的预防

在剧烈运动中，尽量减少冲撞性的动作，尤其是作用时间短、强度大的动作是骨折发生的最危险因素，比如足球运动中腿部受到冲撞，胫腓骨极易发生骨折。进行体操动作练习时腕部舟状骨折容易发生。总之，避免剧烈运动中的碰撞，骨折的发生率将大大降低。

（三）骨折的治疗

骨折发生后要立即停止伤肢的活动，并进行急救。如果病人有休克的症状，要平躺休息，喝些热茶水，然后进行包扎。固定包扎时，动作要轻巧、缓慢，不要乱拉乱拖，以免造成严重的错位，影响整复。包扎固定后，应去医院接受进一步的治疗。

七、肌肉痉挛

（一）肌肉痉挛的形成原理与主要表现

肌肉痉挛经常能在运动场上见到，也即是大家平常所说的抽筋，症状是肌肉不由自主地收缩震动，在锻炼运动时小腿腓肠肌极易抽筋，形成原因有以下几方面：

第一，人体在运动中由于出汗会损失过量的电解质，电解质被认为在体内起到平衡水浓度与保持神经的紧张度有影响，如果电解质过量损失，肌肉组织会产生不良反应，因此肌肉痉挛经常发生于天气酷热与长时间的锻炼之中。

第二，运动的时候肌肉处于急速扩张中，不能得到放松，肌肉组织的运动平衡就会受到破坏，肌肉痉挛在此时最易发生。

第三，不仅在炎热中，在寒冷条件下热身运动时间过短，就参加激烈运动，肌肉不适应冷热的不均变化因而发生肌肉痉挛的症状。

第四，肌肉存在过度劳累及轻微受损时，也是肌肉痉挛的多发期，此时肌肉痉挛发作时，肌肉会伴有突硬起伏，给受伤者带来极大痛苦。

（二）预防肌肉痉挛的常见方法

在大运动量的体育锻炼之前，必须严格按照热身的规定做好充分的热身运动，对特殊部位还应施以按摩等其他措施，冬天应注意多穿衣物，夏天则应多补充含电解质的饮料，在身体较疲劳时也不宜参加运动。

（三）治疗肌肉痉挛的主要方法

比较常见的是痉挛牵引疗法，让肌肉保持放松，用力不要过猛，不能使用大的强制力。痉挛消失后可运用传统按摩疗法，如按、压等缓解痉挛症状。如腓肠肌发生肌肉痉挛时，可使受伤者仰面向上，将关节伸直，牵引着将伤者的足部与腹部靠近，利用力量将伤者的脚掌与脚趾朝上，慢慢增加缓冲的力度。

第三节 运动损伤概述

一、运动损伤的种类

从理论上讲，在运动当中受到来自外界的物理性介入所造成的身体伤害都可统称为运动损伤。运动损伤分类有多种，大致有下列几种：

（一）从损伤组织的类别分类

一般经常见到的有撕裂、四肢骨折、脊椎骨折、部位脱位、脑损伤、内脏出血、烫伤、冷冻伤等。经北京权威医院所进行的统计，实际发生损伤时严重病例并不多见，多发于小的创伤，受伤组织多发生在肌肉、韧带与膜类组织之间，其他还有肩部损伤、半月板撕裂及软骨症状等。

（二）按创伤轻重等级划分

①对正常生活工作没有产生影响的损伤；②超过一天时间不能工作，并且需要找医生进行治疗；③长期不能工作，只能住院疗养。这种方法经常用于各级单位对各类人员的受损伤情况安排治疗与休息。

（三）以运动能力是否丧失划分

①损伤后仍能适当运动的轻伤；②伤后不能进行正常运动，必须停止受损部位活动的

中度伤；③非常严重，需要完全治疗休养的重度伤。

（四）以受伤部位与外界关联划分

常见的有开放性与闭合性的分类。除以上之外，还经常分为急性与慢性，或者以发生的原因来讲有原发性与继发性的区别。

二、引发运动损伤的原因

引发运动损伤的成因多种多样，有直接引起与间接诱发的区别，直接原因可划分为内因与外因，诱发因素根据技术与解剖学的不同特点分类。

（一）直接原因

1. 年龄

青壮年时期正处于身体发育期，来自外力的对抗机能没有完全得到发挥，处在生长期的各骨骼之间仍然脆弱，骨生长与骨组织肌肉相比更加不健全，容易在骨骼凸出部与连接部发生各类损伤。

通常所说的关节包括骨与关节囊及韧带，各有其基本的作用。往往一个组织受伤，其他组织也会发生连带损伤，由于年龄的增长，脊柱与各关节的韧性能力下滑，平衡系统难以保持稳定，所以，运动损伤时常发生。青壮年时期是骨折损伤的多发期，扭挫伤也较常见，年龄越大软组织越容易发生损伤。

2. 性别

一般认为亚洲黄种人中，男性脂肪含量约占体重的13%，女性可达到23%，显然女性体内脂肪含量较多，肌肉组织较少。

3. 体能

脂肪过多的人，体内肌肉组织相对较少，在身体运动性、灵敏性等运动机能上较经常锻炼的人为差，在受到来自外界的力量时，一旦失去平衡，大体重会带来过大压力，无法控制肌肉之间各力量的协调，经常引发肌肉撕裂伤。运动技术不完全掌握的体育人群也是损伤的高发群体。

4. 其他

身体状态差的时候，如眩晕、视力下降、发烧、过度疲劳状态下，注意力下降造成对外界事物反应迟钝，失去正确应激反应，极易发生运动损伤。

（二）心理影响

在进行强度较大的运动时，稍微有注意力不够集中的情况出现就极易引起运动损伤，另外主观上易出现急躁、易怒、过于表现、迟疑害羞等心理状态不稳定的情况，运动损伤往往容易发生。

1. 方法的因素

（1）质的因素

一些运动参加者不懂基本的体育运动常识，经常不顾自身条件参加不合适的锻炼项目，发生运动损伤概率非常高，比如身体素质一般的人参加足球、橄榄球等剧烈对抗运动，盲目练习跳跃以增强腰部肌肉的项目，发生关节类伤病。韧性练习时容易发生韧带撕裂。体育锻炼是好事，但一定要掌握正确的方法。

（2）量的因素

长时间、过量的、高频率的运动造成过度地不顾身体承受能力的训练，是造成运动损伤的基本诱发因素，大量的训练、高负荷的运动使运动关节部位没有完全恢复，常见的症状有心脏负荷太重、血压不稳、睡眠时间太少（经常做梦、梦中惊醒）、食欲不振、体重不达标、缺乏运动渴望、烦闷狂躁、易发怒、记忆力减退等，再加上过度疲劳练习而不改正，造成整个人体功能下滑，更容易诱发炎症与慢性病。

2. 环境因素

（1）自然环境

下雨造成的场地湿滑、黑暗的环境、温度不适宜、干燥或潮湿，都是运动损伤的高发环境。

（2）人工环境

参加运动者使用不合适的运动器材，或穿着不合适的运动服装，缺乏合适器材的保护，头盔、护具不齐全、场地过硬或不平整、器材松动不稳、器械不适合练习者的身体条件与特点，都是引发损伤的外部环境原因。

（三）诱发因素

运动损伤的诱发因素多种多样，它通过直接原因发生作用，比如负荷过大、动作变形等情况，因而成为诱发损伤的原因。

1. 各项运动不同的特征

各种体育锻炼项目都有自身的训练目的与要求，对人体各部位的负荷要求也不尽相同，每个运动造成的损伤部位也各异，常见的网球选手就经常出现肘部的疾病，而跑步运动员常出现膝盖部位的损伤。

2. 解剖生理学的情形

由于一些肌肉组织处于人体内特别位置，在运动时经常发生磨损与外力的碰撞，比如肩部，体育锻炼中力学的作用力之间非常复杂，一些组织受力过大，发生损伤的概率高，如背部弯曲时，脚掌同时受力处于紧张与放松交替的状态，如果突然力度增加，会发生跟腱撕裂等情况。

从以上可以得知，各种运动之间互不相同，有其自身的运动要领与生理范畴的特点，受直接原因的影响，运动损伤存在逻辑性与规律性，熟练掌握运动损伤特征会起到很好的预防治疗效果。

第四节　运动损伤的预防与治疗

一、运动损伤的预防措施

参加运动是为了锻炼身体，保持乐观的生活心态，而如果不懂基本的运动损伤防护常识便不能达到锻炼应有的目的，所以，了解运动损伤的预防知识非常重要。参加体育运动的人员应采取一些运动损伤的预防措施，从而使体育锻炼健康安全而富有成效。

（一）预防运动损伤的重点工作

运动损伤有多种，每个项目对人体各器官功能的影响不一样。根据有关部门的权威统计，经常参加体育运动的人群发生小的损伤的情况很常见，慢性病也呈增加趋势。有些慢性病症是由于急性伤后没有进行恢复性理疗，急于求成，慢慢转成慢性疾病。也有一些由于锻炼者自身的原因，恢复运动量过大，造成过度疲劳。所以，发生损伤时采取必要措施便非常重要，科学合理地选择运动锻炼方式，避免组织疲劳的发生。

在一些体育教学指导中，体育锻炼人员与专业运动员的受伤情形有诸多相同，但也有自身特点。在体育教学指导中，学生处于青壮年时期，易发生急性损伤的情况，疲劳性损伤则有限。所以，在运动过程中要特别留意急性症状，运动时不应过量，劳逸结合，不要引起疲劳损伤。其中骨组织的疲劳，如软骨炎等也经常发生，容易引起广大运动者的忽视。而且运动者在运动时发生关节位置的扭伤也很普遍，手和脚的关节更是高发部位。在对抗性激烈的球类运动时，需要特别加以注意。

（二）预防运动损伤的基本原理与措施

一般认为，预防运动损伤必须从以下几点来注意加强：

1. 加强对于预防的思想认识

先从思想认识上对运动损伤有所改变，不要忽视小的损伤带来的危害，按照体育锻炼的要求去做，增强身体的全面能力，提高运动水平。

2. 保持身体处于最佳状态

（1）运动前的热身运动要重视

运动前的热身运动不能敷衍了事，利用热身运动可以使体温增加，加快血液流动，提高肌肉的伸缩性与关节韧性，同时培养愉快心情，在运动中明显降低损伤情形的出现。

（2）运动后也要适当放松

运动结束后同样不能立即休息，应进行放松活动使体温等身体指标平稳至运动前的正常体征标准。同运动前热身一样，许多人忽视锻炼后的放松活动，应依据不同项目的特点做到有的放矢，能显著起到减缓关节酸痛的作用，缓解精神问题。

（3）自我护理

运动者除了必需的热身运动与放松活动外，还应了解必要的运动健康常识，比如如何简单处理肌肉疼痛、关节麻木等的自我恢复方法，可以洗热水澡、适当按摩来缓解肌肉问题，如果不见效果持续疼痛，则应立即去医院救治。在运动中也应加强保护意识，关注身体变化，察觉细微症状，如有情况，及早救治。

（三）营造运动的安全环境

在运动前需要特别留意设备、器材及运动场的安全与环境，比如在网球运动中，球拍是否合适，把柄与自己手臂能否协调，球的弹力情况都应与运动者自身特点相吻合，像手镯、配饰等尖锐饰品运动时不能佩戴。由于足部经常发生扭伤，因此鞋子的选择尤为重要，必须选择安全、舒适的鞋子。

（四）运用科学的运动方法

坚持科学锻炼应注意几个原则：首先要坚持全面锻炼的原则，不能单独为提高某一部位的能力而忽视整体的协调发展。身体各部分是一个整体，片面提高个体机能不可取。其次要坚持循序渐进的原则。循序渐进的原则是指参加运动不能急于求成，必须制订翔实的锻炼计划，合理安排时间，避免由于强度过大造成机体损伤。最后要坚持特殊性的原则。

特殊性的原则是指个体的运动差异、年龄、体质都不同，相应的运动方法与项目都有很大的不同。

（五）对易损伤部位的特别保护

对易损伤部位给予特别保护，平时就提高预防意识，加强锻炼可以起到积极预防的效果，比如应对腰部损伤就应该注重腹部、腰部的负荷练习，如仰卧起坐等基础练习，经过一段时间的锻炼，易损部位的抗损伤机能会得到极大加强。

二、运动损伤的治疗

康复训练作为运动员受伤经过治疗后主要的恢复措施，对运动员的恢复来讲十分重要，对运动人员除了特别严重的伤痛需要彻底休息，一般轻微损伤不应停止正常的日常锻炼。相反，小运动量的恢复训练对正常的身体机能恢复提高有着非常重要的意义。

（一）康复训练的目标

第一，健康良好的心态对运动者非常重要，运动扭伤不仅是一个伤病恢复的过程，也是一个心理治疗恢复的过程。

第二，许多运动人员在停止运动后反而发生了许多病症，一般认为这和运动中由于身体已经适应各种强度的训练，形成了应激反应有关。当运动不再继续的时候，身体机能会出现各种不适应的情况，如肠胃不适等，出现"运动后病症"表现。

第三，运动后进行适当的康复训练，能明显地改善关节的运动机能与平衡性，提高损伤部位的循环与恢复，快速愈合，恢复到受伤前的状态。

第四，有效结合康复训练，可以平衡身体各部位机能，恢复到受伤前体重状态，使锻炼者康复后仍能投入运动当中。

（二）康复训练的原则

第一，康复训练活动量不能过大，不能影响运动损伤的及时恢复，同时尽量保持适当的运动量，通过适度的锻炼，受伤部位会很快恢复到受伤前状态。

第二，针对康复训练的过程与自身条件及特点，稳妥选择合适的训练内容与进度，咨询专业医师合理安排运动时间与强度。

第三，在具体康复训练设置上，一定要遵循合理渐进的原则，尤其是在重伤以后进行局部恢复时，一定要控制康复运动的强度、负载量的多少、运动幅度大小，绝对不能一开始就上大的强度，否则适得其反，不仅不能恢复身体状态，还会加重旧伤的病情。

第四，康复训练要将全身恢复与受损伤部位的康复结合起来，在康复训练初期，局部治疗更加重要，应以优先解决受损部位的功能恢复为主，可以全身适当活动，在局部伤情明显缓解以后，可稍微增加受伤部位的活动量，完全活动应在损伤彻底恢复之后。

1. 主动运动

主动运动是受伤者自我训练的一种形式，主要有静止运动、动力活动等。一般的静止训练指对肌肉的收缩以及扩张持续在一个固定的范围内，基本上关节部位不活动，保持一定程度的静止。而进行动力训练时，关节需要与肌肉共同运动，产生关联行为，协调运动。另外一种常见的恢复训练是等动练习，它需要利用一种特殊的器材来达到恢复受损肌肉的功能，练习时肌肉保持大的承受力，做大范围的伸缩运动。依靠器材有规律的作用力，使肌肉保持在适合的运动频率上，既有一定收缩力，又不至于过于疲劳，是现在康复训练中经常采用的科学疗法，有明显的治疗效果。

2. 被动运动

被动运动主要适用于各种机能的恢复训练，通过来自外部的被动受力使扭伤的肌肉组织、痉挛部位、关节滑膜受到拉伸，增加关节的灵敏度，从而慢慢恢复机体的功能。

3. 抗阻系列运动

进行抗阻练习的目的是增加机体的力量与持续力，该练习可以显著增加关节部位的运动能力与韧性，对完全康复后继续从事运动时避免再次受伤有很好的预防效果。

第十一章 高职体育教师培养

第一节 高职体育教师的能力培养

一、体育教师专业发展和标准

体育教师专业标准指的是在体育教师专业发展过程中，适应不同专业发展阶段取得专业资格身份所需要达到的条件要求，不同阶段的发展标准就是体育教师的专业发展标准，是检验体育教师是否具有一定专业发展阶段资格的准则。从体育教师职业的视角来看，体育教师专业标准是体育教师职业成为成熟的专业所应具备的条件；从体育教师个体专业发展的角度来分析，体育教师专业成长过程中需要经历专业学习、专业发展的不同阶段，取得不同阶段的专业标准应当具备的条件。

一切事物都有一定的理论导向与实践价值，高职体育教师教育标准体系也是这样。从我国几百年来教师教育制度变迁的现实情况来看，体育教师教育标准的理论导向与实践价值都是为了教育和培养更高质量的体育教师。教师作为当今社会中较为理想的专业群体，他们真正的身份是教学专业人员。即使现在教师的专业发展程度与医生、律师、工程师等还有一定的差距，但其作为专业人员的专业属性并不会就此而改变。作为教学专业人员，体育教师专业发展的逻辑起点是进行专业的教学，而教学的开展除了要具有专业知识之外，对知识的教授更加重要，这是基于教师是一种既具有学科属性又具有教育属性双重属性的专业人员而开展的。

在教师教育发展的进程中，先后有知识本位、能力本位、反思实践等几种教师教育模式，"标准本位"是在"反思实践"教育模式之后兴起的新型教育模式。标准本位教师教育的核心理念是以专业为基础，包括教师专业化、绩效责任和终身学习等层面。很长一段时间以来，我国体育教师的教育与培养标准都是以教育部颁发的历版体育教育本科专业培养方案为基础，这些培养方案可以看作是我国体育教师职业标准的替代文本。这一文本规范了体育教师的职前教育，而体育教师的职后教育现在还没有文本依据。

体育教师专业标准规定了一些国家在体育教师专业发展的各个阶段对体育教师的最基本要求。各个阶段的体育教师专业发展标准为体育教师教育树立了不同的教育目标，体育教师专业标准体系的建构可以缓解体育教师教育制度的缺失，是体育教师教育的重要范本，体育教师专业标准能指导体育教师教育，确立相应的课程内容及培养方式，使得体育教师教育更加有序、规范，从而有效避免了体育教师教育的形式化、盲目化和体育教师职前教育和职后教育脱节问题。

体育教师专业化发展是一种国际化发展趋势，越来越多的国家开始实行教师资格认证，体育教师专业标准的建立以及和国际体育教师专业标准及体育教师资格认证的有效对接，能够使我国体育教师专业标准的认证得到国际承认，从而进入国际人才市场，这对于促进体育教师队伍的优化和加强体育教师的人才流动具有很大的现实意义。

对体育教师来说，他们发展的终极目的并不仅是为了自身的发展，更是为了能够给学生提供高质量的体育教学。

体育教师被认为不是真正的专业人员，解决方法是促进体育教师的专业发展。体育教师专业发展的途径有许多，从所处的社会环境来看，可以分为群体专业发展和个体专业发展。体育教师群体的专业发展是通过教研组等群体的共同发展而带动自身的发展方式；而个人专业发展就指的是体育教师以独立的身份通过各种方法和途径来促进个人的成长与提高。从专业发展的方式来看，有参与体育课题研究、撰写教学反思日志、阅读专业期刊等各种手段。当然，体育教师采取何种发展方式进行专业发展并不是重点，重要的是每个体育教师都要有属于他的独特的专业发展方式。在构建适合自己的专业发展途径的过程中，体育教师仍然需要不断地进行对话，而这种对话包括与自我进行对话和与他人进行对话。比如，一名体育教师选择了以进行课题研究作为自己主要的发展途径，而在发展的过程中，他需要不断与"自己对话"，反问自己是否具备了进行课题研究的兴趣和能力、自己是否对这种方式有强烈的爱好和兴趣，等等。而与他人的对话同样也起着重要的作用，因为同他人对话的过程实际上也是"照镜子"的过程，这一过程有助于体育教师了解他人对自己专业发展的想法，了解自身发展过程中存在的不足，找寻进一步改善发展途径的策略，等等。

构建体育教师专业标准是体育教师专业化发展的必由之路。体育教师专业标准可以有效指导体育教师的教育，反过来体育教师教育也可以促进体育教师的专业化发展。在教师专业化发展的国际背景下，制定体育教师专业标准，可以解决体育和健康课程改革实践中存在的现实问题，通过体育教师教育，可以有效地提高体育教师社会地位、提升体育教师队伍素养、提高体育教育质量，使得体育教师的专业化发展更加健康有序。

普通教师专业标准会对制定体育教师专业标准产生巨大的推动作用。在体育教师专业标准制定的过程中，应当参考国外的经验并用"科研立项、专题研究"的方式进行，今后普通教师专业标准的实施应当以"上级部门引导下各个单位根据情况具体操作"的方式进行，但是要警惕可能产生的人才培养单一化、模式化等问题。具体到职前体育教师专业标准，职前体育教师的就业状况、不同人群对当前教师的满意度等说明了构建职前体育教师专业标准的紧迫性。另外，进一步的研究指出，职前体育教师专业标准是一个综合体系，但是应当侧重于提升教师专业意识与基本课堂教学能力，同时，要体现出和教师资格证的差异性，发挥它的独特作用。

二、高职体育教师专业素质的内涵和结构

（一）高职体育教师专业素质的内涵

有很多关于素质的论述。《辞海》中是这样界定的："素质，人或事物某些方面的本来特点和原有基础。在心理学上，指人的先天的解剖生理特点，主要是感觉器官和神经系统方面的特点，是人的心理发展的生理条件，但不能决定人的心理内容和发展水平。这些素质上的缺陷可以通过实践和学习获得不同程度的补偿。"这是从生理学的角度来定义的。

从广义方面来说，素质指的是人的品质、质量，即人的总体发展水平，是由人的各种品质构成的一个整体结构。这种解释认为是以人的个体的先天禀赋为基础，通过环境和教育的影响所形成和发展起来的，相对稳定的身心要素、结构及其质量水平，素质是一个综合的概念，大体可概括为"生理素质、身体素质、科学文化素质、心理素质、思想品德素质"等方面。可以看到，人的素质具有全面、和谐、整体的特征，是一个多重层次、多种方面的整体结构。各个组成部分互相制约、相互促进。通过不断的实践和研究，人们对素质的含义已达成共识：先天的素质只是提供人的发展的生理基础，后天的环境与教育可以发展先天的潜能，提供和完善人的素质结构。

体育教师首先是教师，需要具备一个普通教师最基本的素质。作为体育教师，又需要具有和体育教学特点有关的知识、品格。所以，体育教师素质指的是具有普通教师必须具备的基本素质和具备适应体育教学这一学科所需的各种素养和应用能力的总和。

体育教师的专业素质指的是体育教师在从事体育教育教学活动中表现出来的，决定其教育教学效果，对学生身心发展有直接而显著影响的心理品质的总和。

体育教师专业素质是教师素质的重要组成部分，与教师素质是个性和共性的关系。"专业"一词在这里包括两层内涵：一方面指的是专门的教师职业；另一方面指的是学科专业划分，即教师所教授的体育学科。因为大学阶段体育教育和教育对象的特殊性，高职体育教师的专业素质指的是从事高职体育学科教学的教师应具备的专业知识和教学技能方

面素养的总和。

我国高职体育教师的基准性素质涵盖知识和技能两个部分的条件。体育教学作为一种专业应该具备相应的知识与技能，应该具备传授相关专业的知识与能力。所以对高职体育教师的知识技能现状分析是高职体育教师基本能力素质分析工作的主要任务。我国高校教师的知识构成包含科学文化基础知识、体育教学专业知识、体育科研知识和体育教学训练知识。

有学者指出，未来高职体育教育的成与败，很大程度上是由教师的素质来决定的，深化高职体育专业的教学改革，以满足社会对合格人才的要求，需要具备教师的专业素质、丰富的专业理论知识以及体育教学的科研能力、良好的竞技能力和体育教学的创新能力。

学校教育的一个重要组成部分是体育，体育课程在培养全面发展的人的过程中担负着重要的责任。高校是基础教育的继续，作为学生整个教育过程中的重要一环，和其他教育阶段的学生相比，大学生具有自己鲜明的特征。具体表现为，在生理发育成熟和心理发育尚未成熟之间具有矛盾；在人生观、世界观初步形成和现实社会价值观之间冲突具有矛盾；在渴望独立和依赖性共存之间具有矛盾等等，这些都使得高校教育面临着比较严峻的考验，同时也对高校教师提出了更高的标准。高职体育教师不但是体育知识、技能的简单传授者，更是体育教学活动有效开展的组织者、指导者和参与者。在体育教学过程中，教师要培养学生的创新精神、实践能力，要让学生学会体育学习，同时教师还要注重学生的全面和谐发展，尊重学生的个性。

因为体育教学工作长期在传统教学中没有引起广泛重视，导致高职体育教育工作者对于自身的教学工作放松要求，不单是对教学内容，还包括体育工作者自身的思想观念、敬业精神和价值取向等方面。在教学内容方面，因为体育教师的放松，在教学工作中，产生了教学内容落后和教学模式陈旧等问题；高等学校体育教师大部分受竞技体育的影响，在教育观念等方面表现出教育观念有偏差的问题；在知识结构与知识掌握方面，现在的高职体育教师因为专业限制，理论知识相对缺少，基础的文理知识掌握得也不多，不了解现代教学技术手段；在专业素质方面，高职体育教师普遍存在不注重理论和技术的更新状态，所以，高职体育教师对于学生的科学精神和创新精神的教育非常匮乏。由此可见，高职体育教师的综合素质的培养方面存在着认识上的偏差和方法上的缺陷。

我国高职体育教师的基准性素质中知识素质结构体系相对来说比较宽泛，但出现的问题就是随着学历水平的大幅度增加，专项运动技能比较落后，专业技术水平需要提高。我国高职体育教师的鉴别性素质结构中科研素养整体满意度水平较高，教师的科研意识和科研成果迅速提高，但在数量迅速增加的同时质量仍须进一步提升，学术成果的形式需要丰富，学术成果的应用需要推广。在现在新时代的背景下，科研成为高职体育教师为学校体育的发展提供新观点、新方法的方式，为体育科学发展奠定了重要的理论基础。科学研究也是一种提高教学水平的过程，现代的体育教学并不是单单要求教师的教学基本功，更是一种对前沿知识观点的掌握和传递。所以，高职体育教师要了解学术新动态，站在科研发展的前沿，为体育教学注入新鲜的空气与时代的气息。现在我国大部分高职体育教师的科研能力还是相对较强的。我国高职体育教师在科研论文方面的学术成果也很多，而且与专著和科研课题相比科研论文的上升速度要快得多。

（二）高职体育教师专业素质的结构

教师的专业素质有专业知识、专业技能与专业情意三个层次。高职体育教师的学科知识一般是在体育院校的学习中获得的，还有一部分是在工作实践中通过继续学习得到的。学科性知识包括专业基础知识，指的是可以进行高职体育学科教学的知识，如教育学、运动心理学、学校体育学、运动医学等；专业主题知识，指的是高职体育教师对其主要从事运动项目掌握的状况，如以篮球为主项的教师，对篮球项目的发展规律、运动技术原理、基本技战术等的基本状况的掌握程度和精通程度，这是教师从事这一运动专项教学和训练的基础；专业前沿知识，指的是教师对于本专业前沿发展状况的掌握程度，一般来说掌握得越清楚就越深刻，在专业教学和训练中也越有利于让学生提起学习兴趣，有利于教学训练水平的提升。

教师的条件性知识指的是教师实施教学训练活动应该具备的特有知识，是教师将体育学科知识与技能转化为学生可接受、可理解、可掌握知识的工具和纽带。

实践性知识指的是教师在教学实践过程中驾驭课堂活动并解决所面临各种问题的知识。实践性知识是一种动态性经验的收集和积累。

研究性知识指的是教师在教学实践过程中对学科内容及发展方向、对学生现状及发展规律、对教学目标及达成方式等方面的相关知识。

一名高职体育教师的专业技能的高低，对于其所教授的内容和培养对象能否达到规格标准有着非常重要的作用，同时也为其进一步探索体育教育过程提供了极为重要的支持。专业技能包括一般专业技能、特殊专业技能、发展专业技能三个层次。

专业情意指的是教师对自己所从事的行业的认同度和其在本专业中的自我感知度。作为一名高职体育教师，应从信念理想、专业自我和职业道德这几方面来把握自己的专业情意。

三、高职体育教师能力结构

大学是学生接受体育教育的最后一个阶段，大学体育教师不但要提高学生的身体素质，而且要增强学生从事体育运动的意识，提起学生从事体育运动的兴趣，培养学生终身体育的习惯，提高学生体育锻炼的能力，并履行向学生传授体育与健康的知识、技能和方法这一职责。随着高职体育教学改革的深入发展，学校体育工作者必须更新传统的体育观念，树立现代体育教学意识观念，明确高职体育最终目的在于培养适应现代化的建设人才。从过去单纯追求学生外在技能水平转移到全面追求身心协调和谐发展上来，即打破以往的运动技术传授为主线的教学体系，建立起合理的运动实践手段，将传授体育知识、技术、技能与科学锻炼身体的原则方法有机地结合起来，培养学生体质，发掘学生的身体活动能力，传授体育文化，使学生今后养成锻炼身体的习惯，为使学生树立终身体育的意识奠定良好的基础。

由此可见，要成为体育文化的传播者和学生终身体育的领路人，就需要培养未来大学体育教师的能力。能力指的是人顺利完成某种活动任务时经常、稳固地表现出的心理特征，是知识、技能和智力的整体效应。能力的核心是智力，它是用一定的知识和技能作为发展基础与前提条件。只有通过实践才能形成和体现出来。能力结构就指的是把各种能力的集合作为一个系统整体考虑时，所体现出来的系统结构属性。高职体育教师的能力结构主要由以下几方面组成：

（一）教学能力（包括能熟练运用"多媒体"教材教学能力）

这是体育教师完成教学任务所具备的基本能力。教学能力实际上是教师综合能力的主要表现。完成高职体育任务的基本途径是体育教学，而教学是教师的主要职责。教学能力主要表现在：制定教学文件的能力；善于掌握和运用教材教法的能力；熟练运用"多媒体"教学能力；正确示范、精练生动的语言表达，严密的教学组织能力；组织竞赛、裁判及指导课外体育活动的能力；及时反馈教学信息的能力。

指导学生身体锻炼的能力。大学体育教育应以体育教学为核心，促进学生课外体育活动的开展，推动校园运动文化的形成，给学生营造"自觉地、科学地进行锻炼"的气氛，为其毕业进入社会后的终身体育锻炼奠定技能上和意识上的基础。所以，高职体育教师要充实这方面的知识，在实践中不断提高指导学生身体锻炼的能力。

（二）训练能力

高职体育的训练是在增强学生体质的基础上提高高校学生的运动水平。高校培养高水平的运动员，首先教师要具备较强的训练能力，发挥高校的优势进行科学训练，不断提高运动水平。

训练能力包括：科学选材能力；制订和实施训练计划的能力；管理训练和组织比赛的能力；协调好运动员学习与训练关系的能力。

（三）思想教育能力

教师担负着"教书育人"的双重任务。把学生培养成为社会主义现代化建设的合格人才，体育教师要担负起教育的责任。思想教育能力包括：组织和培养健全集体的能力；对学生思想发展的分析与预测能力；对后进生疏导与转化的能力；结合体育教学训练与课外活动，采取有效分析法提高学生思想觉悟、培养优良品德教育的能力等。

（四）体育科学研究能力

体育科学研究是运用科学方法去探索体育本质及规律的认识过程。体育科研方法是有效的具体工具，它所提供的思考步骤与操作步骤，能够有效地引导体育工作者科学地认识体育的目的。科研能力包括：搜集整理文献，掌握科学研究全过程的能力；掌握和运用基本科研方法的能力。

（五）保健能力

保健能力包括对学生的体质进行全面测量、统计与机能评价的能力；医务监督的能力；一般运动创伤和疾病的预防与处理能力等。

（六）学生心理保健能力

大学生时期正是一个人的生理和心理趋于成熟的阶段。现代大学生处在一个瞬息万变的时代，心理不健康，不仅会影响学习生活，还将直接影响到终身体育的发展。所以，高职体育教师要充实心理学方面的知识，在教学中循序渐进地引导学生，使学生身心得到健康发展。

教学能力是核心，身体锻炼能力是重点，训练能力是提高高校运动水平的重要手段，思想教育能力是培养合格人才的必备条件，科研能力是探求体育本质及规律的重要环节，保健能力和学生心理保健能力指的是指导学生科学锻炼身体，是身心健康水平的保障。

（七）其他能力

其他能力包括：①运动能力，由于体育教学以身体练习为主要手段，所以，体育教师必须保持良好的身体素质，具有良好的运动能力；②场地的设计、保养和器材的制作、维修能力。

高职体育教师的合理知识结构，由普通基础知识、体育科学专业知识和教育专业知识三个层次七方面构成。这三层次知识的关系是第一层次是结构的基础。它既是教师形成教学、训练、科研、保健能力的基础，也是对学生进行思想品德教育的基础。第二层次是结构的重心。它制约着教学、训练和科研、保健能力的高低。第三层次是结构的重点。不仅对教师能力起指导作用，也是衡量教师教学能力高低的标志之一。我国高职体育教师的知识结构，正在由"技术型"向"智能型"合理的知识结构过渡。这一时期要加强高职体育教师的在职学习，不断提高业务水平。建立高职体育师资最佳知识结构，必须建立科学的体育教学体系，使基础学科教育、教育学科教育与体育科学专业教育结合成一个有机的整体，形成最佳的知识结构。

四、提高高职体育教师创新能力

教师必须能利用现代素质教育理论和现代信息技术及其他各种教学设备、资源，在教与学过程中进行教与学资源的设计、开发、利用、评价和管理，以实现体育教学效果的最优化，使课堂乃至整个学校变成充满活力和创意的学习场所。

随着素质教育的发展，人们越来越认识到传统教育已不能适应我国社会主义市场经济和现代化建设的要求。随着教学体制的改革，对学生进行素质教育及终身教育对体育教师提出了更高、更严峻的要求。现代的教育观已由重知识向重能力和素质转移，以能力和素质统率知识，把知识的提高同能力、素质发展联系起来，把知识转化为能力和素质，而不应只是单纯为了学知识。作为体育教育工作者来说，如何调整自己、充实提高自身素质，认识新时代的变化已势在必行，对体育教师的终身学习、创新能力显得非常重要。因为信息社会的新特征、新变化，必然使原来的体育教育工作者和学校丧失很大一部分原先已固有的教育经验优势。

知识经济的兴起与到来，将从根本上改变人类的生存和生活方式。科学技术创新能力已成为国际经济竞争和综合国力提高的制高点，成为一个国家和民族兴衰的关键所在，同时也是高校立足于世界科技舞台的坚实基础。随着科学技术的不断发展，各学科不断向体育领域渗透，产生了许多新兴的体育学科，体育知识也在不断更新与发展；教育现代化进程正在加快，尤其是现代教学理念的传播和现代教育技术手段的应用，以上这些都要求体育教师具备较强的自学能力，不断充实自己。所以，如果教师不及时更新自己的观念和知识结构，适应新形势的变化和要求，就会跟不上时代发展的步伐，一定会失去自己的"优势"，甚至被时代所淘汰。

虽然体育院校是培养体育专门人才的摇篮，但是在知识经济时代，体育专门人才要适应科学技术的不断发展，需要继续学习，不断扩大知识面，不能停留在以前所学的知识上。学生的创新意识和创新激情来自教师的创新意识。教师是创新教育的中坚力量和实践主体，教师只有形成整体系统的教育观念，才能真正推进创新教育的发展。教师是创新教育的直接实施者，遵循什么教育思想、采取何种教育方法、如何调整教学内容都有选择的权利。所以高校实施创新教育，培养学生的创新能力，必须建立具有创新精神与创新能力的体育教师队伍。

所以，作为体育教师，不能只传授现成的知识，更重要的是要培养学生的能力，这就要求教师自己要创造新的知识，创造新的思维方式和新的价值观。信息时代的社会变化日新月异，知识结构、观点都在改变，要有一股强烈的求知欲望，学习相关的知识，掌握体育教学的内容、方法、训练手段和培养学生发展所需要的方法。

高职体育教师要提高创新能力需要具备以下基本要求：

高职体育教师必须是高素质的教师，只有具备坚定的理想和良好的品德，才能对学生进行有效的思想教育和人格培养；体育教师要有扎实的基础知识和专业知识，应具备自然学科、社会学科以及管理学科等基础知识，只有具备创新精神和创造能力，才有可能对学生进行启发式引导式教育，培养学生创新能力；因为现代体育教学是一个庞大复杂的系统工程，需要多学科知识的综合应用，才能驾驭教学活动。只有了解并掌握当今高新技术的最新成果，才能站在高科技革命的高度，鼓励学生勇敢探索；体育教师只有自身具备不断学习提高的能力，才能教会学生如何学习。专业知识是体育教师从事教学的前提，有了专业知识教师才能掌握现代体育教学的发展趋势和方向。高职体育教师必须具有过硬的政治理论修养、宽厚扎实的专业知识和应用类知识技能。面对知识经济，作为高职体育教师需要的不仅是体力，更重要的是知识，要有头脑。

随着社会的发展，新的知识不断地产生，高职体育教师如仍以其传统的思想、教学内容、教学方法来授课，就无法面对新问题。高职体育的发展，离不开体育科学的研究。开展科学研究是体育教师提高创新能力的有效途径之一。要调动体育教师参与科研项目，离不开良好的科研氛围和有效的组织领导。同其他学科相比，体育科研方面远远落后。分析其中的原因：一是思想观念没有改变。二是整体文化素质不高，科研能力低。高职体育的发展必须加强体育科学研究。在体育学科贯彻素质教育和健康教育的进程中，边缘学科的知识必然渗透进来，它们对高职体育与健康课程产生的影响是不可忽视的，高职体育教学改革需要新知识、新文化。良好的科研能力是新世纪体育教师高质量完成本职工作的必备条件。高职体育教师只有具备较强的科研能力，才能更好地接受新知识、新技术、新方法。高校科研主管部门和体育教学部门必须大力创造和谐的人际关系环境、良好的工作环境和浓厚的学术氛围，要提高体育教师劳动的质量和效益，有效地探索素质教育的新体系，就必须深入开展教育科研，让高职体育教师的科研能力在改革实践中得到锻炼，让高职体育教师的理论素养在研究中得到提高，让高职体育教师头脑中的科研先导意识不断地得到强化。在高校内，形成尊重知识创新和技术创新的学术风气，使每一位体育教师能够树立正确的科研认识观，变被动接受为主动参与，只有这样，才能产生有效的科研动力，推动教师积极参与科研。加大科研力度，建立一套与科研工作相适应、相配套的激励机制，进一步完善教师科研工作的管理办法，通过多种培训、访学等形式，培养和提高教师的科研创新思维能力。

在信息化和数字化的现代社会，高职体育教师要更好地发挥创造力，需要主动接触新事物，积极探索，善于观察和总结，积极开展体育教育科研活动，体育教学工作才能不断有新的进展，才能有所创新。更好地为体育教学服务，必须进行体育科学研究，才能适应未来的教育。

学生在形成能力过程中强化了认识结构，增强了思维和想象力。当认识结构强化到一定程度时，重新组建了认识结构，就能够创造新的知识，无数个体间的知识信息交流将会导致人类知识总量的激增。同时，知识老化的周期也越来越短。为了防止知识老化要采取相应措施，不断调整教师的知识结构和能力结构。现代教育的一个突出特点是注重继续教育与终身教育。为了适应社会发展的需要，高职体育教师要通过自学、在职培训、办短训班，有计划地组织教学观摩、训练经验交流会与各种科学论文报告会等形式，不断完善高职体育教师的知识结构和能力结构。

第二节　高职体育教师信息素养的培养

一、信息素养概念的提出及界定

"信息素养"一词是在 20 世纪 70 年代由美国信息产业协会主席保罗·泽考斯基（Paul Zurkowski）提出的，他给出了这样的定义：信息素养就是利用大量的信息工具及主要信息资源使问题得到解答的技术和技能。他从知识、意识、技术三个层面将信息素养概括为信息文化、信息意识、信息技能。现在，人们大多把信息素养定义为：个体对信息活动的态度以及对信息的获取、分析、加工、创新、传播等方面的能力，它是一种对当前任务需要什么样的信息、在何处获取信息、如何获取信息、如何加工信息、如何传播信息的意识和能力。在信息社会中，人们所具备的信息处理所需要的实践技能和对信息进行筛选、鉴别和使用的能力。

随着不断深入地研究信息素养，信息素养变成了一个含义广泛的综合性、发展性的概念，信息意识、信息技能和信息伦理道德观念，是个体内在信息素养的外在表现，是信息素养的基本组成部分。衡量一所高校的综合实力，除了看这所高校的硬件建设以外，更重要的是看这所高校教师队伍的学术水平。高职体育教师的信息素养可以分成基本信息素养与体育学科信息素养。基本信息素养指的是教师必须具备的关于信息论学科的理念、知识、技能。主要指的是教师在从事高职体育工作中，针对工作的具体目标，掌握信息的获取、传输、存储和加工处理技术，能用多媒体和网络技术作为利用方式的，实现现代教育技术在体育教学中的综合运用。基本信息素养是体育学科信息素养的基础，是高职体育教师必须具备的。

高职体育教师信息素养包括一般公民信息素养和体育教育专业独有的信息素养。

（一）一般公民信息素养

这是体育教师基础的信息素养，也是信息技术在教学实践中应用的基本要求。体育教师要具备敏锐的体育信息意识，即深刻地认识和理解信息、信息化的性质、信息化对体育的影响，并能积极融入体育教育信息化发展进程，重视有关体育教学与科研的信息。体育教师作为信息技术的使用者，不但需要了解一般的信息技术知识，还需要深入地了解体育信息技术的现状和发展。

（二）体育教育专业应用信息素养

体育教师应在了解信息系统的特点、功能和局限性的基础上，具备应用体育信息和信息技术的能力。在信息能力方面，首先，体育教师要具有计算机系统的基本操作能力、常用软件的使用能力、体育信息资源的利用及简单开发能力、信息技术教学应用能力。在了解信息系统的一般工作原理和所需要的工作环境的基础上，着重了解与熟悉若干种与体育教育有关的软件工具和软件环境的使用。信息技术应用信息的能力指的是对信息科学的基础与信息手段特征的理解以及技术手段基本操作的能力。体育教师不仅要熟悉电子教案的编写与使用，而且要熟悉电子多媒体教室和网络教室的教学环境，能有效地控制电子多媒体教室和网络教室教学环境中教学的全部过程。作为体育教师不仅需要能运用信息传播规律来科学地设计和组织体育教学和运动训练，同时，应该具备应用体育信息及信息技术的能力，具备过硬的信息技能。

（三）体育教育专业开发设计信息素养

作为现代信息社会的学校体育教师，仅仅具备使用他人提供的信息软件的能力是远远不够的，如果体育教师可以自己开发出一些有特色、有针对性的教学资源并利用到教学过程中去，不仅能够满足教学多元化的需求，而且能够更好地发挥信息技术的作用，大大提高教学质量。体育教师要认识到获取信息对高职体育教育与科研工作的重要性，能够解决高职体育教育教学工作中的问题，能确认自己的信息需求，并灵活地通过多种渠道较迅速地获取有效信息，高效获取信息。创造性的教学工作还要求体育教师具备一定的教学资源开发能力，如编写教学课件、开发教学工具，等等。

（四）体育教学媒体及其功能的掌握能力

在信息技术应用于教学的过程中，师生们现在所使用的教学资源主要是一些现代科技企业提供的产品。教育教学的真正目的不是追求媒体的先进性，而是提高教学质量和教学效率。所以，体育教师必须具备根据教学目标、教学对象、教学内容、教学条件来选择合适、实用的媒体的能力。体育教师应该具备教学设计的理论和技能，可以在先进的教学理念指导下，完成以课堂教学为中心、以信息技术为主要媒体的教学设计，把现代教学理论与教学实践相结合，利用系统化的方法，合理整合教学过程中的教学目标、教学内容、学生、教师、媒体等诸多方面的因素，这样就能比较容易地达到优化教学效果的目的。体育教师也应具备体育媒体的整合能力。作为职业的体育教师，不仅要擅长选择和运用信息技术等教学媒体，还要有能力把体育教学媒体与体育教学各要素进行科学整合，特别是能将信息技术与体育课程有效整合。这种能力指的是优化组合媒体，把媒体有机地融入教学过程中的能力。

（五）体育教师应具备良好的信息道德

在获取、使用、传递体育信息的过程中，体育教师应当遵守较高的道德要求，抵制不良信息，用健康、积极的信息影响、教育学生，使学生身心得以健康发展，并能够指导学生正确选择、判断、评价信息。

二、高职体育教师信息素养培养的可行性分析

（一）新的教学方式需求

随着社会的发展和通信水平的提高，尤其是网络的快速发展，信息的内容和总量呈爆炸式增长。在体育教育信息化的环境下，只有具备信息能力的教师，才能知道信息是如何组织的，知道如何学习，知道如何寻找利用信息，他们总能找到所需的信息，所以能为终身学习做准备。体育教师只有掌握有效的终身学习方法和策略，不断接受新的知识信息，掌握各种现代教学技术手段的运用原理，熟练地借助信息技术手段进行学习和体育教学，才能与信息时代和体育教育的发展保持同步，才能适应教育信息化对体育教师的新要求。

面对信息时代对人才所提出的要求，培养"创新型"的人才应是高等学校主要的追求

目标。通过网络教育培养出来的人才有着较强的网络生存能力，在信息获取、选择、加工能力方面更为突出，具有自主学习、自我激励、自我建构能力。信息素养教育提倡以信息资源为中心的学习，学生在学习的过程中改变了以往单一的只能通过教师的示范和传授进行学习的方式，信息时代的人才观除了应该包含传统的德智体美的内容以外，还要突出信息能力、创新能力以及相关的协作精神、适应能力。学生对信息总量和信息质量的需求使高职体育教师需要具备更多容量的信息和信息传递的能力。在信息时代的人才观中，智、体、美是基础，品德是灵魂，信息能力和网络能力体现了信息时代人才的特点。在这种情况下，对体育教师尤其是高职体育教师的信息素养的要求日益提高，在这种新的教学方式需求面前，高职体育教师信息素养的培养具有可行性、必要性和迫切性。

（二）技术设备条件

随着信息素养教育的发展，教师的信息意识逐渐提高，大部分高校为教师配备了电脑或教师自己配有电脑，且多数高校的多功能教室教学设备完善。随着体育信息化的到来，学校体育产生了质的变化，高职体育信息化是体系、学校体育和现代信息技术全面整合的系统。高校信息工具趋于增多，并向"数字化"方向发展，为高职体育教师吸收、加工、传输、反馈和控制信息提供了可行的"硬件"条件。目前，我国高校图书馆已经进入了网络环境之中，全国一千多所高校，以各院校校园网为基础的中国教育与科研网已初具规模，已基本上实现了校园网与 Internet 网连通，而新型载体文献的保藏利用以及中国高等教育文献保障体系（ALLS 项目）的投入使用，都迫使院系资料室必须重视网络技术。

高职体育信息化系统应包含硬件模块、应用模块、信息模块、教育模块四方面。硬件模块指的是实体设备、网络控制和数字化设施构成的基础技术。应用模块是信息数字化的应用系统，主要包括自动化办公、教师管理、学生管理、信息数据库、网上教学等操作软件系统。信息模块是教学管理和学习者的信息意识、技能和素养，人们凭借信息敏感度获取信息、转化信息，最终利用信息解决问题。教育模块是教育模式、教育理念的重构。

（三）体育教学的特点

信息化带来时空结构的变换，促进了体育教学向整体发展。体育教学中教、学、练合一，多种组织形式相互配合的特点要求体育教师在教学过程中需要教学辅助设备来加以配合，才能更好地体现体育运动复杂的表现形式。网络以自身的开放性、宽容性在一定程度上打破地域间信息的封闭性和狭隘性，创造出资源共享的空间，体育教学直观性的特点使体育教学不同于其他学科的教学，仅仅用语言就能表述清楚，体育运动中很多技术技能的讲解多需要体育教师把直观示范和讲解结合起来，才能使学生形象、生动地学习掌握。网络以自身的功利性和信息活动规则的控制必将导致在某一时空的相对稳定。发达地区借助其强大的信息产业优势，利用网络向外延伸和扩张自身先进的体育教学理论，信息化代表的"时空延伸"。计算机、多媒体的多种功能又恰恰给体育教师带来了新的教学工具，培养体育教师的信息素养可以使体育教学达到事半功倍的效果。

三、高职体育教师信息素养的培养途径

（一）搞好高职体育教师信息素养培养的外部环境建设

外部环境建设是提高高职体育教师信息素养的基础。信息基础设施建设是培养和提高教师信息素养的必备条件和基础性工作，因为高职体育教师大都具备基本的信息操作技能，缺乏的是信息资源检索能力以及将信息技术运用于教学实践中的能力。各级各类学校都要建设比较完备的信息化教学硬件设施，使每一位教师都能接触到各种现代信息技术和信息资源，在实际操作和使用过程中提高教师的信息技术能力。提高高校体育教师信息素养，掌握现代教育技术不是一蹴而就的，需要国家体育教育相关管理部门结合高职体育教师的实际制订出全面提高高职体育教师信息素养和现代教育技术运用能力的整体规划。各类学校尤其是各类高校进行网络信息资源知识宣传，对新的网络信息检索知识开展不定期的讲座。学校一定要有起码的信息技术设施，并不断加大信息技术设施建设。我国以后的高职体育教师信息技术培训可以在信息资源检索能力培养、教学设计能力培养、信息技术的具体运用、教学效果的合理评价等方面加强，举办信息的整理分析与利用讲座，有条件可以设立信息收集与利用辅导站或咨询台，指导体育师范生收集、分析利用信息，结合参训体育教师的特点、水平，采用分层培养，层层推进。体育教学的特殊性和体育自身的特点使得体育教师的教学一般都在室外进行，在使用信息化教育手段上存在相应的困难，在对体育教师设备的配置上也存在着一定的限制，这应该引起各个部门的重视和体育教师自身的重视。

学校应加大对信息技术教育的投入，完善体育院校网络建设，加强学校体育部门的信息化建设，比如 CAI 课件制作室、多媒体教室、体育教学光盘、磁带、电子和音像资料的配备、信息网络的开通等，为高职体育教师教学提供物质平台。对体育教师进行网络信息资源与信息检索的培训或上课，体育教师之间、各学科教师之间通过横向合作，在与其他学科专家、学者的合作过程中，提高自身的信息技能，把信息能力培养贯穿在体育专业课程教学及科研指导工作中。

（二）通过培训和自学，学会基本的信息技术

基于终身教育思想的理论，我国提出体育教师教育专业化改革的构想。终身教育思想

的产生直接影响了教师教育的发展，目前，在国际上逐渐形成了将教师职前教育和在职教育统一起来的潮流。终身教育思想要求转变高职体育教师的角色定位，高职体育教师本身为了生存和发展也需要进行不断的学习和更新。终身学习是社会发展的趋势，高职体育教师在职所受的继续教育和不断的自学对体育教师知识的更新显得十分重要。高校教育主管部门与各校相关部门要加强理论培训工作，为高职体育教师的终身学习提供丰富的教育资源，营造良好的舆论氛围，促使高职体育教师加强自主学习与研究新课程理论。

要使高职体育教师的信息素养达到一个系统化的水平，必须从未来立志做体育教师的在校学生的培养做起。学校应利用网络开拓非正式信息交流、网上远程教育、网上培训，让体育师范生参与科研活动，参与图书馆信息工作，利用图书馆的信息管理和利用系统为体育师范生提供反复实践操作的条件和机会，在体育师范生信息能力的培养与提高中必须切实注意加入信息道德观念教育内容。

高校教师要积极参加各种信息技术培训，在职培训是所有教师信息素养培养的主要途径和重要方式。主要包括：参加全员普及培训；参加信息技术专题讲座，学习有关信息技术方面的基础知识和基本操作技能；参加专项培训活动，如课件制作、信息技术与课程整合的教学观摩等。同时积极参加短期集中的由知名院校、教研部门组织的信息技术培训活动和由政府部门组织的骨干教师培训等。根据不同教师的具体情况，在职培训要制定不同层次的培训模式，针对信息能力较低，或者基础较差的教师首先主要进行适应性的培训。在职培训是最具活力和效率的师资培训活动，目的在于提高高职体育教师的信息素养能力。高校教师要特别注重自发研修，自我提升信息素养。对已经具备一定的信息能力，或者有一定基础的教师要进行深层次的发展性培训，要研读教育信息技术方面的相关杂志；参加网络论坛的专题讨论，交流经验，自由发言，展示自我；积极参与信息技术与课程整合的各种研讨会、发表教学成果等。这种方式有助于增强教师提升信息素养的迫切感，能够在网络上得到知识、情感的支援，与专家、同行进行交流，有助于教师进行信息技术与课程整合的活动。

（三）培养高职体育教师处理相关信息技术的能力

网络技术学习主要体现在对浏览器、搜索引擎、专业学科网站论坛和下载技巧的提高。高职体育教师要培养具有创新意识、能力和创造性思维的创新人才，高职体育教师的信息能力指的是高职体育教师可以及时、有效地在体育理论、实践教学中运用辅助体育教学信息活动应具备的基本能力，主要有体育基本信息管理和体育教育信息能力两大类。为了能够实现"新课改"体育教育培养目标，体育教师首先要对教育理念、教学内容等体育教学过程的基本要素具有一定的创新意识和能力，才可以发掘自身的创新潜能，弘扬人的主体创新精神，促进学生的个性和谐全面发展。随着计算机网络信息技术的发展和普及，人们随时随地都会接收海量的信息，这些信息有的真有的假，有的有序有的无序，也有正负价值的区别，如何选择有效信息，发挥信息的积极促进作用，需要每一个人都具有一定的信息处理能力。鉴于高职体育教师职业的教育性和示范性特点，他们不仅要具有处理一般信息的能力，更需要具备运用信息技术进行体育理论、实践教学的能力，以便发挥信息技术的优点，对教学手段、方法等教学过程的基本要素进行适当的改革与创新，进一步有效提高体育课堂教学效果及培养学生体育学习的兴趣。

通过对传统体育教育的扬弃，探索和建构一种新的体育教育理论和模式，并使它逐步丰富与完善。作为高校教育管理部门必须培养高职体育教师信息创新的思想意识及操作能力，同时，高职体育教师要在体育课堂教学活动中，有意识运用相关体育教学信息解决教学实际问题，这就需要每位体育教师平时认真学习研究网络技术操作的方法和技巧，最起码应学会从网上下载所需要的文字、图片、视频等资料的技巧和方法。文字处理一般是使用文字处理软件，比如 Word、WPS。无论在编辑教学案例还是制作课件中，均要使用图形图像来丰富教学内容，Photoshop 是当前最专业的图形图像处理软件之一，同时一些小软件，如光影魔术手、美图秀秀等，都可以实现图形的最基本处理。熟悉并掌握常用的下载工具的使用方法是高职体育教师要具备的基本素质。为学生创设创新思维、意识等综合能力培养的教学环境氛围。

90%以上的前沿性、实用性的信息知识是用英文发布的，体育学科也是如此。体育教师如果没有一定的英语水平，不懂得英语工具书的检索方法，就无法参阅大量的英文文献，对有些体育教师来说，阅读英文文献或多或少存在困难，造成阅读速度慢，效率不高，英语检索词把握不准或拼写不正确的后果。这样的话就无法了解国内外体育科技发展的最新成果、最新方法。因此，体育教师加强自身英语特别是专业英语的学习，掌握英文文献源的查找方法势在必行。

（四）为体育教师提供实践的条件和机会

学校可以制定相关的政策，在进行信息技术理论培训的基础上，应注重为体育教师提供实践的条件和机会。在体育教学方面，鼓励体育教师在教学实践和科研中应用信息技术，可以把信息技术作为教学工具和手段运用到体育教学全过程，从而达到培养和提高体育教师使用信息技术的能力；也可以借助竞赛的刺激作用，结合实际的教学组织应用信息技术的各种竞赛活动，促进体育教师在教学实践活动中广泛地应用信息技术。在体育科研方面，高职体育教师必须运用最新的信息检索技术，及时、有效地获取本学科领域的相关信息，这是他们进行科研选题，确立科研方向，推进科研进程的加速器。

第三节　高职体育教师队伍建设

一、体育教师的育人功能

体育育人有广义和狭义的区别。广义的体育育人指的是一种以身体练习为基本方法，以强健体魄、增强体质，促进人的全面发展和丰富社会文化生活为目标的培养人的身体和锻炼人的心理的有意识、有目的、有组织的社会活动。狭义的体育育人指的是对人的成长施加的一个增强体质，传授有关的体育知识、技术和技能以及培养道德情操、意志品质的教育过程。它主要有对人的身体和心理的影响，是教育的重要方面，也是培养德智体全面发展的人的有机组成部分。

学校体育具有多种功能，但育人是学校体育教育的本质功能，其他功能都要归属或服务于这一功能。学校体育育人指的是以增强学生的体质为目标，在向学生传授体育相关的基本知识、技术、技能的同时，有效利用体育教育自身的独特性，对学生进行思想品德与意志品质的教育，完善学生的人格，促进学生良好个性的发展，使学生成为适应社会的全面发展的"四有"新人。本质功能指的是学校体育本身固有的功能，它不以人的意志转移而客观存在，学校一切体育活动都包含这些本质功能。依据学校体育教育的属性和特征，学校体育育人的本质功能具体体现在育体和育心两方面。学校各项体育活动都是围绕着育体和育心的育人工作开展的，都包含有育体和育心因素。

育体就是在学校体育中对学生进行身体培育，是教师通过体育知识、技术、技能的传授和锻炼方法的实施，对学生的身体进行生物性改造和科学培育，以达到强身健体、发展体能的目的。跨世纪合格人才应该具备的重要素质是具有各方面全面发展的体能。体育锻炼可以增强人的体质，促进人的正常发育与机能的发展；促进人的身体素质与基本活动能力的全面发展；提高机体对自然环境的适应能力和抗疾病的能力。这在学校体育界已基本达成了共识。强健体魄、全面发展的体能依靠于学校的体育教育。所以，育体是学校体育所肩负的特殊使命。学校体育通过组织各项运动，并使学生参与其中来增强学生体质，教育学生掌握体育基本知识、技能、技术，既是我国体育教学的基本任务，也是我国学校体育的基本任务，因此一直受到重视。

青少年正处于身体全面生长发育的阶段，学校体育是国民体育的基础，也是增强民族体质的关键环节，所以，抓好育体工作具有重要的现实意义与深远的战略意义。根据青少年身体发展特点与学校体育所处的重要战略地位，育体内涵应当包括促进学生身体正常生长发育，塑造健壮体魄与匀称体形，形成良好身体姿势，全面发展身体素质，提高人体生理机能水平，提高对外环境的适应能力与对疾病的抵抗力，为终身健康打下坚实基础。育体内涵还应当包括对学生进行终身体育教育让学生形成体育意识、兴趣、习惯、能力。只有学生坚持终身体育锻炼，才能保持终身健康，从根本上提高人才的质量，以至于提高整个民族素质，使年青一代能有强健体魄承担起历史重托，完成历史所赋予的神圣使命。

育心就是对学生思想品德、心理个性、现代意识的培养。育心是育人的重要部分，是项艰苦、复杂而精细的工作。体育除健身功能以外，还能帮助学生纠正心理缺陷、培养健全人格，促进学生良好个性的形成与发展。具体表现在两方面：一是性格。因为人的性格总是和他的生活条件、经历、活动形式相关，而体育运动具有紧张激烈、力争上游、克服困难的特征。这些特点有利于改正某些不良的个性特点，克服高傲孤僻、不思进取、遇难而退等性格特点，培养勇敢顽强、锐意进取、不畏艰难等性格特点。二是气质。因为体育要求参与者具有反应敏捷、情绪稳定、动作灵敏、意志坚强等气质。所以，体育对于改善与形成良好的气质具有显著的作用。

跨世纪建设的合格人才不仅需要有强健体魄、全面发展的体能，而且必须具有符合现代社会需要的思想品德、心理素质和现代意识。身心全面而和谐地发展是跨世纪人才应当具有的重要标志，这也是学校教育，包括学校体育教育工作的使命。通过体育教育，不仅要强健学生体魄、发展学生体能，而且要培养学生良好思想品德、心理素质和现代意识。

体育教学本身具有很强的思想性，在体育教学中渗透德育教育，是体育学科的重要任务。在体育教学中渗透德育教育，能够锻炼学生顽强拼搏的意志，培养学生的组织纪律性和集体主义精神，培养学生良好的积极进取意识和坚忍不拔的人生品格等。这些人性品格的树立，会促进学生思想道德素养的提高和身心的健康成长。

教师的天职就是教书育人，将大学体育与德育相融合，教师起到的是主导作用。随着我国市场经济体制的推行，大学校园也受到了市场经济大潮的冲击，"重教学、轻德育"的教育思想越来越严重，出现了许多大学生以自我为中心、缺乏感恩之心、心胸狭隘，经常做出违背道德甚至是触犯法律的事情，加强德育教育势在必行。作为体育教师也必须清醒认识这一问题，牢记自己所担当的双重教育任务，真正尽到教书育人的责任。

体育教学除了具有培养学生顽强意志、吃苦精神、拼搏意识等显性育人功能外，还具有以下隐性育人功能：

一是在教学组织方面表现出的隐性育人功能。

体育教学在组织上与一般文化课教学不同，不仅教学场所不同，而且在教学的内容与形式上都是通过反复的身体训练巩固和发展体育知识和技能，达到增强体质的目的，具有较强的实践性。

同时，在教学中因为学生多处在不断变化和多种形式的活动中，加上场地器材、人数、性别等差异，教学的组织管理工作与其他学科相比更加复杂，自始至终都要精心设计、认真组织实施，表现出组织和控制的多变性、复杂性。教师在体育课的课堂组织上，需要对学生遵守纪律的情况进行严格管理，确保一切行动听指挥，那么课堂上就要严格要求。正因为这样，体育教学需要具有较强的规范性，要求学生必须做到听从指挥。例如，课前整队应当达到整齐划一，在课堂的训练中要培养学生动作迅速、动作准确、协同行动等良好习惯和作风，从而形成纪律氛围严明、教学实施规范、动作要领标准、教学目的明确的体育教育目标，让学生能够知规则、守纪律、强意志、树精神，在体育教学中提升学生的道德品质修养。

二是在教学制度方面表现出的隐性育人功能。

体育比赛是一种公正、公平的竞争，运动员在公众面前展示自己的水平、能力，在同一竞争规则中得到最大的公正鉴别，因此，体育文化中可以充分地体现并培育人们的公开、公平、机会均等的理念。在大学生活中，同学们来自不同地区，成长在不同的生活背景下，彼此间存在经济、身体、性别等方面的诸多差异，但都可以在体育文化的熏陶下，逐渐养成尊重客观事实和奉行公正的原则。

体育教学离不开竞赛，而竞赛就必须有相应的规程和规则，学生在长期的体育教学中，学到的不仅是体育知识、技能，还会自觉、不自觉地受到体育教学过程长期形成的各种制度的熏陶，对规范自己的行为，养成一定的组织纪律观念，增强行动的自觉性和自我约束、自我调节的能力都具有重要意义。

三是在教学环境方面表现出的隐性育人功能。

目前，我国大力提倡素质教育，我们的高职体育教育也要实现素质教育的改进，改变过去落后的体育教育模式，实现体育教育的主动式学习，就是指在没有教师与体育课作业时，学生依然根据各自的主观条件自主地进行锻炼。学校体育是社会体育的基础，学生在学校受到的体育教育将会延续到社会。现在，随着社会的发展，体育健身越来越受到人们的青睐，已成为多数人休闲娱乐的首选。

体育教学与一般文化课教学不同，它的教学场所具有很大的开放性，比一般教学占有更复杂的空间环境，而这些物质空间环境背后隐藏的教育内涵也十分丰富，教学场所的色彩、光线、温度、声音、器材的摆放、场馆设置等都具有一定的教育功能，往往象征着教学风格，不仅通过自身的完善程度制约和影响着教学活动的内容和效果，而且以自身的一些外部特征给学生以不同影响。它有助于完善学生的认知结构，激发学生的学习动机与求知欲望，促进学生综合素质的提高和智力的发展，让学生掌握许多书本上学不到的知识。

二、现代体育教学目标对体育教师的要求

体育教学目标的研究在我国起步较晚，过去的体育教学理论多以"目的""任务"作为教学的指导思想和评价标准。但在现代学校体育教学的实践中，人们越来越多地发现这种描述比较含糊，欠缺具体性、可行性，操作起来弹性较大，对教学的评价主观性因素比较多，客观性因素与可信度较小。而理想的教学目标，对教学效果的评价有质有量，并且便于操作，能更好地指导教学理论与实践的发展。现代体育教学目标具有波动性、层次性、具体性、灵活性、超前性的特点。

（一）体育教学目标的波动性

体育教学目标是体育教学活动重要的参照标准，同其他学科相比具有波动性特点，从某种意义上来说，它是体育教学的方向，教学设计、教学过程的组织和实施、教学评价等都要受到它的制约。它随着社会的发展产生波动。例如，其他学科如数、理、化等，不论社会发展如何变化，即使是教学思想变化，也不会导致学科的基本内容产生太大的变化，说明学科本身比较稳定。当教学目标定位合理、教学活动和教学目标一致时，教学就容易收到良好的效果。而当教学目标不符合客观实际时，以此为指向的教学活动所产生的结果就会出现偏差。体育学科的教学思想、教学目标、教学内容是随着社会的变化而变化的。随着人类的文明和进步，体育将会成为健身、休闲、娱乐等人类生活的一个基本生活内容和方式，为人的身心健康服务。

（二）体育教学目标的层次性

体育教学目标的实现应是逐级的，具有层次性，体现在两方面：一是体育教学目标是渐进式的，较低层次的目标也许是较高层次目标的分解或具体化，也可以是较高目标的阶段目标，而且较高层次的目标常常是以较低层次的目标作为基础的。如终身体育能力，它就是以体育知识、健身方法、运动技能、锻炼习惯等为基础的。二是教学目标是和学段密切相关的，体育教学贯穿学校教育始终，它所面对的是多个学段的学生，很显然，教学对象不同，具体的教学目标就会不同。在大学阶段，要注重满足学生个体对体育的需求，进一步提高体育素养与终身体育能力，让个体需求与社会需要相结合。所以，体育教学目标是有层次的，它是由低向高呈梯级发展的。在体育教学过程中，教师设计的每一个教法目标，应当紧紧围绕本次课的教学目标，体现出目的性，为本次课的目标服务，每次课的目标又依据单元教学目标来确定，单元目标又为学期目标……这样，下层目标的陆续完成，最终得以实现学校体育教学总的目标。所以，要求教师在教学中，目标层次要清晰具体，

由小到大，从微观到宏观，一步步实现总的目标。

（三）体育教学目标的具体性

体育教学目标应当适应教学对象的特征，具有具体性特点。比如，小学阶段学校体育教学目标应当注重培养学生身体的基本活动能力；中学阶段不仅要教给学生一定的运动知识、技术、技能和体育文化知识，促进学生的生长与发育，还包括培养学生的情感、意志和性格等非智力因素；到了大学，教学目标应当向社会和生活靠拢，培养学生终身的体育意识与体育能力。

（四）体育教学目标的灵活性

体育教学目标的灵活性指的是达成体育教学目标能够有一个适宜的调整空间。它有利于教师根据学生的身心发展水平、体育能力现状、体育教学和锻炼的相关条件等因素来展开教学工作，提出和学生基础、教学条件相适应的分类目标，体现出对现实情况的正视和对学生的尊重，从而充分调动学生的主观能动性，发挥他们的主体作用，让他们的发展更符合客观实际，为形成学生的健康个性创造一个良好的外部环境，体现出以人为本的基本思想。

（五）体育教学目标的超前性

事物的发展理论总是具有超前性的，理论指导实践就必须超越实践，并且随着实践的深入，不断发展和完善。体育教学理论也是这样，尽管现在我国的学校体育教学条件、基础设施在某些方面制约了现代体育教学目标的实施，但随着我国国民经济的稳步增长，国家、社会对教育的投入逐年增加，体育教学条件将逐步得到改善，放眼未来，坚持教育的三个面向，研究和制定适应现代社会特征与人才特征的学校体育教学目标将是非常必要的。

要明确体育教学目标，首先应当明确"教学"与"目标"的含义。教学指的是教师的教和学生的学所组成的一种教育过程，或者说是以某种课程内容为中介的师生双方教和学的共同活动。通过这个过程，教师有目的、有计划、有组织地引导学生掌握知识、技术和技能；发展智力、体力、个性；培养社会主义品德。目标是这个教育过程预计达到的境地、标准，两者间的内在联系是通过教学过程、学生在知识技能、创新能力与个性品德等方面达到新的水准。所以，体育教学目标是通过体育教学过程的组织和实施，预计学生能达到的境地与标准。

体育教学目标是教学双方合作实现的共同目标，教学目标制定得正确与否，既关系到体育教学内容的选择、教学方法的运用、教学质量的评价，又关系到人才培养质量和教学改革的方向。随着系统论、信息论被广泛引入教学领域，通过教学过程的目标化来改善对教学系统的控制，已被证明是提高教学质量和效率的有效途径。教学目标具体化、系统化，已经成为当前体育教学改革的一个主要趋势。

现代体育教育更加注重社会需要和个体需要的结合。一方面，作为教育组成部分的学校体育，理所当然地服从社会需要，为培养社会所需的合格人才做贡献，充分体现教育的社会属性；另一方面，又要充分满足大学生个体需要，就是满足学生求知、求趣、求乐、求健、求美、求发展等多方面需要。学生个体需要和社会需要是辩证统一关系，学生身心健康发展既是个体需要，也是社会所需要，只有每个个体都得到良好发展，才能最大限度满足社会需要。所以，确定教学目标应坚持社会需要和个体需要结合。

全面、深刻地认识学校体育的育人功能和优势是实现体育教育思想变革、推进学校体育改革发展的需要。现在学校体育教育改革亟须更新观念，克服重育体、轻育心的偏差。只有正确认识学校体育教育的育人功能和优势，树立全面育人的体育观，把育体和育心有机结合起来，才可能取得育人的良好效果。提高学校体育育人质量，教师是关键。教书育人的工作艰巨又复杂，需要教师具有较高的素质水平。所以，体育教师必须加强学习、刻苦钻研，不断提高自身的素质水平，才能适应现代体育教育工作需要。

在自由开放的活动和学习中，教师的中心角色地位向学习的媒介转变。这是因为学生的锻炼方式、运动项目与学习内容丰富多样对教师的有关信息传递的语言、示范中介的信赖性减少，而对教师某些特性如对外界信息的收集、分析能力要求更高，有时教师可能成为学生的运动伙伴或健身的指导者。这就使教师有机会仔细观察、分析学生，发现他们的兴趣、疑难，为有效的分层次教学提供很多条件。

此外，在新课改形势下，跨学科知识显现出对本体知识作用发挥的重要性，所以，跨学科知识如音乐、美术、语言学等都应当成为新结构知识体系建立的重要内容，对于条件性知识有缺失者，更应该加以弥补。不论是教育学还是心理学都是一个逐渐完善的学科，新的研究成果不断增加，特别是多学科交叉研究成果不断涌现。对于一名体育教师，即使是具有完善的知识结构，需要具备多学科交叉和融合的视界，应该用新的视角审视原有的知识结构。

此外，对当代的体育教师来说，条件性知识还应当拓展文化素养知识与理论研究的知识。对于实践性知识相对欠缺者来说，加强对教学的反思，探索新的课改教学模式是提升体育教师教育教学能力不容忽视的环节。另外，教师的实践性知识还应该包括课堂情景知识和整合教学实践中动态生成课程资源的知识等方面。

体育教师必须意识到，要全面推进素质教育，就要从重视师德建设着眼，提高体育教师自身的整体素质，也就是说，在加强体育课程素质教育渗透的同时，必须把提升体育教师教育素质的水平提上重要议程。在实践中可以看到，体育教学的生动尤其是要培养学生的人格生动，关键是教师本人人格生动化，在教育素质上比学生高。所以，一个出色的体育教师不仅要具备出色的动作示范能力，而且在仪表形体、举止言行、精神风度、为人处世等方面必须有比较高的修养，使优美的示范、完美的人格成为激发学生兴趣、感染学生品格、提高教学效果的重要渠道。

三、高职体育教师队伍建设的对策

高职体育教师是高校教育资源的重要组成部分，是体育知识、技能的载体，对广大学生顺利从事体育课程学习，进而达到体育教育的多种目的具有至关重要的主导作用。培养、造就一支高素质的体育师资队伍，是推动体育教育事业发展，顺利完成新时期学校体育教育体制改革目标，建立有中国特色的学校体育教育体系的关键。

（一）调整政策，多种形式提高体育教师队伍的知识结构层次

学校体育，首先是教育，然后才是运动，体育课作为体育文化知识传播的载体，必须渗透丰富而精湛的体育理论知识。所以，提高教师的理论水平是当务之急。为提高教师理论水平，应当一方面利用各种机会、多种方式加强理论培训，加强教师的理论功底；另一方面经常布置理论专题，以提高教师理论水平。随着高校规模的扩大和年长教师的退休，许多高校必须从体育学院招聘毕业生以扩充体育教师队伍，补充新鲜血液。因为体育教学能力是一种脑体并重，而且有时体能显得更加重要的职业能力，高校在招聘体育教师时应当根据这一特点推行较为灵活的政策，既要设立一定的学历门槛，优先考虑德才兼备的硕士毕业生，也要根据学校的实际情况考虑稀缺的"热门"项目或新项目的本科毕业生。如果这些项目的本科毕业生经过考核后被确认为专项技能突出、思想品德优良，可以在某一课程上填补"空白"，就应该采取"先招聘，后培训"的办法，就是先把人招进来，然后一边让他们发挥专项特长，一边对其加以培训，让他们的知识结构达到既定要求。另外，请体育专家、学者来学校为体育教师举办讲座，将青年体育教师送到体育学院参加助教进修班或进行专门的理论知识培训和专业技能教育，也是提高体育教师队伍知识结构层次的有效途径。

（二）教育理念的转变

高职体育教师要树立正确的教育观与人才观，站在大课程的高度去审视高职体育，不断整合不同的教育思想，形成新的课程理念。要打破传统教学中教师负责教、学生负责学

的教育观念，树立师生教学双方教学相长、相互沟通、平等友好的教学观念；打破传统教学中重结论、轻过程的教育观念，树立不但重结论更要重过程的教育理念；打破传统教学中关注学科本位的观念，树立"以人为本""以生为本"的教学观念，在教学中关注每一位学生的发展，关注学生的情绪生活和情感体验。及时更新教师观念是高职体育教育改革不断取得进步的关键所在。高职体育教师要将体育学科同其他学科一样视为具有丰富内涵与教育规律的完整系统，及时改变旧的体育教育观念，树立新的观念，把终身教育、健康教育和体育教育相结合，以实现全面发展的预定教育目标。

（三）加强体育教师的能力

高职体育教师能力是高职体育教师队伍素质高低的体现。首先，加强自学能力，提高教学质量。现阶段所要求的创新人才，其中重要的素质就是知识的综合性，即对各种不同知识整合和内化的能力。学生这种能力的培养对体育教师的素质提出了新的要求，教师不仅应当具备扎实的体育专业知识，还应当具有培养学生综合素质所要求的相关学科的知识，更为重要的是必须具有对多种学科知识的整合、融合并有机地渗透于教学过程的能力。其次，充分地发挥有经验的老教师和中年教师队伍中教学和训练骨干与专项带头人的作用，在教学与训练中对中青年教师实施传帮带。再次，体育教师的科研活动是学校体育的重要组成部分，应当不断提高高校教师的科研能力。最后，跨学科学习的能力，加强各种信息学科在体育课上的综合应用。要定期组织学科带头人、学术骨干开展学术报告和讨论会，掌握最新学术动态，开展科学研究是培养、提高教师科研能力的重要渠道。

所以，体育教师不仅要拓宽基础理论知识层面，打好专业技术功底，掌握体育管理学、信息学、健身学、经营学、教育学、计算机、心理学、外语等基础理论知识，而且要有扎实的人文、社会科学方面的知识，掌握现代教育技术和创造学等创新教育理论和方法，为体育运动创新奠定知识基础。

（四）资源共享，使每个体育教师的才华得到充分的施展

大学城的建立拉近了相关高校之间的空间距离，也为这些学校实现体育教师资源共享提供了可能，可以考虑在各校实行开放式教学、互相承认学分和统筹安排教师的培训进修、招聘引进、岗位设置等事宜的基础上，利用现代化的网络技术对各校"空闲"的体育教师资源、体育场地资源进行统一的调配和安排。从目前条件来看，首先各校安排好自己的体育课程，将"空闲"的教师名单与场地状况在网上公布，学生只有在本校的教师、场地不能满足自己的情况下才能选择到外校上课。在有些学校，散打、跆拳道、民族体育等部分项目的教学缺的不是场地而是教师，这时就应该让其他学校的教师来上课。实现资源

共享不但可以从整体上提高体育教师队伍的效能，也为每个体育教师提供了相互竞争与充分施展才华的平台，这对稳定高职体育教师队伍、进一步提高体育教学质量一定会发挥积极的作用。

（五）建立完善的体育教师培训机制

培养高职体育教师是一个系统工程。首先，需要各级主管部门与领导高度重视，在时间、资金方面进行投入，通过多种途径、多种手段达到培养计划实施的目的。其次，在普遍提高体育教师教学、科研能力的同时，要重点培养中青年体育教师，为他们创造条件，鼓励他们去完成更高层次的学历教育。再次，体育部门要采取走出去、请进来的办法，一方面在校内定期举办各种教学和科研学术活动，开展教学比赛，提高教师的教学水平；另一方面还要不定期地聘请体育专业的专家和学者来学校为教师做前沿的学术报告，这样不断传递新的高职体育教育思想理念。最后，要研究制定培养青年教师的导师制度。青年教师要有充足的时间学习和进修，且每周要看课 1~2 次，每月写出体会及教学小结，每学期导师要对青年教师进行考核，对考核优秀的给予奖励。

（六）重视考核结果，建立激励机制

绩效是教师在被评估期间全部工作活动的结果，是其能力在一定环境中表现的程度和效果，是其在实现工作任务的过程中所采取的行为及这些行为的成果。绩效的好坏不但取决于个体的努力，还深深地受到组织文化、时间、评价者和被评价者的关系甚至工作环境的影响。学校领导要重视体育教师绩效考核的结果，并把它作为教师晋级职称的重要条件。这就无形中加强了体育教师工作的事业心、积极性与创造性，进而使体育教师更好地为学校的教育事业服务。

提高教师教育教学素质，需要多方面的共同努力。高校决策部门要深入调查研究，全面了解情况。加大管理力度，调动教师开展素质教育与科学研究的积极性、自觉性。营造尊师重教的浓厚氛围，制定实施素质教育的激励政策，理顺素质教育成果与职称评定、个人待遇等方面的关系。还要重视建设学科的梯队，广开培养渠道，挖掘人才潜力，改善师资队伍结构，抓好学科带头人，制定科学的选拔和考核办法，实行平等竞争、优胜劣汰的管理机制，建设一支适应时代发展的创新型体育师资队伍，推动素质教育的发展。

参考文献

[1] 王磊. 高职体育健康教程［M］. 成都：电子科技大学出版社，2020.

[2] 黄洪波，尹岳，李峰. 高职体育教学与科学训练实践［M］. 北京：中国华侨出版社，2020.

[3] 刘永强，李楠. 高职体育与健康教程［M］. 北京：北京体育大学出版社，2020.

[4] 吕青山. 高职公共体育与健康［M］. 长春：东北师范大学出版社，2020.

[5] 文渭河，杜清锋，杨杰. 当代大学体育健康教程［M］. 长春：吉林人民出版社，2020.

[6] 瞿昶. 体育教育与健康研究［M］. 沈阳：沈阳出版社，2020.

[7] 钟贞奇. 大学生体育健康与体育运动［M］. 长春：吉林人民出版社，2020.

[8] 向青松. 高校体育文化理论与实践研究［M］. 北京：原子能出版社，2020.

[9] 窦丽. 大学生体质健康的理论与实践研究［M］. 北京：北京理工大学出版社，2020.

[10] 邓翠莲，李东鹏. 高校体育教学创新研究［M］. 北京：九州出版社，2020.

[11] 李鹏举. 高校体育教学创新与运动训练研究［M］. 长春：吉林出版集团股份有限公司，2020.

[12] 李正贤. 多重理念下的高校体育教学改革研究［M］. 北京：原子能出版社，2020.

[13] 杨乃彤，王毅. 高校体育教学创新及运动教育模式应用研究［M］. 北京：九州出版社，2019.

[14] 邱建华，杜国如. 体育与健康教学研究［M］. 南昌：江西科学技术出版社，2019.

[15] 李志伟. 现代高校体育与健康教程［M］. 天津：天津大学出版社，2019.

[16] 孔宁宁. 高校竞技健美操体能训练与健康教育［M］. 延吉：延边大学出版社，2019.

[17] 罗燕. 大学体育与健康［M］. 成都：电子科技大学出版社，2019.

[18] 刘伟. 高校体育教育创新理念与实践教学研究［M］. 北京：九州出版社，2019.

[19] 姜丹宁，姜威，李佳. 高职体育与健康教程［M］. 沈阳：辽宁人民出版社，2019.

［20］韦志辉．高职体育理论与心理学研究［M］．北京：航空工业出版社，2019.

［21］丁正军，王志玲．高职体育与健康［M］．南京：南京大学出版社，2019.

［22］杨泽华，周建民．互联网+高职体育与健康［M］．桂林：广西师范大学出版社，2019.

［23］路泽全．大学生体育与健康［M］．苏州：苏州大学出版社，2018.

［24］曹丹．体育健康与体育教育学研究［M］．天津：天津科学技术出版社，2018.

［25］宋军．高校体育保健课与体育教学［M］．成都：四川大学出版社，2018.

［26］马鹏涛．高校体育教学改革创新与科学化训练研究［M］．北京：新华出版社，2018.

［27］贾振勇．体育教学改革与实践应用探究［M］．北京：新华出版社，2018.

［28］曹宏宏．高校体育与健康课程教学实践改革研究［M］．长春：吉林出版集团股份有限公司，2018.

［29］史振瑞．移动健康和智慧体育：互联网+下的高校体育革命［M］．天津：天津社会科学院出版社，2018.

［30］王松，古彬．大学生体育与健康［M］．武汉：华中科技大学出版社，2018.

［31］王娟，卢臣，张利芳．大学生体质健康管理与高校体育教学改革研究［M］．长春：吉林大学出版社，2018.

［32］燕成，宋顺．现代高校体育教学管理与实践创新［M］．北京：九州出版社，2018.

［33］曹宏俊．现代高校体育教学内容与方法探索［M］．哈尔滨：东北林业大学出版社，2018.

［34］孙越鹏，宋丽丹．高校体育教学理论及改革创新研究［M］．北京：新华出版社，2018.

［35］罗琳．学校体育教学的多维度分析与阐释［M］．北京：中国纺织出版社，2018.